# Spanish Grammar

HARPERCOLLINS COLLEGE OUTLINE

# *Spanish Grammar*

**Juan S. Méndez, M.A., M.S.**
Stuyvesant High School

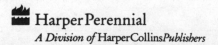 HarperPerennial
*A Division of HarperCollinsPublishers*

To my students.

With the hope that they master the language they have learned to love.

*An American BookWorks Corporation Production*
**Project Manager:** William R. Hamill
**Editor:** Sandra Palmer

**Library of Congress Cataloging-in-Publication Data**

Méndez, Juan, 1962–
   Spanish grammar  /  Juan Méndez,
     p.     cm. — (HarperCollins college outline series)
   Includes index.
   ISBN 0-06-467129-1
   1 Spanish language—Grammar—1950–  I. Title.  II. Series
PC4112.M43  1991
468.2'421—dc20                       90-56014

92  93  94  95  ABW/RRD  10  9  8  7  6  5  4  3  2

# Contents

# 1

# *Articles and Nouns*

## *ARTICLES*

### *Definite articles*

*T*here are two types of articles in Spanish: definite and indefinite. The definite article (the) indicates a specific person or thing known to the subject who is speaking. There are four definite articles: **el, la, los, las**. The plural of the masculine **el** is **los**, and the plural of the feminine **la** is **las**. For phonetic purposes, feminine nouns that begin with an **a** or **ha** take the article **el** only when the first **a** is stressed. This is primarily due to the absence of apostrophes in the Spanish language unlike French or English where they frequently appear.

| | |
|---|---|
| **el autobús** | *bus* |
| **los autobuses** | *buses* |
| **el trabajador** | *worker* |
| **los trabajadores** | *workers* |
| **el caballo** | *horse* |
| **los caballos** | *horses* |
| **el papel** | *paper* |
| **los papeles** | *papers* |
| | |
| **la mesa** | *table* |
| **las mesas** | *tables* |
| **la abogada** | *lawyer* |
| **las abogadas** | *lawyers* |
| **la yegua** | *mare* |
| **las yeguas** | *mares* |
| **la blusa** | *blouse* |
| **las blusas** | *blouses* |

| el águila | *eagle* |
| las águilas | *eagles* |
| el alma | *soul* |
| las almas | *souls* |
| el arma | *firearm* |
| las armas | *firearms* |
| el hacha | *ax* |
| las hachas | *axes* |
| el agua | *water* |
| las aguas | *waters* |

But,

| la altura | *height* |
| la almohada | *pillow* |
| la aceituna | *olive* |
| la amiga | *friend* |
| la acción | *action* |

Please note that the stressed syllable in this last group of words is not the first **a**. For more detail, refer to the chapter on accentuation found in this book.

## Uses of the Definite Article

The definite article in Spanish, unlike in the English language, is much more used. It is used with all general or abstract nouns:

**La gente va al cine.**
*People go to the movies.*

**El hombre es inteligente.**
*Man is intelligent.*

**La paz es una idea valiosa.**
*Peace is a valuable idea.*

It is also used with titles when referring to a person. It is discarded when addressing the individual or with the titles **don, doña, Santo, San** and **Santa**.

**El rey Juan Carlos es un gran hombre.**
*King Juan Carlos is a great man.*

**El señor Ramírez es el dueño del apartamento.**
*Mr. Ramírez is the owner of the apartment.*

**La señorita María está haciendo la lección.**
*Miss María is doing her lesson.*

But,

**¿Cómo está usted, Señor Ramírez?**
*How are you, Mr. Ramírez.?*

**Don Juan es un personaje famoso en la literatura.**
*Don Juan is an important literary character.*

**Santo Domingo fundó la orden dominica.**
*Saint Dominic was the founder of the Dominican order.*

The definite article is used before all languages except when the name of the language follows the verb **hablar** or the prepositions **en** and **de**:

**El español es un idioma importante.**
*Spanish is an important language.*

**El inglés es el idioma internacional para el negocio.**
*English is the international language for business.*

But,

**Juan habla español muy bien.**
*John speaks Spanish very well.*

**La clase de español es interesante.**
*The Spanish class is interesting.*

**En inglés se traduce "Thank you."**
*In English it is translated as "Thank you."*

With verbs related to learning, the article is omitted:

| | |
|---|---|
| **Yo aprendo español.** | *I learn Spanish.* |
| **Ellos estudian francés.** | *They study French.* |
| **Tú lees alemán.** | *You read German.* |

The definite article is used in place of the possesive adjective when referring to parts of the body or articles of clothing when the possesor is clear.

**Me lavo la cabeza.**
*I wash my head.*

**Nosotros nos cepillamos el pelo.**
*We brush our hair.*

**Se quita la camisa.**
*He takes off his shirt.*

**Ellos se ponen el sombrero.**
*They put their hats on.*

The definite article is used with the names of the seasons:

**En el verano, nos vamos de vacaciones a España.**
*During the summer, we will go on vacation to Spain.*

**Me gusta ir a esquiar en el invierno.**
*I like to go to skiing during the winter.*

The definite article is also used with the time of the day:

**A las ocho empieza mi primera clase.**
*At eight begins my first class.*

**Te veré en la biblioteca a las tres.**
*I will see you at the library at three.*

In Spanish, unlike English, the definite article is used with the days of the week with the exception of when it is preceded by the verb **ser**:

**Tenemos entradas para el teatro el sábado.**
*We have tickets for the theater on Saturday.*

**El lunes no hay escuela.**
*On Monday there is no school.*

**La fiesta es para el lunes.**
*The party is on Monday.*

But,

**Mañana es lunes.**
*Tomorrow is Monday.*

**Hoy es domingo.**
*Today is Sunday.*

The definite article is omitted with certain countries, states or cities. However, there are some occasions when it is mandatory to use it.

**Los Estados Unidos de América**
*The United States of America*

**Los Estados Unidos de México**
*The United States of México*

| | |
|---|---|
| **La Argentina** | *Argentina* |
| **El Canadá** | *Canada* |
| **El Japón** | *Japan* |
| **La India** | *India* |
| **La China** | *China* |
| **La Florida** | *Florida* |
| **La Habana** | *Habana* |
| **El Cairo** | *Cairo* |
| **El Salvador** | *Salvador* |

Definite articles are used with names that are modified. Notice in the next example how the first sentence does not have a definite article because the noun Asia is not modified. However, in the second sentence the noun Asia has been modified to East Asia, therefore the definite article is required.

**Asia es un continente inmenso.**
*Asia is a huge continent.*

**En el Asia oriental encontramos la China.**
*In East Asia we find China.*

**América es un hermoso continente.**
*America is a beautiful continent.*

**La América Central contiene siete países.**
*Central America has seven countries.*

The definite article is used before names of mountain, rivers, and oceans:

**Los Andes están en la América del Sur.**
*The Andes are in South America.*

**El Ebro es el río más grande de España.**
*The Ebro is the biggest river in Spain.*

**El Pacífico es el océano más grande del mundo.**
*The Pacific Ocean is the biggest ocean in the world.*

## QUANTITIES, WEIGHTS, AND MEASURES

The definite article is used instead of the indefinite article with quantities, weights, and measures.

**La docena de huevos cuesta cien pesetas.**
*A dozen eggs costs one hundred pesetas.*

**El kilo de carne de res cuesta una libra esterlina.**
*One kilogram of beef costs one british pound.*

**Esta tela cuesta treinta mil pesos el metro.**
*This material costs thirty thousand pesos per meter.*

## CONTRACTIONS: a + el = al and de + el = del

The masculine singular definite article **el** is contracted with the preposition **de** to form the word **del**, and with the preposition **a** to become **al**. These contractions do not take place with the masculine plural or with the feminine forms of the definite article.

**Todos hablan bien del hombre.**
*Everyone speaks well about the man.*

**Necesito cambiarle las bujías al automóvil.**
*I need to change the spark plugs in the car.*

**Vamos a la casa de Juan.**
*We are going to John's house.*

**A las tres iremos a la biblioteca.**
*At three we will go to the library.*

**El profesor le da buenas notas a los estudiantes.**
*The professor gives good grades to the pupils.*

**Acabo de salir de la clase de física.**
*I just came out of the physics class.*

**Luis tiene las entradas de las chicas.**
*Louis has the girl's tickets.*

**De los zapatos que compré, solamente me gustan dos.**
*Of the shoes that I purchased, I only like two.*

1. Write the correct definite article for the following list of words.

| | | | |
|---|---|---|---|
| 1. ___ autobús | | 11. ___ águilas |
| 2. ___ papel | | 12. ___ hachas |
| 3. ___ avión | | 13. ___ blusas |
| 4. ___ abogada | | 14. ___ almohadas |
| 5. ___ agua | | 15. ___ yeguas |
| 6. ___ arma | | 16. ___ aguas |
| 7. ___ aceituna | | 17. ___ altura |
| 8. ___ amiga | | 18. ___ muchachas |
| 9. ___ casa | | 19. ___ almas |
| 10. ___ cuaderno | | 20. ___ trabajadores |

2. Answer the following questions.

1. ¿Qué idioma hablas? (español)

_____

2. ¿Qué usas cuando hace sol? (sombrero)

_____

3. ¿Cuál es tu estación preferida? (invierno)

_____

4. ¿A qué horas terminas la escuela? (3:00)

_____

5. ¿Para cuándo son las entradas de la ópera? (sábado)

_____

6. ¿Qué día es mañana? (martes)

_____

7. ¿Para dónde vas? (Florida)

_____

8. ¿Dónde está el Japón? (Asia)

_____

9. ¿De qué color es el coche de tu padre? (azul)

_____

10. ¿Cuál es el río más largo de España? (Ebro)

_____

## Indefinite articles

The indefinite article (a, an) in Spanish refer to a person or thing not known to the subject who is speaking. It refers to any member of a class or group. There are four indefinite articles in Spanish: **un, una, unos,** and **unas.** The plural of the masculine **un** is **unos,** and the plural of the feminine **una** is **unas.**

| | |
|---|---|
| **un hombre** | _man_ |
| **unos hombres** | _men_ |
| **un libro** | _book_ |
| **unos libros** | _books_ |
| **un queso** | _cheese_ |
| **unos quesos** | _cheeses_ |
| **una mujer** | _woman_ |
| **unas mujeres** | _women_ |
| **una cuchara** | _spoon_ |
| **unas cucharas** | _spoons_ |
| **una pera** | _pear_ |
| **unas peras** | _pears_ |

### INDEFINITE ARTICLES AND FEMININE WORDS WHICH BEGIN WITH A STRESSED a-.

Like the feminine nouns that need the masculine article **el** when the first syllable is stressed, the same occurs when the indefinite article is used. These nouns take the indefinite article **un** instead of **una.**

| | |
|---|---|
| **un águila** | _eagle_ |
| **unas águilas** | _eagles_ |
| **un alma** | _soul_ |
| **unas almas** | _souls_ |
| **un arma** | _weapon_ |
| **unas armas** | _weapons_ |
| **un hacha** | _ax_ |
| **unas hachas** | _axes_ |
| **un agua** | _water_ |
| **unas aguas** | _waters_ |

But,

| | |
|---|---|
| **una altura** | _height_ |
| **una almohada** | _pillow_ |
| **una aceituna** | _olive_ |
| **una amiga** | _friend_ |
| **una acción** | _action_ |

## Uses of the indefinite article

Unlike English, in Spanish the indefinite article is omitted after the verb **ser** when followed by a noun that is unmodified. However, the indefinite article is used when the noun is modified.

**Ella es artista.**
*She is an artist.*

**Ella es una artista famosa.**
*She is a famous artist.*

**Unamuno es escritor.**
*Unamuno is a writer.*

**Unamuno es un escritor conocido.**
*Unamuno is a known artist.*

**Unamuno es un escritor de la generación del 98.**
*Unamuno is a writer of the Generation of 98.*

# TIME OF DAY / DATES / WEATHER EXPRESSIONS

## Time of day

To be able to ask or to tell time is a very important factor in any language. The practical applications of being able to ask or to tell time are numerous. To attend a meeting; to take a plane, a train, or a bus; or to simply know if you are on schedule. The following are ways to ask or tell time in Spanish:

**¿Qué hora es?**
*What time is it?*

**Es la una de la tarde.**
*It is one o'clock in the afternoon.*

Notice that when asking for the time in Spanish the singular form of the verb is always used. This is always the case even if a plural answer is expected.

**¿Qué hora es?**
*What time is it?*

**Son las siete de la mañana.**
*It is seven o'clock in the morning.*

**Son las ocho y cinco.**
*It is five minutes after eight.*

**Son las ocho y quince.**
*It is fifteen minutes after eight.*

**Son las once y cuarenta y cinco.**
*It is forty five minutes after eleven.*

**Son las once menos diez.**
*It is ten minutes to eleven.*

**Son las once y cincuenta y cinco.**
*It is fifty five minutes after eleven.*

| | |
|---|---|
| **Es la una.** | *It is one o'clock.* |
| **Son las dos.** | *It is two o'clock.* |

In Spanish, like in English, the words quarter and half are employed to tell time.

| | |
|---|---|
| **Son las ocho y cuarto.** | *It is fa quarter past eight.* |
| **Son las nueve y media.** | *It is half past nine.* |
| **Son las diez menos cuarto.** | *It is a quarter to ten.* |

To tell time the expression **faltar** + minutes + **para** + hour could be used:

**Son las diez menos trece.**
*It is thirteen minutes to ten.*

Or,

**Faltan trece minutos para las diez.**
*It is thirteen minutes to ten.*

**¿A qué hora llega Juan?**
*At what time does Juan arrive?*

**¿A qué hora sales tú?**
*At what time do you leave?*

**Yo salgo por la mañana.**
*I leave in the morning.*

**Tú sales en la madrugada.**
*You leave before daybreaks.*

**El sale al medio día.**
*He leaves at noon.*

**Nosotros salimos por la tarde.**
*We leave in the afternoon.*

**Vosotros salís por la noche.**
*You leave at night.*

**Ellos salen a las seis en punto.**
*They leave at six o'clock sharp.*

## Dates

To be able to tell dates correctly is another practical and important item. Cardinal numbers, not ordinal numbers, are used to tell dates with the exception of **primero** (first). In Spanish only proper names and the first letter of a sentence are written in uppercase. All other words are written in lowercase. This also applies to the months of the year and days of the week. The years in Spanish are expressed in terms of thousands and hundreds, unlike in English where they are expressed in terms of hundreds. In Spanish, when writing the date, the day is written before the month followed by the year.

**¿Cuál es la fecha de hoy?**
*What date is today?*

**Hoy es el quince de septiembre.**
*Today is the fifteen of September.*

**Hoy es el primero de octubre.**
*Today is the first of October.*

**Hoy es lunes, catorce de noviembre de mil novecientos noventa.**
*Today is Monday, November fourteen, nineteen hundred and ninety.*

**¿En qué año estamos nosotros?**
*What year are we in?*

**Este año es el mil novecientos noventa y dos.**
*This year is nineteen hundred and ninety two.*

**¿En qué fecha llega el cargamento?**
*On what date does the shipment arrives?*

**Llega el tres de junio.**          *It arrives on June third.*

## Weather expressions

**¿Cómo está el día hoy?**          *How is the day today?*
**¿Qué tiempo hace hoy?**          *What is the weather like?*

**El día está claro.**          *The day is clear.*
　　　　soleado.          *sunny.*
　　　　caluroso.          *warm.*
　　　　frío.          *cold.*
　　　　agradable.          *comfortable.*
　　　　nublado.          *cloudy.*
　　　　lluvioso.          *rainy.*
　　　　vientoso.          *windy.*
　　　　húmedo.          *humid.*
　　　　seco.          *dry.*

Many weather expressions require the verb **hacer**:

**Hace frío.**          *It is cold.*
**Hace calor.**          *It is hot.*
**Hace viento.**          *It is windy.*
**Hace mucho viento.**          *It is very windy.*
**Hace muy buen tiempo.**          *It is a very good weather.*

In Spanish, after **hay** only indefinite articles are used:

**Hay un río detrás de la montaña.**
*There is a river behind the mountain.*

**Hay unos cuadernos en el escritorio.**
*There are some notebooks on the desk.*

3. Rewrite the following sentences using the indefinite article instead of the definite article.

1. El hombre está en la tienda.
_____

2. La escuela está en la calle once.
_____

3. Jorge tiene el cuaderno.
_____

4. El chico fue a comprar el helado.
_____

5. María tiene la dirección.
_____

6. El profesor de español es amable.
_____

7. Vamos a pasar por la casa nueva.
_____

8. Recibimos la carta de nuestro amigo de Francia.
_____

9. Necesitamos el borrador para borrar la pizarra.
_____

10. Luis tiene el pasaporte para viajar.
_____

4. Write the appropriate indefinite article that corresponds to the words listed below.

1. _____ hombre
2. _____ queso
3. _____ cuadernos
4. _____ cuchara
5. _____ zapatos
6. _____ arma
7. _____ almas
8. _____ almohada
9. _____ amiga
10. _____ casas

11. _____ edificio
12. _____ comedor
13. _____ tren
14. _____ televisores
15. _____ edificios
16. _____ hachas
17. _____ estudiante
18. _____ persona
19. _____ boleto
20. _____ autobuses

5. Complete the following sentences with the correct indefinite article.

1. Jorge va a ___ café antes de ir al trabajo.

2. Yo fui a ___ tintorería a buscar mi ropa.

3. En ___ universidad se educan a los profesionales del futuro.

4. ___ jardín debe tener flores bellas.

5. Vamos para ___ plaza que está cerca del banco.

6. Juan tiene ___ cuenta en el banco.

7. Hay ___ examen el próximo lunes.

8. La familia Sánchez tiene ___ casa de veraneo preciosa.

9. Nueva York es ___ ciudad inmensa e interesante.

10. ___ obra maestra de la literatura mundial es *El ingenioso hidalgo Don Quijote de la Mancha.*

6. Complete the following sentences with the appropriate indefinite article when needed.

1. Unamuno es ___ escritor famoso.
2. Felipe es ___ cirujano.
3. Matute es ___ escritora.
4. El es ___ pintor catalán.
5. Carlos Miguel es ___ estudiante brillante.
6. La señorita tiene ___ educación extraordinaria.
7. Luisa desea ser ___ ingeniera.
8. En este restaurante hay ___ cocinero muy bueno.
9. Gregorio quiere ___ libro de Bécquer.
10. El abogado es ___ alumno del profesor López.

7. Write the time corresponding to the numbers given. Do not repeat the same answer twice.

1. 07:00 _____

2. 08:10 _____

3. 09:15 _____

4. 09:15 _____

5. 11:30 _____

6. 11:30 _____

7. 12:42 _____

8. 12:45 _____

9. 12:45 _____

10. 12:00 _____

8. Write the following dates in Spanish.

1. January 4       _____

2. February 14     _____

3. July 4          _____

4. October 12      _____

5. September 3     _____

6. October 8       _____

7. November 12     _____

8. August 22       _____

9. June 19         _____

10. May 28         _____

9. Answer the following sentences according to the words given in parentheses.

María y Jorge fueron al parque. Al salir de la casa, ellos miraron el cielo y el día estaba _____ 1. (sunny) y un poco _____ 2. (warm). Al tomar el autobús, María notó que el día estaba un poco _____ 3. (windy) pero el cielo estaba _____ 4. (clear). Era un día _____ 5. (comfortable) aunque estaba un poco _____ 6. (humid). Ellos llegaron al parque y pasaron un día maravilloso. De regreso a la casa por la tarde, el cielo se puso _____ 7. (cloudy) y negro. Apenas ellos llegaron a casa empezó a _____ 8. (to rain) fuertemente. ¡Qué suerte tenemos! -exclamaron Jorge y María.

# NOUNS

Nouns in Spanish have a gender and a number. The gender determines if a noun is masculine or feminine. The number determines if a noun is singular or plural. Nouns that refer to the male person or animal are masculine. Nouns that refer to the female person or animal are feminine.

To determine the status of the different nouns in Spanish, it is necessary to learn them case by case. However, guidelines exist to help deduce the gender of a noun. Most nouns that end in **-o** are masculine, and most nouns that end in **-a** are feminine. Nouns that end in a vowel become plural when an **-s** is added to the end of the word. For nouns that end in a consonant, an **-es** is added to the end of the word to make them plural. When nouns end in the consonant **-z**, the **-z** changes **-c** before making them plural. Also, most nouns that end in **-es** remain unchanged when made plural.

|          | Masculine | Feminine |
|----------|-----------|----------|
| singular | **muchacho** | **muchacha** |
| plural   | **muchachos** | **muchachas** |
| singular | **automóvil** | **libertad** |
| plural   | **automóviles** | **libertades** |
| singular | **lápiz** | **matriz** |
| plural   | **lápices** | **matrices** |
| singular | **lunes** | |
| plural   | **lunes** | |

However,

| | |
|---|---|
| singular | **francés** |
| plural | **franceses** |

### EXCEPTIONS TO THE RULES ABOVE

Nouns are normally accompanied by articles. The articles can also be used as a guideline to determine if a noun is masculine or feminine. This is particularly helpful for words that are derived from languages other than Latin. For example, **el día** is a word derived from the Greek which means day. If we look at the word by itself, we can be easily deceived to believe that this word is feminine, however the article that accompanies this noun tells us that it is a masculine word instead.

## *Masculine and feminine nouns*

Nouns that refer to days of the week, months of the year, and names of rivers and oceans are masculine. Nouns ending in **-dad, -tad, -tud, -umbre, -ie,** or **-ión** are normally feminine. Some nouns that refer to people do not change their form when the gender is inverted. Only the article reveals the gender of the noun. Other nouns are either masculine or feminine depending on their meaning.

Nouns in Spanish are either masculine or feminine:

Most nouns ending in **-o** are masculine. Most nouns that end in **-a** are feminine:

Masculine

| | |
|---|---|
| **el muchacho** | *boy* |
| **el libro** | *book* |
| **el camino** | *road, path* |
| **el pelo** | *hair* |
| **el aeroplano** | *airplane* |
| **el tiempo** | *weather, time* |
| **el cuaderno** | *notebook* |
| **el zapato** | *shoe* |
| **el palo** | *stick* |
| **el edificio** | *building* |
| **el candado** | *lock* |

Feminine

| | |
|---|---|
| **la muchacha** | *girl* |
| **la silla** | *chair* |
| **la computadora** | *computer* |
| **la tiza** | *chalk* |
| **la tienda** | *store* |
| **la lámpara** | *lamp* |
| **la noticia** | *news* |
| **la alfombra** | *rug* |
| **la ventana** | *window* |
| **la puerta** | *door* |
| **la mesa** | *table* |
| **la peluca** | *wig* |

However, some nouns ending in **-a** are masculine and some nouns that end in **-o** are feminine:

Masculine

| | |
|---|---|
| **el día** | *day* |
| **el mapa** | *map* |
| **el tema** | *theme* |
| **el idioma** | *language* |
| **el problema** | *problem* |

Also, words related to the arts, ending in **-ma** are also considered masculine:

| | |
|---|---|
| **el poema** | *poem* |
| **el drama** | *drama* |

Feminine

| | |
|---|---|
| **la mano** | *hand* |
| **la radio** | *radio network* |
| **la libido** | *libido* |
| **la moto** | *motorcycle* |
| **la foto** | *photograph* |

In the case of **la moto** and **la foto** this occurs because these words are derived from the words **la motocicleta** and **la fotografía**.

Nouns ending in **-dad, -tad, -tud, -umbre, -ie,** or **-ión** are usually feminine:

| | |
|---|---|
| **la igualdad** | *equality* |
| **la fraternidad** | *fraternity* |
| **la libertad** | *liberty* |
| **la tempestad** | *tempest* |
| **la altitud** | *altitude* |
| **la latitud** | *latitude* |
| **la muchedumbre** | *crowd* |
| **la costumbre** | *custom* |
| **la serie** | *series* |
| **la efigie** | *effigy* |
| **la canción** | *song* |
| **la inversión** | *investment* |

Nouns ending in **-e** tend to be masculine, especially when they refer to the human body or person:

| | |
|---|---|
| **el jinete** | *horseman* |
| **el pie** | *foot* |
| **el vientre** | *womb* |
| **el monje** | *monk* |
| **el hombre** | *man* |
| **el nombre** | *name* |
| **el aire** | *air* |
| **el traje** | *suit* |
| **el cine** | *cinema* |
| **el deporte** | *sport* |
| **el puente** | *bridge* |
| **el diente** | *tooth* |
| **el flete** | *cargo* |
| **el borde** | *edge* |
| **el golpe** | *blow* |

However, there are other nouns that end in **-e** that are feminine:

| | |
|---|---|
| **la frente** | *forehead* |
| **la clave** | *clue* |
| **la calle** | *street* |
| **la leche** | *milk* |
| **la noche** | *night* |
| **la nube** | *cloud* |
| **la gente** | *people* |
| **la mente** | *mind* |
| **la llave** | *key* |
| **la clase** | *class* |

Some nouns that allude to people do not change their form when the gender is inverted, including all nouns ending in **-ista**:

| | |
|---|---|
| **el dentista, la dentista** | *dentist* |
| **el columnista, la columnista** | *columnist* |
| **el estudiante, la estudiante** | *student* |
| **el paciente, la paciente** | *patient* |
| **el joven, la joven** | *young person* |
| **el dibujante, la dibujante** | *sketcher* |

Nouns that refer to days of the week, months of the year, and names of rivers and oceans are masculine:

| | |
|---|---|
| **el jueves** | *Thursday* |
| **el domingo** | *Sunday* |
| **enero** | *January* |
| **diciembre** | *December* |
| **el Atlántico** | *Atlantic* |
| **el Pacífico** | *Pacific* |

Other nouns are masculine or feminine depending on their meaning:

| | |
|---|---|
| **el capital** | *capital investment* |
| **la capital** | *capital city* |
| **el policía** | *policeman* |
| **la policía** | *police department* |
| **el cometa** | *comet* |
| **la cometa** | *kite* |
| **el cólera** | *cholera* |
| **la cólera** | *anger* |
| **el frente** | *firing line* |
| **la frente** | *forehead* |
| **el orden** | *order, arrangement* |

| | |
|---|---|
| la orden | *command* |
| el cura | *priest* |
| la cura | *cure* |
| el papa | *pope* |
| la papa | *potato* |
| el corte | *cut* |
| la corte | *court* |
| el radio | *radio* |
| la radio | *radio network* |

10. Complete the appropriate ending for the following nouns.

1. El muchach____          11. El hombr____
2. La chic____             12. La muj____
3. El rí____               13. La escuel____
4. El dí____               14. El problem____
5. La radi____             15. La mot____
6. La estudiant____        16. El pel____
7. La man____              17. La tiz____
8. El map____              18. La universid____
9. El tiemp____            19. La computador____
10. La noch____            20. El títul____

11. Complete the following exercise by writing the appropriate noun ending.

El chic____ (1) tomó el libr____ (2) y se marchó a la escuel____ (3). Al llegar a su clas____ (4), saludó a la profes____ (5) y se sentó en la sill____ (6). Abrió el portafoli____ (7) y sacó el libr____ (8) de clase. Escribió una composición acerca del camp____ (9) en la que describía la vid____ (10) del campesin____ (11). A este muchach____ (12) le encantan los animal____ (13), especialmente los caball____ (14). Cada vez que tiene la oportunidad de viajar en el automov____ (15) de su padr____ (16), le pide que visiten la haciend____ (17) de su tí____ (18) Miguel en las afueras de la ciud____ (19). Normalmente le toma unas tres hor____ (20) llegar hasta allá. El quisiera tener un aeroplan____ (21) para llegar más pronto. En la hacienda hay muchos animal____ (22). Hay gallin____ (23), poll____ (24), gall____ (25), puerc____ (26), muchas palom____ (27), dos caball____ (28), y una yegu____ (29). El chico está feliz junto a la naturalez____ (30).

12. Write the equivalent nouns to the following descriptions.

    1. Una congregación de personas: _____

    2. El estado opuesto a la esclavitud: _____

    3. Música con que se canta: _____

    4. Hábito o lo que se hace comúnmente: _____

    5. Unión entre miembros de una sociedad: _____

    6. El derecho de las personas a escoger: _____

    7. Violenta perturbación de la atmósfera: _____

    8. El empleo de un capital en negocios:_____

    9. Imagen de una persona: _____

    10. Altura basada en el nivel del mar: _____

13. Complete the following dialogue with the appropriate definite article.

| Juan: | Miguel, ¿Te gustan _____ (1) deportes? |
| Miguel: | Sí, me gustan _____ (2) equitación. |
| | Yo soy _____ (3) mejor jinete en este club. |

| Juan: | ¿Es un deporte peligroso? |
| Miguel: | No, aunque _____ (4) otro día me caí y me di fuerte. |

| Juan: | ¿Cómo está tu golpe en _____ (5) frente? |
| Miguel: | Mejor, gracias. Casi me rompo _____ |
| | (6) dientes al caer. |

| Juan: | ¿Cómo se llama tu equipo? |
| Miguel: | _____(7) nombre del equipo es Monterey. |

| Juan: | ¿Tomas clases de equitación? |
| Miguel: | _____(8) clase de equitación es a _____ (9) tres. |
| | ¿Qué haces con tu tiempo libre? |

| Juan: | Me gusta caminar. Me encanta _____ |
| | (10) aire puro del parque. |

14. Complete the following sentences using the words provided below. Use the correct form of the word with the definite article when writing the answer.

| dentista | estudiante | paciente | capital | frente |
| dibujante | policía | orden | cura | corte |

    1. _____ es una buena especialista de dientes.

    2. _____ está muy preocupada por los crímenes.

    3. _____ es el antídoto que el científico encontró.

    4. _____ es una persona dedicada a Dios y a los hombres.

    5. _____ es la ciudad principal de este país.

6. _____ acaba de ser admitido al hospital.

7. _____ que la compañía invirtió es mucha cantidad de dinero.

8. _____ es una parte importante del cuerpo humano.

9. _____ que el general recibió es un pedido del presi-dente.

10. _____ será un gran creador de la moda.

15. Complete the following sentences with the appropriate definite article.

1. ___ casa está en la esquina.

2. ___ aeroplano es el más moderno de la flota.

3. ___ idioma oficial de México es el español.

4. ___ mapa es muy antiguo.

5. ___ igualdad de los hombres es un derecho inalienable.

6. ___ moto es un medio útil de transportación.

7. ___ universidad es una institución educativa.

8. ___ río Hudson pasa por la ciudad de Nueva York.

9. ___ efigie no tiene su naríz porque Napoleón se la cortó.

10. ___ Pacífico es el océano más grande del mundo.

11. ___ domingo es un día de descanso.

12. ___ policía está almorzando en el restaurante.

13. ___ cometa que fabricó José vuela muy alto.

14. ___ joven francesa habla muy bien el español.

15. ___ llave de tu casa está en el escritorio.

16. ___ Amazonas es un río caudaloso.

17. ___ diente de María se rompió.

18. ___ puente más largo del mundo está en California.

19. ___ presidenta del país es muy inteligente y justa.

20. ___ nube es inmensa.

## Singular and plural nouns

Nouns that end in a vowel form the plural when an **-s** is added at end of the word. Nouns that end in a consonant form the plural when an **-es** is added at the end of the word. When nouns end in the consonant **-z**, the **-z** becomes a **-c** before making them plural. Also, nouns that end in **-es** remain unchanged when made plural.

| | |
|---|---|
| **el estudiante** | *student* |
| **los estudiantes** | *students* |
| **el zapato** | *shoe* |
| **los zapatos** | *shoes* |
| **la doctora** | *doctor* |
| **las doctoras** | *doctors* |
| **la cama** | *bed* |

| | |
|---|---|
| **las camas** | *beds* |
| **el doctor** | *doctor* |
| **los doctores** | *doctors* |
| **el automóvil** | *car* |
| **los automóviles** | *cars* |
| **la opinión** | *opinion* |
| **las opiniones** | *opinions* |
| **el lápiz** | *pencil* |
| **los lápices** | *pencils* |
| **el martes** | *Tuesday* |
| **los martes** | *Tuesdays* |

16. Complete the paragraph by adding the correct ending to the words given.

Rosa es una muchach___ (1) estudios__ (2). Todos los dí___ (3) ella prepara el trabaj___ (4) de la escuel___ (5) y estudia las leccion___ (6). Los profesor___ (7) están muy content___ (8) con ella. En las clas___ (9) ella presta atención y contesta las pregunt___ (10) correctamente. Si no comprende la lecci___ (11) prepara una list___ (12) de pregunt___ (13) para presentarlas en la clas___ (14). Por eso siempre obtiene buenas not___ (15) en los exámenes.

17. Write the plural of the following nouns.

1. El muchacho  _____

2. El estudiante  _____

3. La paciente  _____

4. La doctora  _____

5. El automóvil  _____

6. La opinión  _____

7. El lápiz  _____

8. El miércoles  _____

9. El tema  _____

10. La tarea  _____

# ANSWERS TO EXERCISES

## 1.

1. El
2. El
3. El
4. La
5. El
6. El
7. La
8. La
9. La
10. El
11. Las
12. Las
13. Las
14. Las
15. Las
16. Las
17. La
18. Las
19. Las
20. Los

## 2.

1. Yo hablo español.
2. Uso el sombrero.
3. Mi estación preferida es el invierno.
4. La escuela termina a las tres.
5. Las entradas son para el sábado.
6. Mañana es martes.
7. Voy para La Florida.
8. El Japón está en Asia.
9. El coche de mi padre es azul.
10. El río más grande de España es el Ebro.

## 3.

1. Un hombre está en la tienda.
2. Una escuela está en la calle once.
3. Jorge tiene un cuaderno.
4. Un chico fue a comprar un helado.
5. María tiene una dirección.
6. Un profesor de español es amable.
7. Vamos a pasar por una casa nueva.
8. Recibimos una carta de nuestro amigo de Francia.
9. Necesitamos un borrador para borrar una pizarra.

10. Luis tiene un pasaporte para viajar.

## 4.

1. Un
2. Un
3. Unos
4. Una
5. Unos
6. Una
7. Unas
8. Una
9. Una
10. Unas
11. Un
12. Un
13. Un
14. Unos
15. Unos
16. Unas
17. Un
18. Una
19. Un
20. Unos

## 5.

1. un
2. una
3. una
4. Un
5. una
6. una
7. un
8. una
9. una
10. Una

## 6.

1. un
2. —
3. —
4. un
5. un
6. una
7. —
8. un
9. un
10. —

## 7.

1. Las siete.
2. Las ocho y diez.
3 y 4. Las nueve y quince.
3 y 4. Las nueve y cuarto.
5 y 6. Las once y treinta.
5 y 6. Las once y media.
7. Las doce y cuarenta y dos.
8 y 9. Las doce y cuarenta y cinco.
8 y 9. La una menos cuarto o la una menos quince.
10. Las doce.

## 8.

1. El cuatro de enero.
2. El catorce de febrero.
3. El cuatro de julio.
4. El doce de octubre.
5. El tres de septiembre.
6. El ocho de octubre.
7. El doce de noviembre.
8. El veinte y dos de agosto.
9. El diez y nueve de junio o el diecinueve de junio.
10. El veinte y ocho de mayo o el ventiocho de mayo

## 9.

1. soleado
2. caluroso
3. vientoso
4. claro
5. agradable
6. húmedo
7. nublado
8. llover

## 10.

1. El muchacho
2. La chica
3. El río
4. El día
5. La radio
6. La estudiante
7. La mano
8. El mapa
9. El tiempo
10. La noche
11. El hombre
12. La mujer
13. La escuela
14. El problema
15. La moto
16. El pelo
17. La tiza

18. La universidad
19. La computadora
20. El título

### 11

1. chico
2. libro
3. escuela
4. clase
5. profesor
6. silla
7. portafolio
8. libro
9. campo
10. vida
11. campesino
12. muchacho
13. animales
14. caballos
15. automóvil
16. padre
17. hacienda
18. tío
19. ciudad
20. horas
21. aeroplano
22. animales
23. gallinas
24. pollos
25. gallos
26. puercos
27. palomas
28. caballos
29. yegua
30. naturaleza

### 12.

1. muchedumbre
2. libertad
3. canción
4. costumbre
5. fraternidad
6. libertad
7. tempestad
8. inversión
9. efigie
10. altitud.

### 13.

1. los
2. la
3. el
4. el
5. la
6. los
7. el
8. la
9. las
10. el

### 14.

1. La dentista
2. La policía
3. La cura
4. El cura
5. La capital
6. El paciente
7. El capital
8. La frente
9. La orden
10. El dibujante

### 15.

1. La
2. El
3. El
4. El
5. La
6. La
7. La
8. El
9. La
10. El

11. El
12. El
13. La
14. La
15. La
16. El
17. El
18. El
19. La
20. La

### 16.

1. muchacha
2. estudiosa
3. días
4. trabajo
5. escuela
6. lecciones
7. profesores
8. contentos
9. clases
10. preguntas
11. lección
12. lista
13. preguntas
14. clase
15. notas

### 17.

1. Los muchachos
2. Los estudiantes
3. Los pacientes
4. Las doctoras
5. Los automóviles
6. Las opiniones
7. Los lápices
8. Los miércoles
9. Los temas
10. Las tareas

# 2

# *Adjectives*

## ADJECTIVES ENDING IN -o

El muchacho **alto** es mi amigo.
Los muchachos **altos** son mis amigos.

**Masculine adjectives**

Most adjectives in Spanish end in **-o**. These adjectives are masculine. To form the plural of these masculine singular adjectives an **-s** is added to the end of the word. Adjectives must agree in gender and number with the nouns they modify. When an adjective modifies two or more nouns of different gender, the masculine plural is used. E.g. La **cartera**, el **sombrero** y el **pañuelo** de esa chica son **rojos**.

| Masculine singular | plural | |
|---|---|---|
| **bueno** | **buenos** | *good* |
| **malo** | **malos** | *bad* |
| **alto** | **altos** | *tall* |
| **bajo** | **bajos** | *short* |
| **pequeño** | **pequeños** | *small* |
| **flaco** | **flacos** | *skinny* |
| **delgado** | **delgados** | *slim* |
| **esbelto** | **esbeltos** | *slender* |
| **gordo** | **gordos** | *fat* |
| **obeso** | **obesos** | *obese* |
| **guapo** | **guapos** | *handsome* |
| **feo** | **feos** | *ugly* |
| **atlético** | **atléticos** | *athletic* |
| **deportivo** | **deportivos** | *sporting* |
| **educado** | **educados** | *educated* |

**La muchacha alta es mi amiga.**
*The tall girl is my friend.*

**Las muchachas altas son mis amigas.**
*The tall girls are my friends.*

## Feminine adjectives

The feminine singular of adjectives ending in **-o** is formed by changing the **-o** to an **-a**. The feminine plural is formed by adding and **-s** to the feminine singular form.

Feminine

| singular | plural | |
|----------|--------|---|
| **bonita** | **bonitas** | *pretty* |
| **bella** | **bellas** | *beautiful* |
| **hermosa** | **hermosas** | *lovely* |
| **magnífica** | **magníficas** | *magnificent* |
| **aplicada** | **aplicadas** | *diligent* |
| **extraordinaria** | **extraordinarias** | *extraordinary* |
| **carismática** | **carismáticas** | *charismatic* |
| **astuta** | **astutas** | *astute* |
| **perceptiva** | **perceptivas** | *perceptive* |
| **activa** | **activas** | *active* |

1. Complete the appropriate ending of the following adjectives.

   María es una chica precios____ (1). Tod__ (2) las personas admiran su belleza. Darío dice que ella es una modelo magnífic____(3). Según Rosario, María es una muchacha estudios____ (4) y trabajador____ (5). Ricardo, el hermano de María, es un chico atlétic____ (6) y esbelt. El juega en el equipo de fútbol de la universidad. Sus buen____ (7) amigos son Andrés y Rosario. Andrés es gord__ (8) pero muy educad____ (9). Rosario es una muchacha aplicad__ (10).

2. Write the feminine form of the following adjectives.
   1. malo        _____
   2. alto        _____
   3. bajo        _____
   4. flaco       _____
   5. delgado     _____
   6. bonito      _____
   7. bello       _____
   8. hermoso     _____
   9. magnífico   _____
   10. educado    _____

3. Write the plural of the following phrases.

1. un muchacho guapo _____
2. una chica astuta _____
3. la casa alta _____
4. la bicicleta roja _____
5. el automóvil pequeño _____

# ADJECTIVES ENDING IN -e

**Mario vive en un edificio grande.**
*Mario lives in a tall building.*

**Mario vive en una casa grande.**
*Mario lives in a big house.*

**Mario tiene unas casas grandes.**
*Mario has several big houses.*

Many adjectives end in the vowel **-e**. These adjectives use the same form for the masculine and the feminine. To form the plural of these adjectives, an **-s** is added to the ending.

Masculine and Feminine

| Singular | Plural | |
| --- | --- | --- |
| **grande** | **grandes** | *large* |
| **enorme** | **enormes** | *huge* |
| **responsable** | **responsables** | *responsible* |
| **inteligente** | **inteligentes** | *intelligent* |
| **amable** | **amables** | *kind* |
| **humilde** | **humildes** | *humble* |
| **importante** | **importantes** | *important* |
| **excelente** | **excelentes** | *excellent* |
| **corriente** | **corrientes** | *ordinary* |
| **deseable** | **deseables** | *desirable* |
| **razonable** | **razonables** | *reasonable* |
| **admirable** | **admirables** | *admirable* |
| **prudente** | **prudentes** | *prudent* |
| **paciente** | **pacientes** | *patient* |
| **distante** | **distantes** | *distant* |

4. Complete the following sentences with the appropriate form of the adjective given in parentheses.

1. Julio es un hombre _____ *(grande)*.
2. María es una muchacha _____ *(humilde)*.
3. Los profesores piden un aumento _____ *(razonable)*.
4. Los estudiantes son muy _____ *(inteligente)*.
5. Las ciudades están _____ *(distante)*.
6. Mario es un muchacho _____ *(excelente)*.
7. El juez es un hombre _____ *(prudente)*.
8. Las casas están en una comunidad _____ *(importante)*.
9. Los estudiantes están _____ *(triste)*.
10. Las flores son _____ *(verde)*.

# ADJECTIVES ENDING IN CONSONANTS

**El es un muchacho joven.**
*He is a young man.*

**Ellos son unos muchachos jóvenes.**
*They are young men.*

**Ella es una muchacha joven.**
*She is a young woman.*

**Ellas son unas muchachas jóvenes.**
*They are young women.*

Most adjectives that end in a consonant have the same form in the masculine and the feminine. To form the plural of these adjectives an **-es** is added.

Masculine and Feminine

| Singular | Plural | |
| --- | --- | --- |
| **joven** | **jóvenes** | *young* |
| **popular** | **populares** | *popular* |
| **sentimental** | **sentimentales** | *sentimental* |
| **gentil** | **gentiles** | *gentle* |
| **azul** | **azules** | *blue* |
| **gris** | **grises** | *grey* |
| **fértil** | **fértiles** | *fertile* |

| | | |
|---|---|---|
| **fácil** | **fáciles** | *easy* |
| **difícil** | **difíciles** | *difficult* |
| **normal** | **normales** | *normal* |
| **núbil** | **núbiles** | *marriageable* |
| **feudal** | **feudales** | *feudal* |
| **fenomenal** | **fenomenales** | *phenomenal* |
| **febril** | **febriles** | *feverish* |
| **leal** | **leales** | *loyal* |

Adjectives with singular form ending in **-z**, like the nouns mentioned previously, change the **z** to a **c** when making it the plural.

**El hombre feliz vive una larga vida.**
*A happy man lives a long life.*

**Las mujeres felices también viven una larga vida.**
*Happy women also live long lives.*

5. Change the following adjectives from the singular to the plural.

1. azul _____      6. difícil _____
2. leal _____      7. gris _____
3. mortal _____    8. fértil _____
4. febril _____    9. popular _____
5. caudal _____    10. ocular _____

6. Rewrite the following sentences in the plural.

1. El abogado es un hombre popular.

_____

2. Esa flor es de color azul, verde y gris.

_____

3. El hombre es un ser mortal.

_____

4. Su carácter es gentil.

_____

5. La profesora es fenomenal.

_____

# ADJECTIVES OF NATIONALITY

**Jorge es un ingeniero mexicano.**
*George is a Mexican engineer.*

**Marta es una doctora mexicana.**
*Martha is a Mexican doctor.*

**Jorge y Marta son mexicanos.**
*George and Martha are Mexican.*

**Marta y Luisa son mexicanas.**
*Martha and Luisa are Mexican.*

Many adjectives of nationality, like many other masculine singular adjectives in Spanish, end in an **-o**. To form the plural form an **-s** is attached. The feminine singular is formed by changing the **-o** to an **-a**. To make the feminine plural form, an **-s** is added to the feminine singular form.

| Masculine singular, plural | Feminine singular, plural | |
|---|---|---|
| **norteamericano(s)** | **norteamericana(s)** | *Northamerican* |
| **mexicano(s)** | **mexicana(s)** | *Mexican* |
| **guatemalteco(s)** | **guatemalteca(s)** | *Guatemalan* |
| **hondureño(s)** | **hondureña(s)** | *Hondurian* |
| **salvadoreño(s)** | **salvadoreña(s)** | *Salvadorian* |
| **panameño(s)** | **panameña(s)** | *Panamenian* |
| **colombiano(s)** | **colombiana(s)** | *Colombian* |
| **venezolano(s)** | **venezolana(s)** | *Venezuelan* |
| **ecuatoriano(s)** | **ecuatoriana(s)** | *Ecuadorian* |
| **peruano(s)** | **peruana(s)** | *Peruvian* |
| **chileno(s)** | **chilena(s)** | *Chilean* |
| **argentino(s)** | **argentina(s)** | *Argentinian* |
| **dominicano(s)** | **dominicana(s)** | *Dominican* |
| **cubano(s)** | **cubana(s)** | *Cuban* |
| **puertorriqueño(s)** | **puertorriqueña(s)** | *Puerto Rican* |
| **brasileño(s)** | **brasileña(s)** | *Brasilian* |
| **italiano(s)** | **italiana(s)** | *Italian* |
| **yugoslavo(s)** | **yugoslava(s)** | *Yugoslavian* |
| **griego(s)** | **griega(s)** | *Greek* |
| **polaco(s)** | **polaca(s)** | *Polish* |
| **soviético(s)** | **soviética(s)** | *Soviet* |
| **chino(s)** | **china(s)** | *Chinese* |
| **koreano(s)** | **koreana(s)** | *Korean* |

| | | |
|---|---|---|
| **filipino(s)** | **filipina(s)** | *Philippine* |
| **indio(s)** | **india(s)** | *Indian* |

Adjectives of nationality that end in a consonant have four forms. The masculine singular is made into the plural by adding an **-es**. The masculine singular is changed into the feminine singular form by adding an **-a**, and a **-s** is added to the feminine singular form to make it plural.

| Masculine singular, plural | Feminine singular, plural | |
|---|---|---|
| **español, españoles** | **española, españolas** | *Spanish* |
| **portugués, portugueses** | **portuguesa, portuguesas** | *Portuguese* |
| **francés, franceses** | **francesa, francesas** | *French* |
| **inglés, ingleses** | **inglesa, inglesas** | *English* |
| **irlandés, irlandeses** | **irlandesa, irlandesas** | *Irish* |
| **alemán, alemanes** | **alemana, alemanas** | *German* |
| **danés, daneses** | **danesa, danesas** | *Danish* |
| **japonés, japoneses** | **japonesa, japonesas** | *Japanese* |

7. Complete the following sentences with the appropriate form of the adjective in parentheses.

1. Este chico es _____ (francés).
2. Esos señores son _____ (norteamericano).
3. Ella es _____ (español).
4. Sergio y Elena son _____ (nicaragüense).
5. Este pasaporte es _____ (soviético).
6. Los estudiantes son _____ (japonés).
7. La chica es _____ (irlandés).
8. Este es un ejercicio _____ (indio).
9. Los bailarines son _____ (mexicano).
10. Las cantantes son _____ (cubano).

8. Give the nationality of the people in the following countries according to context of the sentence.

Juan vive en Nueva York, él es un hombre (1) _____. El es un administrador de empresas y viaja normalmente a muchos países. El año pasado él fue a México donde visitó unos clientes (2) _____. Luego viajó a Puerto Rico a ver una fábrica de vidrios cuyos dueños son (3) _____. Después tomó un avión para Venezuela a dirigir un proyecto de agricultura (4) _____. Más tarde voló a Panamá a visitar sus amigos (5) _____. Ellos lo invitaron a una fiesta en el Club de Banqueros donde conoció a personas de muchos países. Había un

(6) _____ de Alemania; un (7) _____
de Italia; una (8) _____ de Dinamarca; unos
(9) _____ de Grecia; unas ejecutivas
(10) _____ de Las Filipinas. Al día siguiente Juan
regresó a Los Estados Unidos porque extrañaba a su familia y
deseaba estar con ellos.

# POSITION OF ADJECTIVES

**Antonio es un estudiante bueno.**
*Anthony is a good student.*

**Antonio es un buen estudiante.**
*Anthony is a good student.*

Adjectives in Spanish are normally placed after the noun. These adjectives are called descriptive adjectives. Those adjectives that are normally placed before of the noun are called limiting adjectives. Adjectives can also be placed before the noun for stylistic purposes in order to emphasize the quality of the adjective.

When some masculine singular adjectives are placed before a noun the **-o** is dropped. Some of these adjectives are:

| | |
|---|---|
| **uno** | **Un libro importante.** |
| | *One important book.* |
| **bueno** | **Juan es un buen músico.** |
| | *John is a good musician.* |
| **malo** | **Antonio es un mal conductor.** |
| | *Anthony is a poor driver.* |
| **primero** | **El primer ministro está aquí.** |
| | *The prime minister is here.* |
| **tercero** | **Este es mi tercer libro.** |
| | *This is my third book.* |
| **alguno** | **Algún día seré abogado.** |
| | *Some day I will be a lawyer.* |
| **ninguno** | **José no tiene ningún interés.** |
| | *Joseph does not have any interest.* |

The adjective **grande** becomes **gran** before a masculine or feminine singular noun. However, the meaning of the adjective changes in this case. When the adjective **grande** is placed after the noun, its meaning is big or large, but when the adjective **gran** is placed before the noun its meaning is great or famous.

| | |
|---|---|
| **Un hombre grande** | *A tall man.* |
| **Un gran hombre** | *A great man.* |
| **Una ciudad grande** | *A big city.* |
| **Una gran ciudad** | *A great city.* |

The adjective **santo** becomes **san** when placed before a masculine singular noun, except before names that begin with **To-** and **Do-**.

| | |
|---|---|
| **San Juan de la Cruz** | *Saint John of the Cross* |
| **San Felipe Neri** | *Saint Philip Neri* |
| **Santo Domingo** | *Saint Dominic* |
| **Santo Tomás de Aquino** | *Saint Thomas Aquinas* |

The number **ciento** becomes **cien** before masculine and feminine noun, and before the numbers **mil** and **millones**.

**Ellos compraron cien libros en la librería.**
*They bought one hundred books at the bookstore.*

**Me faltan cien páginas para terminar este libro.**
*I have one hundred pages left to finish this book.*

**Esta compañía vale cien millones de dólares.**
*This company is worth one hundred million dollars.*

**El gobierno tiene un presupuesto de cien millones.**
*The government has a budget of one hundred million.*

9. Complete the following sentences with the appropriate form of the adjective given in parentheses.

1. En el garage hay _____ coche azul. *(uno)*
2. _____ persona pasó por aquí. *(ninguno)*
3. Este es el _____ hombre que me pide dinero. *(tercero)*
4. Ella es una _____ administradora. *(bueno)*
5. El es un _____ trabajador. *(malo)*
6. El _____ estudiante de la clase es Jorge. *(primero)*
7. La _____ cantante del concierto es Rocío. *(primero)*
8. Bolívar fue un _____ hombre. *(grande)*
9. _____ Domingo es la capital de la Rep. Dominicana. *(Santo)*
10. _____ Francisco es una ciudad de California. *(Santo)*

# ADJECTIVES OF COLOR

**Mi automóvil azul está en el garage.**
*My blue car is in the garage.*

**Los zapatos rojos de Marta están en la zapatería.**
*Martha's red shoes are at the shoeshop.*

**La camisa amarilla está planchada.**
*The yellow shirt is ironed.*

**Las rosas blancas son mis preferidas.**
*White roses are my favorite.*

Adjectives of color like any other adjective agrees in gender and number with the noun it modifies. However, do not confuse adjectives of color with Spanish nouns that refer to fruits, flowers, and minerals.

|  | Nouns | Adjectives |
|---|---|---|
| **rosa** | *rose* | *pink* |
| **café** | *coffee* | *light brown* |
| **naranja** | *orange* | *orange* |
| **violeta** | *violet* | *purple* |
| **vino** | *wine* | *reddish purple* |
| **castaño** | *chestnut* | *chestnut* |
| **melocotón** | *apricot* | *apricot* |

When the above adjectives are used, the expression **de color** is normally used. Note that the adjectives that derive from these nouns do not agree in gender and number with noun they modify. However, it is common to hear **Los pantalones marrones.**

**El sofá de color vino es muy elegante.**
*The reddish purple sofa is very elegant.*

**El sofá vino es elegante.**
*The reddish purple sofa is very elegant.*

**Los pantalones café son de algodón.**
*The light brown pants are made of cotton.*

Colors can be described further by naming the tone used. In this case both adjectives do not agree in gender and number with the noun it modifies.

**El libro rojo vivo.**
*The bright reddish book.*

**Los pantalones azul marino.**
*The dark blue pants.*

**La casa verde oscuro.**
*The dark green house.*

**Las camisas de color azul claro.**
*The light blue shirts.*

10. Complete the following sentences with the color given.

1. Esta camisa es _____. *(azul)*
2. Los pantalones de Luis son _____. *(negro)*
3. El edificio es _____. *(blanco)*
4. Las sillas son _____. *(marrón)*
5. Los sombreros son _____. *(café)*
6. Los automóviles son de color _____. *(vino)*
7. Su pelo es _____. *(castaño)*
8. La pintura es de color _____ marino. *(azul)*
9. La tela es de color _____. *(naranja)*
10. Las hojas de estas plantas son _____. *(violeta)*

# REGULAR COMPARISONS OF ADJECTIVES

**Isabel es más grande que José.**
*Elizabeth is bigger than Joseph.*

**José es más pequeño que Isabel.**
*Joseph is smaller than Elizabeth.*

**Esta casa es menos costosa que ésa.**
*This house is less expensive than that one.*

**Esa casa es más costosa que ésta.**
*That house is more expensive than this one.*

To make a comparison between two items the format used are:

**más .... que**          *more ... than, -er*
**menos ... que**          *less ... than*

These formats can also be used with nouns and adverbs.

**El Océano Pacífico tiene más agua que el Océano Atlántico.**
*The Pacific Ocean has more water than the Atlantic Ocean.*

**Raúl corre más rápido que yo.**
*Raúl runs more quickly than I.*

The format **más de** and **menos de** is used to make comparisons with numbers when the sentence is affirmative.

**Tengo más de tres mil dólares en el banco.**
*I have more than three thousand dollars in the bank.*

**Recibí menos de quinientos francos de paga.**
*I received less than five hundred francs as payment.*

**No recibí más que quinientos francos.**
*I only received five hundred francs.*

11. Make comparative sentences with the words given below, using the comparative adjective **más ... que** in the even sentences and **menos ... que** in the odd sentences.

    1. Este edificio/ alto/ el otro. _____
    2. Isabel/ inteligente/ Raúl. _____
    3. Esta silla/ oscuro/ ésa. _____
    4. Esta ciudad/ grande/ Cali. _____
    5. Antonio/ fuerte/ Luis. _____
    6. El Museo Metropolitano/ interesante/ éste. _____
    7. Las casas/ lindo/ los edificios. _____
    8. El campo/ verde/ el parque. _____
    9. El viaje por avión/ largo/ por autobús. _____
   10. Esta temporada/ lluvioso/ la primavera. _____

12. Make comparative sentences according to the model.

**Luz es estudiosa. Marta no es estudiosa.**
**Luz es más estudiosa que Marta.**

    1. Yo soy trabajador. Jorge no es trabajador.

    _____

    2. José es alto. Miguel es pequeño.

    _____

    3. Ester es nerviosa. Julia no es nerviosa.

    _____

    4. Ellos son atentos. El no es atento.

    _____

    5. Ellas no son cómicas. Ellos son cómicos.

    _____

# ADJECTIVES USED IN THE SUPERLATIVE

Este es **el** avión **más** rápido **del** mundo.
*This is the fastest plane in the world.*

Nueva York es **la** ciudad **más** grande **del** norte de Los Estados Unidos.
*New York is the biggest city in the north of the United States.*

Juan es **el** chico **menos** alto **de** la escuela.
*John is the smallest boy in the school.*

Ellas son **las** estudiantes **más** inteligentes y guapas **de** la universidad.
*They are the most intelligent and beautiful students in the university.*

Juan es **el más** aplicado **de** la escuela.
*John is the most diligent in the school.*

To form the superlative adjective in a sentence the following format are used:

| | |
|---|---|
| **el ... más ... de** | *the most* |
| **el ... menos ... de** | *the least* |

The definite article agrees in gender and number with the noun that follows it. The superlative adjective is placed after **más** or **menos**. After the superlative adjective the preposition **de** is translated as in.

13. Complete the following exercise using the superlative adjective **el ... más ... de** in odd sentences and the superlative adjective **el ... menos ... de** in even sentences.

1. Buenos Aires es ___ ciudad _____ grande ____ Argentina.
2. Estos son ____ estudiantes _____ estudiosos ____ la escuela.
3. El presidente es ___ hombre _____ importante ____ la clase.
4. Ellas son ____ asistentes ____ calificadas ____ el concurso.
5. El petróleo es ___ producto ____ útil ____ la industria.
6. Esta es ___ fábrica _____ productiva ___ el área.
7. Lourdes es ____ empleada _____ trabajadora ____ la planta.
8. La estación es _____ limpia ____ la línea.
9. Nueva York es ____ ciudad ____ grande ___ Norte América.
10. Este es ___ automóvil _____ caro ____ la flota.

14. Make superlative sentences with the words given below, using the superlative adjective **el ... más ... de** in the even sentences and **el ... menos ... de** in the odd sentences.

1. Jorge/ ser/ muchacho/ astuto/ clase.

_____

2. Granada/ ser/ ciudad/ bella/ Andalucía para Lorca.

_____

3. Pablo/ ser/ pintor/ conocido/ Bogotá.

_____

4. Los Andes/ ser/ cordillera/ alta/ Sur América.

_____

5. La educación/ ser/ prioridad/ importante/ la administración.

_____

6. El petróleo/ ser/ producto/ importante/ Venezuela.

_____

7. La guerra / ser/ acción/ importante/ la paz.

_____

8. Barcelona / ser/ ciudad/ grande/ España.

_____

9. Este distrito/ ser/ demócrata/ el país.

_____

10. El Ebro/ ser/ río/ largo/ España.

_____

# IRREGULAR COMPARATIVE FORMS AND THE SUPERLATIVE

**Este libro es mejor que aquel.**
*This book is better than that one.*

**El hemano menor de José es Víctor.**
*Victor's youngest brother is Joseph.*

The adjectives **bueno, malo, grande** and **pequeño** have irregular forms for the comparative and superlative.

| Positive | Comparative | Superlative |
|---|---|---|
| **bueno** | **mejor** | **el mejor** |
| **buena** | **mejor** | **la mejor** |
| **buenos** | **mejores** | **los mejores** |
| **buenas** | **mejores** | **las mejores** |
| *good* | *better* | *best* |

| Positive | Comparative | Superlative |
|---|---|---|
| **malo** | **peor** | **el peor** |
| **mala** | **peor** | **la peor** |
| **malos** | **peores** | **los peores** |
| **malas** | **peores** | **las peores** |
| *bad* | *worst* | *the worst* |
| **grande** | **mayor** | **el mayor** |
| | | **la mayor** |
| **grandes** | **mayores** | **los mayores** |
| | | **las mayores** |
| *big (size)* | *older (age)* | *the oldest (age)* |
| | **más grande** | **el más grande** |
| | | **la más grande** |
| | | **los más grandes** |
| | | **las más grandes** |
| | *larger* | *the largest* |
| | **menos grande** | **el menos grande** |
| | | **la menos grande** |
| | | **los menos grandes** |
| | | **las menos grandes** |
| | *less larger* | *the least larger* |
| **pequeño** | **menor** | **el menor** |
| **pequeña** | **menor** | **la menor** |
| **pequeños** | **menores** | **los menores** |
| **pequeñas** | **menores** | **las menores** |
| *small* | *lesser, younger* | *the least, the youngest* |
| | **más pequeño** | **el más pequeño** |
| | **más pequeña** | **la más pequeña** |
| | **más pequeños** | **los más pequeños** |
| | **más pequeñas** | **las más pequeñas** |
| | *smaller* | *the smallest* |
| | **menos pequeño** | **el menos pequeño** |
| | **menos pequeña** | **la menos pequeña** |
| | **menos pequeños** | **los menos pequeños** |
| | **menos pequeñas** | **las menos pequeñas** |
| | *less small* | *the least small* |

When the comparative adjectives are used, notice that they do not require articles. The definite articles are only used in the superlative:

**Ella es mejor jugadora que Alicia.**
*She is a better player than Alice.*

**Ella es la mejor jugadora de la liga.**
*She is the best player of the league.*

The adjectives **mayor** and **menor** denote age rather than size. The adjectives **grande** and **pequeño** denote size:

**Andrés es mayor que Luis.**
*Andrew is older than Louis.*

**Julio es el mayor de todos.**

*Julio is the oldest of all.*

To express size the adjectives **grande** and **pequeño** are used:

**El edificio es más alto que la casa.**
*The building is taller than the house.*

**Los niños son más pequeños que los adultos.**
*Children are smaller than adults.*

The adjectives **mejor** and **peor** are normally place before the noun:

**Mi mejor asignatura es el español.**
*My best subject is Spanish.*

**Mis peores días son en el invierno.**
*My worst days are in the winter.*

15. Complete the following sentences using the appropriate comparative or superlative adjectives according to the sentences given.

1. Esta computadora es buena. Es _____ _____ la otra, pero no es _____ _____ de todas.

2. Esta comida es mala. Es _____ _____ la de ayer, pero no es _____ _____ de todas.

3. Este edificio es grande. Es _____ _____ que el otro, pero no es _____ _____ _____ de todos.

4. Estas industrias son pequeñas. Son _____ _____ las otras, pero no son _____ _____ de todas.

16. Complete the following sentences with the appropriate comparative adjectives.

1. Luis es _____ _____ su amigo Jorge. *(Tiene más años)*
2. Este libro es _____ _____ el otro. *(Es más importante)*
3. El detergente es _____ _____ este. *(Es menos efectivo)*
4. El hijo es _____ _____ su hermano. *(Tiene menos años)*
5. José es _____ _____ que Raúl. *(Tiene menos estatura)*
6. Este coche es _____ _____ que aquel. *(Tiene más tamaño)*
7. Esta casa es _____ _____ que esa. *(Tiene menos area)*
8. El edificio es _____ _____ que este. *(Tiene menos pisos)*
9. Carolina es _____ _____ Luisa. *(Tienen menos años)*
10. Ella es _____ _____ él. *(Tiene más edad)*

# ABSOLUTE SUPERLATIVE ADJECTIVES

**Este es un país lindísimo.**
*This is a very beautiful country.*

**Es una mujer inteligentísima.**
*She is a very intelligent woman.*

When the suffix **-ísimo** is added to the adjective the absolute superlative is formed. The equivalent translation in English is most, very or extremely. When the adjective end in a vowel in the singular, the vowel is substituted by the ending **-ísimo**. When the adjective end in a consonant the ending **-ísimo** is added to the adjective. Like other adjectives, absolute superlative adjectives agree in gender and number with the noun they modify.

| | | | |
|---|---|---|---|
| **bueno** | *good* | **buenísimo** | *very good* |
| **malo** | *bad* | **malísimo** | *very bad* |
| **inteligente** | *intelligent* | **inteligentísimo** | *most intelligent* |
| **astuta** | *astute* | **astutísima** | *most astute* |
| **diestros** | *skillful* | **diestrísimos** | *very skillful* |
| **popular** | *popular* | **polularísimo** | *most popular* |
| **sagaz** | *clever* | **sagazísimo** | *most clever* |
| **precoz** | *precocious* | **precozísimo** | *very precocious* |
| **veloz** | *quick* | **velozísimo** | *very quick* |
| **encantadoro** | *charming* | **encantadorísimo** | *most charming* |

| | |
|---|---|
| **Un muchacho astutísimo.** | *A most astute young man.* |
| **Una señorita inteligentísima.** | *A very intelligent young lady.* |
| **Unos jugadores diestros.** | *Some skilful players.* |
| **Unas lanchas velozísimas.** | *A very quick boat.* |

17. Rewrite the following sentences using the absolute superlative adjective required.

1. Este modelo es guapo. _____
2. Este coche es veloz. _____
3. La canción es popular. _____
4. La ciudad es encantadora. _____
5. Jorge es un negociante sagaz. _____
6. María es inteligente. _____
7. Ellos son personas buenas. _____
8. Nosotros somos diestros. _____
9. Este helado es malo. _____
10. El profesor es bueno. _____

# REGULAR COMPARISONS OF EQUALITY

**El automóvil azul es tan cómodo como el blanco.**
*The blue automobile is as comfortable as the white.*

**Este estudiante es tan inteligente como aquél.**
*This student is as intelligent as that one.*

The comparative adjective is used to compare two items of the same characteristics or significance. In order to make this comparison the words **tan ... como** are used, which in English mean as ... as.

## COMPARISONS OF NOUNS

Nouns can also be compared by using the expression **tanto ... como** which in English is translated as much or as many ... as. Notice that the word **tanto** agrees with the noun that it modifies within the expression.

**Julio hace tanto trabajo como Juan.**
*Julio does as much work as John.*

**Elena y Josefina compran tantas cosas como María.**
*Helen and Josephine buy as many things as Mary.*

This expression can be used as a pronoun in the following manner. In this case the meaning as much or as many ... as does not change.

**El hace tanto como José.**      *He makes as much as Joseph.*
**Estudiamos tanto como ellos.**    *We study as much as them.*

18. Using the model provided, write comparative sentences with the words given.

Bajo. Roberto es tan bajo como Juan.

1. amable: _____
2. serio: _____
3. alegre: _____
4. estudioso: _____
5. guapo: _____
6. trabajor: _____
7. cómico: _____
8. perceptivo: _____
9. astuto: _____
10. bueno: _____

19. Complete the following sentences with the correct form of the expression **tanto ... como**.

1. Luis tiene _____ paciencia _____ Luisa.
2. Yo estudio _____ matemáticas _____ José.
3. Ellos trabajan _____ horas _____ ellas.
4. La fábrica produce _____ leche _____ queso.
5. Vosotros tenéis _____ tarea _____ yo.
6. Ellas caminan _____ kilómetros _____ otros.
7. Su madre prepara _____ comida _____ su tía.
8. Tú ves _____ ganado _____ él.
9. Esta exposición tiene _____ pinturas _____ aquella.
10. A mí me gusta _____ el chocolate _____ la naranja.

# CARDINAL NUMBERS

**Tengo quince años de edad.**
*I am fifteen years old.*

**Ella vive en la calle Aragón número diez y ocho.**
*She lives at 18 Aragon Street.*

**Mi hermana tiene diez y seis años.**
*My sister is sixteen years old.*

**Mi hermano tiene dieciséis años también.**
*My brother is sixteen years old too.*

The cardinal numbers from 0 - 20 in Spanish are:

| | | | | | |
|---|---|---|---|---|---|
| 0 | cero | 7 | siete | 14 | catorce |
| 1 | uno | 8 | ocho | 15 | quince |
| 2 | dos | 9 | nueve | 16 | diez y seis |
| 3 | tres | 10 | diez | 17 | diez y siete |
| 4 | cuatro | 11 | once | 18 | diez y ocho |
| 5 | cinco | 12 | doce | 19 | diez y nueve |
| 6 | seis | 13 | trece | 20 | veinte |

The cardinal numbers from 21 - 1,000 in Spanish are:

| | | | |
|---|---|---|---|
| 21 | veinte y uno | 102 | ciento dos |
| 22 | veinte y dos | 110 | ciento diez |
| 30 | treinta | 200 | doscientos |
| 40 | cuarenta | 300 | trescientos |
| 50 | cincuenta | 400 | cuatrocientos |
| 60 | sesenta | 500 | quinientos |
| 70 | setenta | 600 | seiscientos |
| 80 | ochenta | 700 | setecientos |
| 90 | noventa | 800 | ochocientos |
| 100 | cien | 900 | novecientos |
| 101 | ciento uno | 1,000 | mil |

The cardinal numbers from 1,010 - 10,000,000 in Spanish are:

| | | | |
|---|---|---|---|
| 1,010 | mil diez | 200,000 | doscientos mil |
| 2,000 | dos mil | 500,000 | quinientos mil |
| 3,000 | tres mil | 1,000,000 | un millón |
| 10,000 | diez mil | 2,000,000 | dos millones |

|  |  |  |  |
|---|---|---|---|
| 100,000 | **cien mil** | 5,000,000 | **cinco millones** |
| 100,100 | **cien mil cien** | 10,000,000 | **diez millones** |

*Correct spelling*

The conjunction **y** is used with numbers in Spanish only between multiples of ten and numbers less than ten:

| 36 | **treinta y seis** |
|---|---|
| 55 | **cincuenta y cinco** |
| 89 | **ochenta y nueve** |

But,

| 105 | **ciento cinco** |
|---|---|
| 340 | **trescientos cuarenta** |

The numerals 16 to 19, and 21 to 29 are often written as one word. Notice that when this is done, the numbers 16, 22, 23, and 26 have a written accent mark on the last syllable:

| 16 | **dieciséis** | 24 | **veinticuatro** |
|---|---|---|---|
| 17 | **diecisiete** | 25 | **veinticinco** |
| 18 | **dieciocho** | 26 | **veintiséis** |
| 19 | **diecinueve** | 27 | **veintisiete** |
| 21 | **veintiuno** | 28 | **veintiocho** |
| 22 | **veintidós** | 29 | **veintinueve** |
| 23 | **veintitrés** | | |

*Feminine numbers*

The only numerals that agree with the feminine nouns that they modify are **uno** and hundreds:

**1 chica  = una chica**
**200 casas  = doscientas casas**
**215 puertas = doscientas quince puertas**
**520 millas  = quinientas veinte millas**

But,

**103 sillas  = ciento tres sillas**

*Sentence agreement*

**Uno** and numeral ending in **uno** drop the **o** before masculine singular nouns:

**un centavo**                    **un estudiante**

The numeral **ciento** becomes **cien** before nouns and the numbers **mil** and **millones:**

| | |
|---|---|
| **cien hombres** | **cien mujeres** |
| **cien mil habitantes** | **cien millones de dólares** |

But,

**ciento tres hombres**

**Un** is not used before **cien, ciento** or **mil:**

| | |
|---|---|
| **cien casas** | **mil barcos** |

However, we must say:

**ciento un mil habitantes**

**Un** is used before the numeral **millón,** which requires **de** when a noun follows:

**un millón de árboles**

In Spanish, periods are used instead of commas to separate digits. For decimal places commas are used instead:

US$1.500,00 instead of US$1,500.00

20. Write cardinal number in Spanish for the following numerals.

| | | |
|---|---|---|
| 1. | 10 | _____ |
| 2. | 15 | _____ |
| 3. | 50 | _____ |
| 4. | 25 | _____ |
| 5. | 27 | _____ |
| 6. | 40 | _____ |
| 7. | 77 | _____ |
| 8. | 110 | _____ |
| 9. | 109 | _____ |
| 10. | 150 | _____ |
| 11. | 200 | _____ |
| 12. | 203 | _____ |
| 13. | 325 | _____ |
| 14. | 415 | _____ |
| 15. | 1.000 | _____ |
| 16. | 1.010 | _____ |
| 17. | 2.500 | _____ |
| 18. | 3.200 | _____ |
| 19. | 10.000 | _____ |
| 20. | 45.768 | _____ |

21. Complete the following sentences with the appropriate cardinal number.

1. Hay (300) _____ chicas en la escuela.
2. Yo tengo sólo (1) _____ chica que es mi amiga.
3. Lorenzo tiene (220) _____ libros.
4. Hay (400) _____ casas en mi barrio.
5. Hay más de (1000) _____ en este país.
6. Compré (51) _____ tarjetas de navidad.
7. En esta comunidad viven (200) _____ familias.
8. En el corral caben (215) _____ llamas.
9. Yo ahorré (900) _____ dólares en el verano.
10. Encontré (103) _____ monedas de oro en el baúl.
11. Hay (1) _____ puerta en esta casa.
12. Hay (330) _____ reses en el corral.
13. Hoy vendí (500) _____ llantas de automóvil.
14. El año tiene (365) _____ días.
15. Un dólar tiene (100) _____ centavos.
16. Me duele (1) _____ pierna.
17. ¿Cuántas horas hay en diez días? (240) _____
18. Este libro tiene (435) _____ páginas.
19. Los habitantes de mi pueblo son (3.500) _____.
20. En mi clase hay (32) _____ estudiantes.

# ORDINAL NUMBERS

**Tú eres el segundo en la fila.**
*You are the second on the line.*

**Llegué primero al aula.**
*I arrived first to the classroom.*

**El primer premio de la lotería es de 30 millones.**
*The first price in the lottery is 30 millions.*

**En la Quinta Avenida hay muchas tiendas importantes.**
*There are many important stores on Fifth Avenue.*

Ordinal numbers are normally used only through ten. After that number, cardinal numbers are used instead. Although ordinal numbers above ten exist, they are seldom used. The ordinal numbers in Spanish are:

| primero | *first* | sexto | *sixth* |
|---------|---------|-------|---------|
| segundo | *second* | séptimo | *seventh* |
| tercero | *third* | octavo | *eighth* |
| cuarto | *fourth* | noveno | *nineth* |
| quinto | *fifth* | décimo | *tenth* |

Like other masculine singular adjective, the ordinal numbers **primero** and **tercero** drop the final **-o** before a masculine singular noun.

22. Write the correct ordinal numbers for the sentences given bellow.

1. La (1) _____ en llegar fue Josefina.
2. El (4) _____ grado necesita repasar los verbos.
3. La (5) _____ Avenida es muy famosa en Nueva York.
4. El (7) _____ día de la semana es un día de descanso.
5. Yo estoy en el (8) _____ grado.
6. El (2) _____ lugar recibe una medalla de plata.
7. El (10) _____ número cardinal es el diez.
8. Necesitamos reparar el (3) _____ pupitre.
9. Los estudiantes del (6) _____ grado son estudiosos.
10. El (9) _____ estudiante es Julio Martel.

# FORMATION OF NOUNS FROM ADJECTIVES

Adjectives can be transformed into nouns by placing a definite article before the adjective.

**El viejo está hablando con el niño.**
*The old man is talking to the child.*

**El inteligente es Juan.**
*The intelligent one is John.*

**Las jóvenes son muy amables.**
*The young ladies are courteous.*

# POSSESSIVE ADJECTIVES

**Mi automóvil es nuevo.**
*My automobile is new.*

**Tu casa es hermosa.**
*Your house is beautiful.*

**¡Dios mío!**
*Oh, my God!.*

**¿Dónde está la corbata mía?**
*Where is my tie?*

A possessive adjective denote ownership of the noun it modifies.

A possessive adjective agrees in gender and number with the person or thing possessed, not with the possessor. In the following example, notice the difference between a possessive adjective and a possessive pronoun.

**El coche mío es azul** = adjective
**El mío es azul** = pronoun

There are two forms of possessive adjectives: short form and long form. The short form precedes the noun. The long form of the possessive adjective follows the noun. The possessive adjectives in Spanish are:

Short Form

| masculine | feminine | |
|---|---|---|
| singular, plural | singular, plural | |
| **mi, mis** | **mi, mis** | *my* |
| **tu, tus** | **tu, tus** | *your* |
| **su, sus** | **su, sus** | *your, his, her, their* |
| **nuestro, nuestros** | **nuestra, nuestras** | *our* |
| **vuestro, vuestros** | **vuestra, vuestras** | *your* |

Long Form

| masculine | feminine | |
|---|---|---|
| singular, plural | singular, plural | |
| **mío, míos** | **mía, mías** | *my* |
| **tuyo, tuyos** | **tuya, tuyas** | *your* |
| **suyo, suyos** | **suya, suyas** | *your, his, her, their* |
| **nuestro, nuestros** | **nuestra, nuestras** | *our* |
| **vuestro, vuestros** | **vuestra, vuestras** | *your* |

When refering to the parts of the body or to wearing personal items when the possessor is clear, the definite article is used in place of the possessive adjective.

> **La bailarina levantó la pierna.**
> *The dancer raised her leg.*

> **Juan se lava la cara.**
> *John washes his face.*

When the meaning of the sentence is not clear the definite article is used in place of the possessive adjective, and a prepositional frase is used.

> **Andaba buscando su abrigo.**
> *He was looking for his (her, your, their) coat.*

> **Andaba buscando por el abrigo de ella.**
> *He was looking for her coat.*

23. Complete the following paragraph using the correct possessive adjective.

-¡Hola Diana, qué vestido más bonito!

-Sí, ¿Te gusta? Es (1) _____ vestido favorito.

-(2) _____ vestido es elegante, pero (3) _____ vestido es más elegante todavía.

-Me alegro que te guste, pero espera a que veas a Josefina. (4) _____ vestido es el más elegante de todos.

- Ahí viene Josefina. Tienes razón (5) _____ vestido es impresionante.

-¡Hola Josefina!

-¡Hola Diana! ¡Qué elegante están ustedes!

- Gracias, pero no tan elegantes como tú. (6) _____ vestido es sensacional. Te cambio (7) _____ vestido por (8) _____ vestido en cualquier momento.

- No hagas bromas. (9) _____ vestido es elegantísimo.

- Es cierto, Josefina, (10) _____ vestidos son elegantes. Nosotras luciremos espectaculares esta noche.

# DEMONSTRATIVE ADJECTIVES

Demonstrative adjectives denote a location in relation to the speaker. These adjectives precede the noun they modify, and agree in gender and number with this noun. The demonstrative adjectives are:

| masculine | feminine |
| --- | --- |
| singular, plural | singular, plural |

Close to the speaker

| **este, estos** | **esta, estas (aquí)** | *this, these (here)* |
| --- | --- | --- |
| **ese, esos** | **esa, esas (allí, ahí)** | *that, those (there)* |

Further from the speaker

| **aquel, aquellos** | **aquella, aquellas (allá)** | *that, those (over there)* |
| --- | --- | --- |

The demonstrative adjective **este** refers to that which is in the possession of or near to the speaker. **Ese** refers to that which is not in the possession of and is not so near to the speaker. **Aquel** refers to that which is remote from the speaker and the person addressed.

Please notice that demonstrative pronouns take a written accent to differentiate them from the demonstrative adjectives.

24. Rewrite the following sentences in the plural.

1. Esta casa es grande. _____

2. Esa asignatura es difícil. _____

3. Aquel maestro es excelente. _____

4. Este libro es importante. _____

5. Esa carta es de Luis. _____

6. Aquella chica es mi amiga. _____

7. Ese programa es magnífico. _____

8. Este apartamento es grande. _____

9. Aquel hombre es fuerte. _____

10. Este gobierno es práctico. _____

# ANSWERS TO EXERCISES

## 1.
1. preciosa
2. Todas
3. magnífica
4. estudiosa
5. trabajadora
6. atlético
7. buenos
8. gordo
9. educado
10. aplicada

## 2.
1. mala
2. alta
3. baja
4. flaca
5. delgada
6. bonita
7. bella
8. hermosa
9. magnífica
10. educada

## 3.
1. unos muchachos guapos
2. unas chicas astutas
3. las casas altas
4. las bicicletas rojas
5. los automóviles pequeños

## 4.
1. grande
2. humilde
3. razonable
4. inteligentes
5. distantes
6. excelente
7. prudente
8. importante
9. tristes
10. verdes

## 5.
1. azules
2. leales
3. mortales
4. febriles
5. caudales
6. difíciles
7. grises
8. fértiles
9. populares
10. oculares

## 6.
1. Los abogados son hombres populares.
2. Esas flores son de color azul, verde y gris.
3. Los hombres son seres mortales.
4. Sus caracteres son gentiles.
5. Las profesoras son fenomenales.

## 7.
1. francés
2. norteamericanos
3. española
4. nicaragüenses
5. soviético
6. japoneses
7. irlandesa
8. indio
9. mexicanos
10. cubanos

## 8.
1. norteamericano, estadounidense
2. mexicanos
3. puertorriqueños
4. venezolano
5. panameños
6. alemán
7. italiano
8. danesa
9. griegos
10. filipinas

## 9.
1. un
2. Ninguna
3. tercer
4. buena
5. mal
6. primer
7. primera
8. gran
9. Santo
10. San

## 10.
1. azul
2. negros
3. blanco
4. marrones
5. cafe
6. vino
7. castaño
8. azul
9. naranja
10. violeta

## 11.
1. Este edificio es menos alto que el otro.
2. Isabel es más inteligente que Raúl.
3. Esta silla es menos oscura que esa.
4. Esta ciudad es más grande que Cali.
5. Antonio es menos fuerte que Luis.
6. El Museo Metropolitano es más interesante que éste.
7. Las casas son menos lindas que los edificios.
8. El campo es más verde que el parque.
9. El viaje por avión es menos largo que por autobús.
10. Esta temporada es más lluviosa que la primavera.

## 12.
1. Yo soy más trabajador que Jorge.
2. José es más alto que Miguel.
3. Ester es más nerviosa que Julia.
4. Ellos son más atentos que él.
5. Ellas no son más comicas que ellos.

## 13.
1. ...la ciudad más grande de ...
2. ...los estudiantes menos estudiosos de ...
3. ...el hombre más importante de ...
4. ...las asistentes menos calificadas d ...
5. ...el producto más útil de ...
6. ... la fábrica menos productiva d...
7. ...la empleada más trabajadora de...
8. ...la menas limpia de ...
9. ...la ciudad más grande de ...
10. ...el automóvil menas caro de ...

## 14.

1. Jorge es el muchacho menos astuto de la clase.
2. Granada es la ciudad más bella de Andalucío para Lorca.
3. Pablo es el pintor menos conocido de Bogotá.
4. Los Andes es la cordillera más alta de Sur América.
5. La educación es la prioridad menos importante de la administración.
6. El petróleo es el producto más importante de Venezuela.
7. La guerra es la acción menos importante de la paz.
8. Barcelona es la ciudad más grande de España.
9. Este distrito es el menos demócrata del país
10. El Ebro es el río más largo de España.

## 15.

1. mejor que; la mejor
2. peor que; la peor
3. más grande; el más grande
4. menores que; las menores

## 16.

1. mayor que
2. mejor que
3. peor que
4. menor que
5. más pequeño
6. más grande
7. más pequeña
8. más pequeño
9. menor que
10. mayor que

## 17.

1. Este modelo es guapísimo.
2. Este coche es velozísimo.
3. La canción es popularísima.
4. La ciudad es encantadorísimo.
5. Jorge es un negociante sagazísimo.
6. María es inteligentísima.
7. Ellos son personas buenísimas.
8. Nosotros somos diestrísimos.
9. Este helado es malísimo.
10. El profesor es buenísimo.

## 18.

1. Roberto es tan amable como Juan.
2. Roberto es tan serio como Juan.
3. Roberto es tan alegre como Juan.
4. Roberto es tan estudioso como Juan.
5. Roberto es tan guapo como Juan.
6. Roberto es tan trabajador como Juan.
7. Roberto es tan cómico como Juan.
8. Roberto es tan perceptivo como Juan.
9. Roberto es tan astuto como Juan.
10. Roberto es tan bueno como Juan.

## 19.

1. tanta ... como
2. tantas ... como
3. tantas ... como
4. tanta ... como
5. tanta ... como
6. tantos ... como
7. tanta ... como
8. tanto ... como
9. tantas ... como
10. tanto ... como

## 20.

1. diez
2. quince
3. cincuenta
4. veinte y cinco o veinticinco
5. veinte y siete o veintisiete
6. cuarenta
7. setenta y siete
8. ciento diez
9. ciento nueve
10. ciento cincuenta
11. doscientos
12. doscientos tres
13. trescientos veinte y cinco o trescientos veinticinco
14. cuatrocientos quince
15. mil
16. mil diez
17. dos mil quinientos
18. tres mil doscientos
19. diez mil
20. cuarenta y cinco mil setecientos sesenta y ocho.

## 21.

1. trecientas
2. una

3. doscientos veinte
4. cuatrocientas
5. mil
6. cincuenta y una
7. doscientas
8. doscientas quince
9. novecientos
10. ciento tres
11. una
12. trescientas treinta
13. quinientas
14. trescientos sesenta y cinco
15. cien
16. una
17. doscientas cuarenta
18. cuatrocientas treinta y cinco
19. tres mil quinientos
20. treinta y dos

## 22.

1. primera
2. cuarto
3. Quinta
4. séptimo
5. octavo
6. segundo
7. décimo
8. tercer
9. sexto
10. noveno

## 23.

1. mi
2. mi
3. tu
4. su
5. su
6. Tu
7. mi
8. tu
9. Tu
10. nuestros

## 24.

1. Estas casas son grandes.
2. Esas asignaturas son difíciles.
3. Aquellos maestros son excelentes.
4. Estos libros son importantes.
5. Esas cartas son de Luis.
6. Aquellas chicas son mis amigas.
7. Esos programas son magníficos.
8. Estos apartamentos son grandes.
9. Aquellos hombres son fuertes.
10. Estos gobiernos son prácticos.

# 3

## Verbs

*A*t first glance, Spanish verbs look more complicated than those in the English language. Each conjugation is different whether in the first, second, or third person, singular or plural. In Spanish, personal pronouns (I, you, he, she ...) are also not required which seem to make the verbs more complicated. It is the ending of the verb that indicates the doer of the action.

However, verbs in Spanish are not as difficult as they look. They can be classified according to groups. The same group of verbs have the same conjugations or endings. By learning these endings, you can learn a series of verbs without difficulty. Even those verbs that we call irregular have characteristics in common which make them easier to learn.

## INFINITIVE

**Vamos a jugar.**
*Let's play.*

**Dormir es bueno para descansar**
*To sleep is good to rest.*

**Quiero vivir, vivir y vivir.**
*I want to live, to live, and to live.*

Spanish verbs are written in the infinitive before they are conjugated. It is very important to know the infinitive of a verb before attempting to conjugate it. The infinitive is one of the guidelines used to successfully conjugate a verb in any of the different moods or tenses.

In the Spanish infinitives, unlike the English infinitives, the preposition to is already part of the meaning of the verb. Note that in the translation of the sentence **Jugar es importante** (To play is important), the preposition to does not appear by itself but is part of the meaning of the verb.

Every verb in Spanish can be divided into two parts: the stem and the ending. The stem of the verb changes according to the meaning of the verb. But verbs in the infinitive only have three possible endings **-ar, -er,** and **-ir.** All verbs in Spanish have one of these three endings in the infinitive.

The following is a list of commonly used verbs:

Infinitive

**-AR**
| | |
|---|---|
| cantar | *to sing* |
| caminar | *to walk* |
| hablar | *to talk* |
| andar | *to walk* |
| capturar | *to capture* |
| estudiar | *to learn* |
| mirar | *to look* |
| mandar | *to send* |
| tomar | *to drink, to take* |
| comprar | *to buy* |

**-ER**
| | |
|---|---|
| haber | *to have* |
| leer | *to read* |
| aprender | *to learn* |
| vender | *to sell* |
| tener | *to have* |
| saber | *to know* |
| comer | *to eat* |
| correr | *to run* |
| poner | *to place, to put* |
| beber | *to drink* |

**-IR**
| | |
|---|---|
| ir | *to go* |
| venir | *to come* |
| vivir | *to live* |
| morir | *to die* |
| reír | *to laugh* |
| escribir | *to write* |

| **dirigir** | *to direct* |
| **partir** | *to leave* |
| **abrir** | *to open* |
| **recibir** | *to receive* |

1. Complete the following sentences with the appropriate infinitive.

1. Juan quiere _____ (to play) al béisbol.

2. _____ (to run) es importante para la salud.

3. Hoy vamos a _____ (to receive) nuestra correspondencia.

4. Ellos desean _____ (to sell) su casa.

5. ¿Quieres _____ (to eat) ahora?

6. _____ (to write) es mi pasatiempo favorito.

7. Necesito _____ (to know) la verdad.

8. Hay que _____ (to put) los libros correctamente.

9. ¿Deseas _____ (to look) la película?

10. Tengo que _____ (to go) a _____ (to work).

## PRESENT PARTICIPLE

**Josefina está hablando con Margarita.**
*Josephine is talking to Margaret.*

**Estudiando, se aprende mucho.**
*By studying, one learns a lot.*

**Voy caminando a la escuela.**
*I am walking to school.*

The present participle in Spanish is the same as its English counterpart. It is often used with the verbs **estar, seguir, continuar,** and with verbs of motion to express that an action or event is (or was or will be) occurring at a particular moment. These tenses are called progressive tenses. The present participle in Spanish can also often be translated as by + the English present participle.

The present participle of **-ar** verbs is formed by dropping the **-ar** ending and adding **-ando.**

| | | |
|---|---|---|
| hablar | hablando | *speaking* |
| caminar | caminando | *walking* |
| bailar | bailando | *dancing* |
| trabajar | trabajando | *working* |
| escuchar | escuchando | *listening* |
| buscar | buscando | *looking for* |
| jugar | jugando | *playing* |
| limpiar | limpiando | *cleaning* |
| nadar | nadando | *swimming* |
| llamar | llamando | *calling* |

The present participle of **-er** and **-ir** verbs is formed by dropping the infinitive endings and adding **-iendo**.

| | | |
|---|---|---|
| comer | comiendo | *eating* |
| saber | sabiendo | *knowing* |
| volver | volviendo | *returning* |
| tener | teniendo | *having* |
| valer | valiendo | *costing* |
| poner | poniendo | *placing* |
| componer | componiendo | *composing* |
| hacer | haciendo | *making* |
| perder | perdiendo | *losing* |
| beber | bebiendo | *drinking* |
| | | |
| escribir | escribiendo | *writing* |
| partir | partiendo | *leaving, breaking* |
| salir | saliendo | *leaving* |
| asistir | asistiendo | *assisting* |
| batir | batiendo | *beating* |
| vivir | viviendo | *living* |
| abrir | abriendo | *opening* |
| añadir | añadiendo | *adding* |
| adquirir | adquiriendo | *acquiring* |
| recibir | recibiendo | *receiving* |

2. Complete the following exercise with the appropriate present participle.

1. Yo estoy _____ (having) dificultad con la lección.
2. José está _____ (eating) en el comedor.
3. Nosotros estamos _____ (drinking) cerveza.
4. Ellos están _____ (talking) español.
5. La clase está _____ (receiving) la tarea.
6. La peseta está _____ (costing) cada día más dinero.
7. Estamos _____ (acquiring) mucha habilidad al hablar.
8. Rosa está _____ (calling) a Luisa.

9. Estamos _____ (opening) la puerta.

10. _____ (hearing) se aprenden muchas cosas.

11. _____ (living) en la ciudad, tú puedes visitar el museo.

12. Mi madre está _____ (beating) los huevos.

13. Estamos _____ (looking for) al profesor.

14. Vosotros vais _____ (walking) a la universidad.

15. Estoy _____ (receiving) muy buenas notas en español.

Many verbs ending in **-ir** have a stem change from the **e** to **i** and from the **o** to **u** in the present participle. The following are some of these verbs:

| | | |
|---|---|---|
| **venir** | **viniendo** | *coming* |
| **servir** | **sirviendo** | *serving* |
| **pedir** | **pidiendo** | *asking* |
| **reír** | **riendo** | *laughing* |
| **mentir** | **mintiendo** | *lying* |
| **decir** | **diciendo** | *saying* |
| **sentir** | **sintiendo** | *feeling* |
| **gemir** | **gimiendo** | *groaning* |
| **dormir** | **durmiendo** | *sleeping* |
| **morir** | **muriendo** | *dying* |
| **poder** | **pudiendo** | *being able to* |

**Los estudiantes están pidiendo información.**
*The students are asking for information.*

**Ellos continúan riéndose.**
*They continue laughing.*

**Marta va durmiendo en el coche.**
*Martha goes sleeping in the car.*

3. Complete the following sentences with the appropriate present participle.

1. _____ (serving) en este plato te ahorras tiempo.

2. Luis se está _____ (feeling) mejor ahora.

3. Me estoy _____ (sleeping) de cansancio.

4. _____ (asking) las cosas se consigue mucho.

5. Mi perrito se está _____ (dying).

6. _____ (saying) la verdad se resuelven los problemas.

7. Es un chiste bueno. Me estoy _____ (laughing).

8. Josefa y María están _____ (serving) la comida.

9. El animal está _____ (groaning) de dolor.

10. Vosotros estáis _____ (sleeping).

Verbs ending in **-er** and **-ir** whose stem end in a vowel, form the present participle by adding **-yendo** to the stem.

| | | |
|---|---|---|
| **caer** | **cayendo** | *falling* |
| **leer** | **leyendo** | *reading* |
| **traer** | **trayendo** | *bringing* |
| **creer** | **creyendo** | *believing* |
| **oír** | **oyendo** | *listening* |
| **huir** | **huyendo** | *fleeing* |
| **incluir** | **incluyendo** | *including* |
| **distribuir** | **distribuyendo** | *distributing* |
| **construir** | **construyendo** | *constructing* |
| **contribuir** | **contribuyendo** | *contributing* |

Notice that the verbs that have a **-yendo** ending in the present participle have a y in the indicative mood, preterite tense, third person, in both the singular and plural forms. E. g. **él leyó** and **ellos leyeron**.

**La noche está cayendo.**
*Night is falling.*

**Nosotros estamos oyendo la radio.**
*We are listening to the radio.*

**La compañía sigue distribuyendo los libros.**
*The company continues to distribute the books.*

**Nosotros estamos contribuyendo dinero.**
*We are contributing money.*

4. Complete the following exercise with the correct form of the present participle.

1. Este edificio se está _____ (falling).

2. La compañía está _____ (constructing) un edificio enorme en el centro de la ciudad.

3. Los ladrones se fueron _____ (fleeing).

4. Vosotros estáis _____ (contributing) a la clase.

5. Tú estás _____ (listening) una canción española.

6. Ricardo está _____ (reading) un libro de Unamuno.

7. Esta compañía está _____ (distributing) la mercancía.

8. Ustedes están _____ (bringing) demasiada comida.

9. Ellas están _____ (reading) el periódico.

10. Estamos _____ (listening) música cubana.

The verb **ir** is irregular in the present participle:

**ir**                    **yendo**                    *going*

**Nosotros continuamos yendo a la ópera.**
*We continue to go to the opera.*

**Mario y Luisa siguen yendo al club.**
*Mario and Louise continue to go to the club.*

To form the present participle of a reflexive verb, the verb is formed like any other verb and the reflexive pronoun is attached at the end. The reflexive pronoun changes according to the person it refers to. For example: **Estoy levantándome, Estás levantándote.**

An accent mark is required when adding another syllable (pronoun) to the present participle. For example: **lavando - lavándose**

| | |
|---|---|
| **levantarse** | **levantándose** |
| **acostarse** | **acostándose** |
| **bañarse** | **bañándose** |
| **lavarse** | **lavándose** |
| **comprarse** | **comprándose** |
| **perderse** | **perdiéndose** |
| **verse** | **viéndose** |
| **dormirse** | **durmiéndose** |

**Ellos están lavándose las manos.**
*They are washing their hands.*

**Yo estoy durmiéndome.**
*I am falling asleep.*

**El público está durmiéndose.**
*The public is falling asleep.*

**María está comprándose un vestido nuevo.**
*Mary is buying herself a new dress.*

**Tú sigues viéndote en el espejo.**
*You continue to see yourself in the mirror.*

When a reflexive verb is changed to the present participle, the reflexive pronoun is placed at the end of the verb.

**Bañarse: Josefa está bañándose en la piscina.**
*To bathe: Josefa is bathing in the pool.*

5. Write the present participle of the following verbs.

1. acostarse      _____
2. bañarse      _____
3. comprarse      _____
4. lavarse      _____
5. dormirse      _____

6. Complete the following sentences with the correct form of the present participle.

1. Estoy _____ (ir) al teatro.
2. José sigue _____ (bañarse).
3. Ellos están _____ (lavarse).
4. Nosotros estamos _____ (perderse) la película.
5. Ella está _____ (verse) en el espejo.
6. Las frutas están _____ (perderse).
7. Vosotros estáis _____ (acostarse)
8. Tú estás _____ (comerse) la cena de tu hermano.
9. El está _____ (ponerse) el sombrero.
10. Ella está _____ (pintarse) las cejas.

The present participle is commonly used in the progressive tense. This tense is formed with the verbs **estar, seguir, ir** and with other verbs of motion to express that an action or event is taking progress. In order to form the progressive tense, the appropriate tense of the auxiliary verb **estar, seguir, ir** or any other verb of motion is used, then the present participle of the main verb is formed.

**Juan está corriendo en el parque.**
*John is running in the park.*

**Yo estoy haciendo la tarea.**
*I am doing my homework.*

**Miguel sigue buscando sus libros.**
*Michael continues looking for his books.*

**Ellos irán caminando mientras Jorge llega.**
*They will be walking while Jorge arrives.*

**María estaba comiendo cuando sonó el teléfono.**
*Mary was eating when the telephone rang.*

| **hablar** | **comer** | **vivir** |
|---|---|---|

Present Progressive

| | | |
|---|---|---|
| **estoy hablando** | **estoy comiendo** | **estoy viviendo** |
| **estás hablando** | **estás comiendo** | **estás viviendo** |

**Yo estoy hablando con mi mejor amigo.**
*I am talking with my best friend.*

**Maribel y Olga siguen comiendo tapas en el bar.**
*Maribel and Olga continue to eat tapas at the bar.*

**Vosotros estáis viviendo en la mejor ciudad del mundo.**
*You (plural) are living in the best city in the world.*

7. Rewrite the following exercise with the correct form of the present participle.

1. I am talking on the phone.

_____

2. He is looking for his book.

_____

3. They go walking to the theater.

_____

4. Joseph continues to eat paella.

_____

5. You are talking to your friend.

_____

# PRETERITE PROGRESSIVE

| estuve hablando | estuve comiendo | estuve viviendo |
| estuviste hablando | estuviste comiendo | estuviste viviendo |

**Ayer, estuve hablando con Raúl.**
*Yesterday, I was talking to Raúl.*

**Ellos estuvieron divirtiéndose en la fiesta.**
*They were enjoying themselves at the party.*

**Carlos siguió estudiando en Harvard.**
*Charles continued to study at Harvard.*

8. Rewrite the following sentences in the preterite progressive.

1. Yo estoy hablando. _____

2. Tú sigues comiendo. _____

3. Julio va vendiendo libros. _____

4. Nosotros estamos trabajando. _____

5. Ellos siguen estudiando. _____

6. María y Julio están riéndose._____

7. Vosotros estáis aprendiendo._____

8. Tú y yo vamos mirando. _____

9. Yo sigo escribiendo. _____

10. Marta va pensando. _____

## IMPERFECT PROGRESSIVE

**estaba hablando**     **estaba comiendo**     **estaba viviendo**
**estabas hablando**    **estabas comiendo**    **estabas viviendo**

**Yo estaba hablando con Luis.**
*I was talking to Louis.*

**Roberto estaba bailando con Margarita.**
*Robert was dancing with Margaret.*

**Benito y yo continuábamos comiendo chorizos.**
*Benito and I continued to eat sausages.*

9. Complete the following paragraph with the correct form of the imperfect progressive.

Un día, yo _____ 1. (to talk) con mi amigo cuando vimos un hombre que _____ 2. (to go out) por la ventana de una casa. Nosotros mirábamos como él _____ 3. (to go down) del segundo piso y como _____ 4. (to carry) un saco lleno de cosas. En ese momento vimos que otro señor _____ 5. (to run) detrás del primero. Yo le dije a mi amigo que algo malo _____ 6. (to happen) en aquel lugar y llamamos a la policía. Le describimos lo que _____ 7. (to see) y el sargento dijo que un coche de patrulla vendría a investigar el suceso.

## FUTURE PROGRESSIVE

**estaré hablando**     **estaré comiendo**     **estaré viviendo**
**estarás hablando**    **estarás comiendo**    **estarás viviendo**

10. Complete the exercise using the future progressive

1. María / mirar el televisor. _____
2. José / reírse con los chistes de Juan. _____
3. Nosotros / hacer la tarea. _____
4. Ellos / pensar. _____
5. Jorge y Yo / pintar. _____
6. Ramiro y Julio / correr en el estadio. _____
7. La señora Martínez / gritar. _____
8. Tú / caminar con Luisa en el parque. _____
9. Pepe / hacer la tarea de español. _____
10. Yo / bañarme a esa hora de la noche. _____

# CONDITIONAL PROGRESSIVE

| | | |
|---|---|---|
| estaría hablando | estaría comiendo | estaría viviendo |
| estarías hablando | estarías comiendo | estarías viviendo |

**Este estudiante estaría hablando español si tratara.**
*This student would be talking Spanish if he tried.*

**Daniel seguiría trabajando si le pagaran más dinero.**
*Daniel would continued to work if they pay him more money.*

**José continuaría estudiando si tuviera dinero.**
*Joseph would continue to study if he had money.*

11. Complete the following exercise by using the verbs **estar, seguir, ir** or **continuar** and the conditional progressive.

Ejemplo:　　　**La hermana de Juan estaría trabajando.**

1. Mi primo _____
2. Nuestros amigos_____
3. Yo_____
4. Ellos _____
5. Tú _____
6. Vosotros _____
7. Marta y Bélgica _____
8. Consuelo _____
9. Diana y tú _____
10. El _____

# PAST PARTICIPLE

| | | |
|---|---|---|
| **Hemos trabajado mucho hoy.** | *We have worked a lot today.* | |
| **Javier ha comido lo suficiente.** | *Xavier has eaten enough.* | |
| **Arturo ha vivido en San José.** | *Arthur has lived in San José.* | |

The past participle of regular **-ar** verbs is formed by adding the ending **-ado** to the stem of the verb.

| | | |
|---|---|---|
| **tomar** | **tomado** | *drunk* |
| **estudiar** | **estudiado** | *studied* |
| **trabajar** | **trabajado** | *worked* |
| **mirar** | **mirado** | *looked* |
| **tratar** | **tratado** | *tried* |

The past participle of regular **-er** and **-ir** verbs is formed by adding the ending **-ido** to the stem of the verb.

| | | |
|---|---|---|
| **comer** | **comido** | *eaten* |
| **saber** | **sabido** | *known* |
| **vivir** | **vivido** | *lived* |
| **ir** | **ido** | *gone* |

12. Complete the following paragraph using the past participle of the verbs found in parentheses.

Mi querido amigo Miguel,

He _____ 1. (decidir) escribirte para saber como estás. Yo he _____ 2. (estar) un poco enfermo pero ahora me siento bien. ¿Has _____ 3. (recibir) las postales de mi viaje a México? Te he _____ 4. (mandar) tres tarjetas postales pero no he _____ 5. (saber) nada de ti. Mi hermano y yo hemos _____ 6. (viajar) por gran parte de México. Hemos _____ 7. (mirar) cosas muy interesantes como las pirámides de los aztecas y los mayas. Este viaje ha _____ 8. (ser) una experiencia inolvidable. Mis amigos mexicanos se han _____ 9. (comportar) maravillosamente con nosotros y nos han _____ 10. (llevar) a lugares exóticos donde los turistas raramente van.

When the stem of these verbs end in a vowel an accent mark is placed over the **-í** of **-ido**.

| | | |
|---|---|---|
| **oir** | **oído** | *heard* |
| **traer** | **traído** | *brought* |
| **creer** | **creído** | *believed* |

**He oído la explicación.**    *I have heard the explanation.*
**Eduardo ha traído estas cajas.**    *Edward has brought these boxes.*

**Los jueces han creído su testimonio.**
*The judges have believed his testimony.*

Some verbs have irregular past participles.

| | | |
|---|---|---|
| **hacer** | **hecho** | *done* |
| **poner** | **puesto** | *put* |
| **resolver** | **resuelto** | *solved* |
| **romper** | **roto** | *broken* |
| **ver** | **visto** | *seen* |
| **volver** | **vuelto** | *returned* |
| **abrir** | **abierto** | *opened* |
| **cubrir** | **cubierto** | *covered* |
| **decir** | **dicho** | *said* |
| **descubrir** | **descubierto** | *discovered* |
| **escribir** | **escrito** | *written* |
| **imprimir** | **impreso** | *printed* |
| **morir** | **muerto** | *died* |

**Fernando ha hecho la tarea.**    *Fernand has done his homework.*
**Ellos han abierto la puerta.**    *They have opened the door.*
**El libro está impreso.**    *The book is printed.*
**Colón ha descubierto América.**    *Columbus has discovered America.*

13. Write the past participle for the following verbs.

    1. abrir    _____
    2. decir    _____
    3. descubrir    _____
    4. poner    _____
    5. romper    _____
    6. ver    _____
    7. hacer    _____
    8. resolver    _____
    9. imprimir    _____
   10. morir    _____

14. Complete the following sentences with the correct form of the past participle.

    1. Yo he _____ (ver) ese drama.
    2. Ellos han _____ (hacer) la monografía.
    3. El cuadro está _____ (cubrir).
    4. El plato se ha _____ (romper).
    5. Nosotros hemos _____ (escribir) un poema.

## PRESENT PERFECT

The past participle is normally used with the present perfect tense. This tense is a compound tense that is formed by using the present indicative of **haber** + the past participle.

| | |
|---|---|
| **Yo he dicho la verdad.** | *I have told the truth.* |
| **Ellos han ido a la escuela.** | *They have gone to school.* |
| **Leoncio ha visto el anuncio.** | *Leoncio has seen the advertisement.* |

The present perfect is used to describe an action that began in the past and continues in the present. As in English, it is used to express an action that have or have not happened.

| Infinitive | hablar | comer | vivir |
|---|---|---|---|
| yo | he hablado | he comido | he vivido |
| tú | has hablado | has comido | has vivido |
| él | ha hablado | ha comido | ha vivido |
| nosotros | hemos hablado | hemos comido | hemos vivido |
| vosotros | habéis hablado | habéis comido | habéis vivido |
| ellos | han hablado | han comido | han vivido |

15. Rewrite the following sentences by using the present participle according to the model.

Ejemplo:     **Julia / hablar sobre su libro.**
             **Julia ha hablado sobre su libro.**

1. Juan / comer arroz con pollo.

_____

2. Tú / traer un regalo.

_____

3. Sara / cocinar un plato delicioso.

_____

4. Beatriz y Ricardo / buscar un restaurante magnífico.

_____

5. El fotógrafo / sacar unas fotografías estupendas.

_____

6. Nosotros / ver la exposición.

_____

7. Ellos / vivir en Madrid.

_____

8. Vosotros / salir con María.

_____

9. Ustedes / caminar por La Gran Vía.

_____

10. Yo / visitar Los Andes.

_____

The past participle is also used with the pluperfect tense, the preterite perfect tense, the future perfect tense, the conditional perfect tense, the perfect infinitive, and the perfect participle.

## PLUPERFECT

**Andrés había comido en casa de Luz.**
*Andrew had eaten at Luz's house.*

**Yo había hablado con ella.**
*I had spoken with her.*

**Nosotros habíamos estudiado la lección.**
*We had studied the lesson.*

| Infinitive | hablar | comer | vivir |
|---|---|---|---|
| yo | había hablado | había comido | había vivido |
| tú | habías hablado | habías comido | habías vivido |
| él | había hablado | había comido | había vivido |
| nosotros | habíamos hablado | habíamos comido | habíamos vivido |
| vosotros | habíais hablado | habíais comido | habíais vivido |
| ellos | habían hablado | habían comido | habían vivido |

The pluperfect is formed by using the imperfect tense of the auxiliary verbs **haber** with the past participle of the verb.

16. Complete the following sentences with the appropriate form of the pluperfect according to the verb in parentheses.

1. Yo _____ (hablar) con él.
2. Tú no _____ (comer) a las doce.
3. Carmen _____ (vender) toda la mercancía.
4. Nosotros _____ (ver) la película.
5. Vosotros _____ (decir) la verdad.
6. Mirna y Rosa _____ (ir) de compras.
7. El _____ (volver) a España dos veces antes.
8. Tú _____ (vivir) en Costa Rica con tus padres.
9. Ellos _____ (hacer) sus tareas.
10. Yo _____ (caminado) cinco kilómetros cuando lo ví.

# PRETERITE PERFECT

**En cuanto hubo terminado se marchó.**
*As soon as he had finished, he left.*

**Tan pronto hube comido llamé por teléfono.**
*As soon as I had eaten, I called by phone.*

**Después que ellos hubieron bailado nos fuimos.**
*After they had danced, we left.*

| Infinitive | hablar | comer | vivir |
|---|---|---|---|
| yo | hube hablado | hube comido | hube vivido |
| tú | hubiste hablado | hubiste comido | hubiste vivido |
| él | hubo hablado | hubo comido | hubo vivido |
| nosotros | hubimos hablado | hubimos comido | hubimos vivido |
| vosotros | hubisteis hablado | hubisteis comido | hubisteis vivido |
| ellos | hubieron hablado | hubieron comido | hubieron vivido |

The preterite perfect tense is found mainly in literary style to express an action or event that was just completed.

# FUTURE PERFECT

**Habremos hecho el trabajo para entonces.**
*We will have finished the work by then.*

**Para entonces, habréis terminado el trabajo.**
*By then, you will have finished the work.*

**Para esa hora, habrán llegado a esa ciudad.**
*By that hour, they will have arrived at that city.*

| Infinitive | hablar | comer | vivir |
|---|---|---|---|
| yo | habré hablado | habré comido | habré vivido |
| tú | habrás hablado | habrás comido | habrás vivido |
| él | habrá hablado | habrá comido | habrá vivido |
| nosotros | habremos hablado | habremos comido | habremos vivido |
| vosotros | habréis hablado | habréis comido | habréis vivido |
| ellos | habrán hablado | habrán comido | habrán vivido |

The future perfect is used to express a future action that will be completed before another.

17. Rewrite the following sentences using the future perfect.

Ejemplo:     **Yo voy a la escuela.**
                 **Yo habré ido a la escuela.**

1. Ellos van al cine.

_____

2. Luis hace su proyecto.

_____

3. Vosotros miráis la película.

_____

4. Tú ves el edificio.

_____

5. Yo camino por la ciudad.

_____

6. Nélida busca su ropa en la tintorería.

_____

7. Ellos oyen música.

_____

8. Todos preparamos las maletas para el viaje.

_____

9. El no necesita trabajar en el verano.

_____

10. Marta y Olga comen a las tres.

_____

# CONDITIONAL PERFECT

**Habrían sobrevivido en otro automóvil.**
*They would have survived in another car.*

**En un país hispano, habrían hablado más español.**
*In a Hispanic country, they would have spoken more Spanish.*

**Yo habría comido si tuviera dinero.**
*I would have eaten, if I had money.*

| Infinitive | hablar | comer | vivir |
|---|---|---|---|
| yo | habría hablado | habría comido | habría vivido |
| tú | habrías hablado | habrías comido | habrías vivido |
| él | habría hablado | habría comido | habría vivido |
| nosotros | habríamos hablado | habríamos comido | habríamos vivido |
| vosotros | habríais hablado | habríais comido | habríais vivido |
| ellos | habrían hablado | habrían comido | habrían vivido |

The conditional perfect is used to describe an action or event that would have been completed in the past.

18. Complete the following exercise with the appropriate form of the conditional perfect.

1. Jorge _____ (hablar) pero no pudo.
2. Yo _____ (regresar) a tiempo.
3. Carlos me lo _____ (decir) pero no estaba en casa.
4. Papá _____ (terminar) este trabajo más pronto.
5. Tú _____ (hacer) esto mejor.
6. Ellos _____ (comer) mejor en este restaurante.
7. Ustedes _____ (beber) sangría.
8. Todas _____ (viajar) juntas en avión.
9. Juan _____ (contestar) correctamente esa pregunta.
10. Ella _____ (estudiar) mucho.

# PERFECT INFINITIVE

**Por haber pasado el examen recibirán su diploma.**
*For having passed the examination, they will get their diploma.*

# PERFECT PARTICIPLE

**Habiendo terminado se marchó.**
*Having finished, he left.*

# THE INDICATIVE MOOD

In Spanish there are three moods: the indicative, the subjunctive, and the imperative. The indicative mood is used to express objective actions or events. The subjunctive mood is used to express subjectivity, feelings and emotions. The imperative mood is used to express commands. You will learn to used these moods appropriately in this chapter.

# PRESENT TENSE

**Regular -ar verbs**

The present tense of regular **-ar** verbs is formed by dropping the **-ar** ending in the infinitive and adding the following endings:

| | | | |
|---|---|---|---|
| yo | -o | nosotros | -amos |
| tú | -as | vosotros | -áis |
| él | -a | ellos | -an |

| Infinitive | cantar | bailar | estudiar |
|---|---|---|---|
| yo | canto | bailo | estudio |
| tú | cantas | bailas | estudias |
| él | canta | baila | estudia |
| nosotros | cantamos | bailamos | estudiamos |
| vosotros | cantáis | bailáis | estudiáis |
| ellos | cantan | bailan | estudian |

**El muchacho canta muy bien.** *The boy sings very well.*
**Ellos trabajan mucho.** *They work a lot.*
**María y Juan bailan la salsa.** *Mary and John dance the salsa.*

Because the ending of the verbs tells us the person it refers to, it is very common to omit the personal pronoun (**yo, tú, él, ella, usted, nosotros,**etc.) in Spanish.

**¿Hablas español?** *Do you speak Spanish?*
**Hicieron la tarea.** *They did the homework.*
**Camino muchos kilómetros.** *I walk many kilometers.*

Commonly used **-ar** verbs are:

| | | | |
|---|---|---|---|
| **abrazar** | *to embrace* | **fabricar** | *to make* |
| **actuar** | *to act* | **firmar** | *to sign* |
| **adelantar** | *to advance* | **ganar** | *to win* |
| **aguantar** | *to bear* | **gastar** | *to spend* |
| **alcanzar** | *to reach* | **guardar** | *to keep* |
| **amarrar** | *to tie* | **indicar** | *to indicate* |
| **animar** | *to cheer up* | **iniciar** | *to initiate* |
| **arreglar** | *to arrange* | **lamentar** | *to regret* |
| **aspirar** | *to aspire* | **limpiar** | *to clean* |
| **bajar** | *to lower* | **lograr** | *to achieve* |
| **buscar** | *to look for* | **luchar** | *to fight* |
| **calificar** | *to grade* | **llegar** | *to arrive* |
| **cambiar** | *to change* | **llenar** | *to fill* |
| **cantar** | *to sing* | **llevar** | *to take* |
| **colocar** | *to place* | **manchar** | *to stain* |
| **convidar** | *to invite* | **mandar** | *to send* |
| **cortar** | *to cut* | **mejorar** | *to improve* |
| **cruzar** | *to cross* | **nadar** | *to swim* |
| **cuidar** | *to look after* | **necesitar** | *to need* |
| **charlar** | *to chat* | **nombrar** | *to name* |
| **dejar** | *to leave* | **otorgar** | *to grant* |
| **descansar** | *to rest* | **pasar** | *to pass* |
| **doblar** | *to fold; to turn* | **pesar** | *to weight* |
| **educar** | *to educate* | **prestar** | *to lend* |
| **encontrar** | *to find* | **regalar** | *to give* |
| **enojar** | *to anger* | **reparar** | *to repair* |
| **enseñar** | *to teach; to show* | **sacar** | *to take out* |
| **escuchar** | *to listen* | **saltar** | *to jump* |
| **extrañar** | *to miss* | **terminar** | *to finish* |
| **esperar** | *to wait* | **vigilar** | *to watch* |

19. Complete the following verbs with the appropriate endings.

    1. Juan cuid____ a su hermano.

    2. Nosotros charl_____ con nuestros amigos.

    3. Marta y Cristina educ_____ a los alumnos.

    4. Yo esper____ a mi madre.

    5. Ellos dej____ de hablar cuando el maestro entra.

    6. Los jóvenes viaj____ en autobús a la escuela.

    7. Yo busc____ un libro.

    8. Tú necesit____ estudiar más.

    9. Vosotros cort____ las flores rojas.

  10. Tú tom____ el sol.

11. El muchacho necesit___ trabajar.

12. Los profesores enseñ___ la lección.

13. Yo camb___ las cortinas de mi apartamento.

14. Tú invit___ a José a la fiesta.

15. La familia camin___ en el parque.

16. Tú cant___ muy bien.

17. Ella mir___ la televisión.

18. Nosotros quer____ viajar por Costa Rica.

19. Ustedes compr___ un regalo para Roberto.

20. Tú tom___ un refresco en el restaurante.

20. Complete the following exercise with the appropriate form of the present indicative.

1. Yo _____ (charlar) con el director.

2. Juan _____ (descansar) en su cama.

3. El _____ (doblar) las invitaciones.

4. Carmen y Julia _____ (buscar) un tesoro.

5. Usted _____ (llamar) por teléfono.

6. Tú _____ (cenar) con tu novio.

7. La secretaria _____ (copiar) la carta.

8. Yo _____ (esperar) a que tú llames.

9. Los jóvenes _____ (bajar) por la escalera.

10. Nosotros _____ (cantar) en el coro.

11. Yo _____ (viajar) por tren a la conferencia.

12. Vosotros _____ (esquiar) a las tres.

13. Usted _____ (ganar) la lotería.

14. Virginia y yo _____ (enseñar) francés.

15. Ellas _____ (comprar) un pasaje para viajar.

21. Complete the following paragraph using the present tense of the verbs in parentheses.

Yo _____ 1. (caminar) todos los días a la escuela. Yo _____ 2. (tomar) la calle veinte y tres, y luego _____ 3. (doblar) a la derecha. Después _____ 4. (continuar) el camino hasta que _____ 5. (llegar) a la escuela. Yo _____ 6. (entrar) por la puerta principal porque así _____ 7. (hablar) con mis amigos antes de la clase. A las ocho, el profesor _____ 8. (enseñar) español. Yo _____ 9. (estudiar) mucho en esta clase porque _____ 10. (desear) aprender el idioma.

22. Rewrite the following sentences in the plural.

1. El educa a sus hijos.

_____

2. Yo espero a mi hermano.

_____

3. Usted escucha los consejos de sus padres.

_____

4. Tú cuidas muy bien los libros.

_____

5. Ella cruza la calle por la esquina.

_____

23. Rewrite the following sentences in the singular.

1. Nosotros descansamos después del almuerzo.

_____

2. Ellos hablan español en la clase.

_____

3. Vosotros colocáis las flores en la mesa.

_____

4. Ellas compran bastante comida.

_____

5. Ustedes estudian todos los días.

_____

## Irregular -ar verbs

Some **-ar** verbs are irregular only in the first person singular (**Yo**) of the present tense. Their conjugation is regular for the remaining declination of the verb.

| Infinitive | dar | estar |
|---|---|---|
| **yo** | **doy** | **estoy** |
| **tú** | **das** | **estás** |
| **él** | **da** | **está** |
| **nosotros** | **damos** | **estamos** |
| **vosotros** | **dais** | **estáis** |
| **ellos** | **dan** | **están** |

24. Rewrite the following sentences in the first person singular form (**yo**).

1. Nosotros damos dinero al limosnero.

_____

2. Ellos están estudiando en la biblioteca.

_____

3. Tú estás en el cine todos los fines de semana.

_____

4. Vosotros estáis en la calle doce.

_____

5. El da a la escuela una donación.

Many verbs have regular endings in the present tense but have stem changes when conjugated. These verbs are called stem-changing verbs. Stem-changing verbs ending in **-ar** change the stem vowel in the present tense from **e** to **ie** or **o** to **ue**. This occurs in all declinations except in the **nosotros** and **vosotros** forms.

| Infinitive | **pensar (ie)** | *to think* |
|---|---|---|
| **yo** | **pienso** | |
| **tú** | **piensas** | |
| **él** | **piensa** | |
| **nosotros** | **pensamos** | |
| **vosotros** | **pensáis** | |
| **ellos** | **piensan** | |

Like **pensar**, the following verbs have a vowel change from **e** to **ie**:

| | |
|---|---|
| **apretar (ie)** | *to tighten* |
| **cerrar (ie)** | *to close* |
| **comenzar (ie)** | *to begin* |
| **confesar (ie)** | *to confess* |
| **despertar (ie)** | *to wake up* |
| **empezar (ie)** | *to begin* |
| **encerrar (ie)** | *to lock up* |
| **gobernar (ie)** | *to govern* |
| **negar (ie)** | *to deny* |
| **quebrar (ie)** | *to brake* |

25. Rewrite the following sentences using the verb **pensar** in the present indicative.

Ejemplo:    **Julio / acerca de la escuela.**
            **Julio piensa acerca de la escuela.**

1. Tú / sobre la tarea.

_____

2. Nosotros / acerca de la universidad.

_____

3. José y Yo / sobre las vacaciones.

_____

4. María y Pablo / en sus amigos.

_____

5. Mi padre / en nosotros.

_____

26. Complete the following sentences with the correct form of the present indicative.

    1. Yo _____ (apretar) el tornillo.
    2. Usted _____ (confesar) la verdad.
    3. Ella _____ (cerrar) la ventana.
    4. Nosotros _____ (empezar) a cantar.
    5. El presidente _____ (gobernar) el país.
    6. Tú _____ (negar) la verdad.
    7. Ustedes _____ (quebrar) el vidrio.
    8. Todos nos _____ (despertar) temprano.
    9. Yo _____ (comenzar) a trabajar.
    10. Vosotros _____ (encerrar) los documentos bajo llave.

| Infinitive | **mostrar (ue)** | *to show* |
|---|---|---|
| **yo** | **muestro** | |
| **tú** | **muestras** | |
| **él** | **muestra** | |
| **nosotros** | **mostramos** | |
| **vosotros** | **mostráis** | |
| **ellos** | **muestran** | |

Like **mostrar,** the following verbs have a vowel change from **o** to **ue:**

| | |
|---|---|
| **acostar(se) (ue)** | *to go to bed* |
| **almorzar (ue)** | *to have lunch* |
| **contar (ue)** | *to count; to tell* |
| **costar (ue)** | *to cost* |
| **encontrar (ue)** | *to find; to meet* |
| **mostrar (ue)** | *to show* |
| **probar (ue)** | *to try* |
| **recordar (ue)** | *to remember* |

27. Complete the following sentences with the appropriate form of the present indicative.

    1. Yo _____ (mostrar) mi casa a Pablo.
    2. Ustedes _____ (almorzar) juntos.
    3. Margarita _____ (recordar) su niñez.
    4. Nosotros _____ (probar) los dulces.
    5. Vosotros _____ (contar) un cuento.
    6. Tú _____ (encontrar) muchas personas en la fiesta.
    7. Usted _____ (mostrar) el libro.
    8. Ellas _____ (recordar) la lección.
    9. El _____ (almorzar) arroz con pollo.

## Regular -er verbs

The present tense of regular **-er** verbs is form by dropping the -er ending in the infinitive and adding the following endings: **-o, -es, -e, -emos, -éis, -en.**

| Infinitive | **aprender** | **comer** | **beber** |
|---|---|---|---|
| yo | **aprendo** | **como** | **bebo** |
| tú | **aprendes** | **comes** | **bebes** |
| él | **aprende** | **come** | **bebe** |
| nosotros | **aprendemos** | **comemos** | **bebemos** |
| vosotros | **aprendéis** | **coméis** | **bebéis** |
| ellos | **aprenden** | **comen** | **beben** |

**Tú aprendes español.**          *You learn Spanish.*
**Vosotros coméis temprano.**     *You (plural) eat early.*
**José bebe vino.**               *Joseph drinks wine.*

Commonly used **-er** verbs are:

| | | | |
|---|---|---|---|
| **aprender** | *to learn* | **esconder** | *to hide* |
| **beber** | *to drink* | **leer** | *to read* |
| **comer** | *to eat* | **meter** | *to put* |
| **comprender** | *to understand* | **pretender** | *to pretend* |
| **correr** | *to run* | **prometer** | *to promise* |
| **creer** | *to believe* | **vender** | *to sell* |
| **emprender** | *to undertake* | **ver** | *to see* |

28. Complete the endings of the following sentences by using the present indicative.

1. Nosotros aprend_____ español.
2. Tú com_____ muy bien.
3. Ella cre_____ que tú hablas francés.
4. Patricio beb_____ jugo de naranja.
5. Yo comprend_____ la explicación.
6. Los estudiantes corr_____ en el parque.
7. Vosotros aprend_____ a dibujar.
8. Ellas no le_____ el libro.
9. ¿Por qué no vend_____ tu automóvil?
10. Adolfo y Cándida entiend_____ la explicación.

29. Complete the following sentences with the appropriate form of the present indicative.

1. María _____ (aprender) informática.
2. Yo _____ (correr) en el parque por las mañanas.
3. Alberto y Benito _____ (creer) que tu estás aquí.
4. Nosotros _____ (emprender) un viaje al oriente.
5. Tú _____ (beber) vino con la cena.

6. El _____ (comer) arroz con pollo.

7. Ustedes _____ (aprender) un nuevo idioma.

8. Vosotros _____ (leer) un libro de Lope de Vega.

9. Ellas _____ (ver) el Ballet Mexicano.

10. Ella _____ (prometer) hacer el trabajo.

30. Rewrite the following sentences in the plural.

1. Yo bebo sangría en la fiesta.

_____

2. Usted cree que hoy es martes.

_____

3. Tú aprendes mucho español.

_____

4. Ella corre en la competencia atlética.

_____

5. Miguel mete los libros en su armario.

_____

31. Rewrite the following sentences in the singular.

1. Nosotros vendemos periódicos por las mañanas.

_____

2. Ellas prometen llegar a tiempo.

_____

3. Vosotros bebéis jerez en el bar.

_____

4. Ustedes comprenden bien la lección.

_____

5. Ermelinda y Juana comen a las doce.

_____

32. Complete the following exercise using the present indicative according to the example given.

Ejemplo:     **Miguel / aprender la lección**
             **Miguel aprende la lección**

1. Yo / comer paella.

_____

2. Eduardo / vender productos agrícolas.

_____

3. Nosotros / correr en las mañanas.

_____

4. Ellas / emprender un gran proyecto.

_____

5. Marta y yo / leer un libro interesante.

## Irregular -er verbs

Some **-er** verbs are irregular only in the first person singular (**Yo**) of the present tense. Their conjugation is regular for the remaining declination of the verb.

| Infinitive | caber | *to fit* | caer | *to fall* |
|---|---|---|---|---|
| yo | quepo | | caigo | |
| tú | cabes | | caes | |
| él | cabe | | cae | |
| nosotros | cabemos | | caemos | |
| vosotros | cabéis | | caéis | |
| ellos | caben | | caen | |

Other irregular **-er** verbs in the first person singular of the present tense are:

| conocer | conozco | *to know* |
|---|---|---|

Like **conocer**:

| aborrecer | aborrezco | *to hate* |
|---|---|---|
| agradecer | agradezco | *to thank* |
| aparecer | aparezco | *to appear* |
| carecer | carezco | *to lack* |
| crecer | crezco | *to grow* |
| desaparecer | desaparezco | *to disappear* |
| establecer | establezco | *to establish* |
| merecer | merezco | *to deserve* |
| ofrecer | ofrezco | *to offer* |
| obedecer | obedezco | *to obey* |
| parecer | parezco | *to seem* |
| permanecer | permanezco | *to remain* |
| pertenecer | pertenezco | *to belong* |
| reconocer | reconozco | *to recognize* |
| hacer | hago | *to do* |
| satisfacer | satisfago | *to satisfy* |
| poner | pongo | *to put* |
| componer | compongo | *to compose* |
| disponer | dispongo | *to dispose* |
| oponer | opongo | *to oppose* |
| saber | sé | *to know* |
| traer | traigo | *to bring* |
| valer | valgo | *to be worth* |
| ver | veo | *to see* |

33. Rewrite the following sentences in the first person singular of the present indicative (**yo**).

33. Rewrite the following sentences in the first person singular of the present indicative (**yo**).

1. Nosotros hacemos la tarea.

_____

2. Tú sabes la verdad.

_____

3. Ellos traen comida a la fiesta.

_____

4. Pedro compone música clásica.

_____

5. Miguelina y Rosario ven una película de misterio.

_____

34. Complete the following sentences using the appropriate form of the present indicative.

1. Yo _____ (ofrecer) un trabajo a Luis.
2. Yo _____ (poner) el libro sobre la mesa.
3. Yo _____ (saber) la verdad.
4. Yo _____ (disponer) de suficiente tiempo.
5. Yo _____ (carecer) destreza.
6. Yo _____ (reconocer) que su teoría es buena.
7. Yo _____ (establecer) mis prioridades.
8. Yo _____ (hacer) la faena.
9. Yo _____ (satisfacer) mi apetito.
10. Yo _____ (merecer) mejores notas.

Other **-er** verbs are completely irregular in the present tense. Some of these important verbs are:

| Infinitive | **haber** | *to have* |
|---|---|---|
| **yo** | **he** | |
| **tú** | **has** | |
| **él** | **ha** | |
| **nosotros** | **hemos** | |
| **vosotros** | **habéis** | |
| **ellos** | **han** | |

35. Complete the following sentence with the appropriate form of the verb **haber**.

1. Yo _____ visto a Juan.
2. Ella _____ tomado el examen.
3. Ustedes _____ caminado en el parque.
4. Marta _____ hecho el trabajo.

8. El _____ comprendido el teorema.
9. Ellos _____ terminado el programa.
10. Julio _____ publicado su libro.

| Infinitive | ser | *to be* |
|---|---|---|
| yo | soy | |
| tú | eres | |
| él | es | |
| nosotros | somos | |
| vosotros | sois | |
| ellos | son | |

36. Complete the following exercise with the appropriate form of the verb **ser**.

1. Mi amigo _____ ingeniero.
2. Yo _____ un estudiante.
3. Los alumnos _____ inteligentes.
4. Tú _____ alto.
5. Ellas _____ colombianas.
6. El _____ un escritor famoso.
7. Vosotros _____ disciplinados.
8. García Márquez _____ un famoso novelista.
9. Federico García Lorca _____ un gran dramaturgo y poeta.
10. Ortega y Gasset y Julián Marías _____ filósofos.

37. Answer the following questions.

1. ¿Quién es tú mejor amigo?

_____

2. ¿Cuál es tu profesión?

_____

3. ¿Cuál es tu nacionalidad?

_____

4. ¿Cuál es tu clase de idiomas favorita?

_____

5. ¿Cuál es la capital de Chile?

_____

| Infinitive | tener | *to have* |
|---|---|---|
| yo | tengo | |
| tú | tienes | |
| él | tiene | |
| nosotros | tenemos | |
| vosotros | tenéis | |
| ellos | tienen | |

| | |
|---|---|
| **vosotros** | **tenéis** |
| **ellos** | **tienen** |

38. Write the following sentences according to the model using the verb **tener**.

Ejemplo:     **Ramón / hambre**
              **Ramón tiene hambre.**

1. Yo / sed.                          _____
2. Usted / una casa muy bonita.       _____
3. Nosotras / un buen trabajo.        _____
4. Ellos / que ir de compras.         _____
5. Rafael / tarea de español.         _____

Other irregular verbs that are conjugated like **tener** are:

| | |
|---|---|
| **contener** | *to contain* |
| **entretener** | *to entertain* |
| **detener** | *to detain* |
| **mantener** | *to maintain* |
| **sostener** | *to hold* |

39. Complete the following sentences with the appropriate form of the present indicative.

1. Marta y yo _____ (entretener) a los invitados.

2. El policía _____ (detener) el automóvil.

3. Ellos _____ (sostener) la puerta.

4. Vosotros _____ (mantener) una buena postura.

5. Usted _____ (obtener) su título universitario.

6. Tú _____ (entretener) al grupo.

7. Ellos _____ (detener) el envío.

8. Yo _____ (sostener) la escalera.

9. Ella _____ (mantener) a sus hermanos.

10. Vosotros _____ (obtener) su licencia de conducir.

Stem-changing verbs ending in **-er** change the stem vowel in the present tense from **e** to **ie** or **o** to **ue**. This occurs in all declinations except in the **nosotros** and **vosotros** forms.

| Infinitive | **querer** (ie) | *to want* |
|---|---|---|
| **yo** | **quiero** | |
| **tú** | **quieres** | |
| **él** | **quiere** | |
| **nosotros** | **queremos** | |

| | |
|---|---|
| vosotros | **queréis** |
| ellos | **quieren** |

Like **querer,** the following verbs have a vowel change from **e** to **ie:**

| | |
|---|---|
| **defender (ie)** | *to defend* |
| **descender (ie)** | *to descend* |
| **entender (ie)** | *to understand* |
| **perder (ie)** | *to lose* |
| **querer (ie)** | *to want* |

40. Complete the following sentences with the appropriate form of the present indicative.

1. Yo _____ (querer) ir al museo.
2. Ellas _____ (perder) el autobús de las tres.
3. Tú _____ (defender) al acusado en la corte.
4. Nosotros _____ ( querer) ver la ópera Carmen.
5. Ustedes _____ (perder) la esperanza de ganar.

41. Rewrite the following sentences in the plural.

1. Yo quiero obtener un cien en el examen.

_____

2. Tú defiendes demasiado a tu hermano.

_____

3. Ella no pierde su pasaje de avión.

_____

4. El piensa en sus padres.

_____

5. Yo entiendo la lección de física nuclear.

_____

| Infinitive | **volver (ue)** | *to return* |
|---|---|---|
| **yo** | **vuelvo** | |
| **tú** | **vuelves** | |
| **él** | **vuelve** | |
| **nosotros** | **volvemos** | |
| **vosotros** | **volvéis** | |
| **ellos** | **vuelven** | |

Like **volver,** the following verbs have a vowel change from **o** to **ue:**

| | | | |
|---|---|---|---|
| **devolver (ue)** | *to give back* | **doler (ue)** | *to ache* |
| **envolver (ue)** | *to wrap* | **llover (ue)** | *to rain* |
| **mover (ue)** | *to move* | **poder (ue)** | *to be able to* |
| **resolver (ue)** | *to solve; to resolve* | | |

42. Complete the following sentences with the appropriate form of the present indicative.

    1. Ellos _____ (volver) a casa temprano.

    2. Tú _____ (mover) el automóvil de lugar.

    3. Nosotros _____ (envolver) los regalos de la fiesta.

    4. Usted _____ (oler) la comida que cocina mi madre.

    5. Yo _____ (resolver) los problemas del negocio.

    6. Vosotros _____ (poder) ayudar a Miguel.

    7. Nosotros _____ (devolver) las herramientas a Luis.

    8. Me _____ (doler) la cabeza.

    9. Esta _____ (llover) muy fuerte.

    10. Nosotros _____ (volver) a la clase mañana.

43. Rewrite the following sentences in the singular form of the present indicative.

    1. Nosotros volvemos de un viaje a Sur América.

    _____

    2. Ustedes resuelven los problemas muy bien.

    _____

    3. Ellas devuelven un abrigo que estaba roto.

    _____

    4. Vosotros podéis venir a la conferencia sobre C. J. Cela.

    _____

    5. Nosotras resolvemos este problema.

    _____

The verb jugar (**to play**) is also a stem-changing verb. The vowel **u** of the infinitive changes from **u** to **ue**. This is the only verb in Spanish where this type of change occurs.

| Infinitive | **jugar** | *to play* | | |
|---|---|---|---|---|
| yo | **juego** | | nosotros | **jugamos** |
| tú | **juegas** | | vosotros | **jugáis** |
| él | **juega** | | ellos | **juegan** |

44. Complete the following exercise according to the model.

Ejemplo:    **Yo / con mis amigos.**
                  **Yo juego con mis amigos.**

    1. Tú / al ajedréz con tu padre.

    _____

2. Nosotros / al baloncesto.

_____

3. Usted / con sus niños.

_____

4. Vosotros / béisbol profesional.

_____

5. Yo / al fútbol.

_____

6. Ellos / fútbol americano.

_____

7. Verónica / a las escondidas.

_____

8. El / a los vaqueros.

_____

9. Juan y yo / juegos electrónicos.

_____

10. Todos / un deporte u otro.

_____

## Regular -ir verbs

The present tense of regular **-ir** verbs is form by dropping the **-ir** ending in the infinitive and adding the following endings: **-o, -es, -e, -imos, -ís, -en**.

| Infinitive | escribir | subir | vivir |
|---|---|---|---|
| yo | escribo | subo | vivo |
| tú | escribes | subes | vives |
| él | escribe | sube | vive |
| nosotros | escribimos | subimos | vivimos |
| vosotros | escribís | subís | vivís |
| ellos | escriben | suben | viven |

Commonly used **-ir** verbs are:

| | | | |
|---|---|---|---|
| **acudir** | _to go to_ | **discutir** | _to argue_ |
| **abrir** | _to open_ | **ocurrir** | t _o happen_ |
| **añadir** | _to add_ | **partir** | _to break; to depart_ |
| **cubrir** | _to cover_ | **recibir** | _to receive_ |
| **cumplir** | _to fulfil_ | **repartir** | _to distribute_ |
| **decidir** | _to decide_ | **sacudir** | _to shake_ |
| **escribir** | _to write_ | **subir** | _to go up_ |
| **descubrir** | _to discover_ | **vivir** | _to live_ |

**45.** Complete the following verbs with the appropriate ending of the present indicative.

1. Carmen escrib____ una carta a su amiga Raquel.
2. El estudiante decid____ ir de vacaciones a España.
3. Josefina, Maira y Luis cumpl____ años el mismo día.
4. Ellos decid____ trabajar este verano.
5. Los aztecas descubr____ que el hombre y el caballo no son un mismo ser.
6. Tú escrib____ tu nombre en el libro.
7. Yo cubr____ la comida para protegerla.
8. Vosotros añad____ otro nombre a la lista.
9. Ellas recib____ una carta por correos.
10. Ustedes viv____ en los Estados Unidos de América.

**46.** Complete the following sentences with the appropriate form of the present indicative.
1. Ustedes _____ (abrir) la tienda en la mañana.
2. Miguel _____ (asistir) a la convención.
3. El _____ (discutir) el problema con su jefe.
4. Nosotros _____ (subir) las escaleras.
5. Tú _____ (sufrir) mucho.
6. Javier y Antonio _____ (reciben) buenas noticias.
7. Yo _____ (admitir) mis errores.
8. Vosotros _____ (cubrir) el libro para protegerlo.
9. Juan y yo _____ (añadir) estas dos cuerdas.
10. Ella _____ (escribir) un poema surrealista.

**47.** Answer the following sentences using the present indicative.

1. ¿Recibes tú cartas con frecuencia?
Sí, _____
2. ¿Discutimos nosotros con el profesor?
No, _____
3. ¿Escribimos una monografía sobre Calderón de la Barca?
Sí, _____
4. ¿Asiste ella a la conferencia de Octavio Paz?
Sí, _____
5. ¿Vives lejos de la universidad?
No, _____

## Irregular -ir verbs

Some **-ir** verbs are irregular only in the first person singular (**Yo**) of the present tense. Their conjugation is regular for the remaining declination of the verb.

| Infinitive | **salir** | *to leave* | | |
|---|---|---|---|---|
| **yo** | **salgo** | | **nosotros** | **salimos** |
| **tú** | **sales** | | **vosotros** | **salís** |
| **él** | **sale** | | **ellos** | **salen** |

Other irregular **-ir** verbs in the first person singular of the present tense are:

| **conducir** | **conduzco** | *to conduct* |
|---|---|---|
| **deducir** | **deduzco** | *to deduct* |
| **producir** | **produzco** | *to produce* |
| **salir** | **salgo** | *to go out* |
| **traducir** | **traduzco** | *to translate* |

48. Complete the following sentences with the appropriate form of the present indicative.

1. Yo _____ (salir) para la escuela a las siete.
2. Tú _____ (producir) un buen producto.
3. Ellos _____ (traducir) del inglés al español.
4. Vosotros _____ (deducir) los gastos.
5. Hipólito _____ (conducir) cuidadósamente.

49. Rewrite the following sentences in the singular form.

1. Nosotros salimos del trabajo a las cinco.
_____

2. Ellas salen por la salida número tres.
_____

3. Las fábricas producen unos equipos de buena calidad.
_____

4. Ustedes conducen de acuerdo a las reglas del tráfico.
_____

5. Vosotras traducéis con precisión.
_____

Other **-ir** verbs with irregular forms in the present tense are:

| Infinitive | **decir** | *to say* | | |
|---|---|---|---|---|
| **yo** | **digo** | | **nosotros** | **decimos** |
| **tú** | **dices** | | **vosotros** | **decís** |
| **él** | **dice** | | **ellos** | **dicen** |

50. Complete the following exercise according to the model.

Ejemplo: **Juan / la verdad.**
**Juan dice la verdad.**

1. Julio / que no puede ir. _____
2. Ellos / que hacen la tarea. _____

3. Tú / que sí. _____

4. Nosotros / la respuesta correcta. _____

5. Yo / las letras del alfabeto. _____

| Infinitive | **ir** | *to go* | | |
|---|---|---|---|---|
| **yo** | **voy** | | **nosotros** | **vamos** |
| **tú** | **vas** | | **vosotros** | **vais** |
| **él** | **va** | | **ellos** | **van** |

51. Conteste las siguientes preguntas en el presente indicativo.

1. ¿A dónde vas tú?

   _____

2. ¿Vamos al cine esta noche?

   Sí, _____

3. Yo voy a la tienda. ¿Y tú?

   Sí, _____

4. Ustedes van a Madrid. ¿Y nosotros?

   No, _____

5. El va de compras. ¿Y ellos?

   No, _____

| Infinitive | **oír** | *to listen* | | |
|---|---|---|---|---|
| **yo** | **oigo** | | **nosotros** | **oímos** |
| **tú** | **oyes** | | **vosotros** | **oís** |
| **él** | **oye** | | **ellos** | **oyen** |

52. Complete the following sentences with the appropriate verb ending in the present indicative.

1. Yo o_____ la radio.

2. Diego o_____ música en su dormitorio.

3. Ellas o_____ una cinta de cumbias.

4. María y José o_____ los consejos de su hermano mayor.

5. Nosotros o_____ tu llamado.

6. Ustedes o_____ el ruido de la calle.

7. Ellos o_____ el tren pasar.

8. Tú o_____ el timbre de la puerta.

9. Yo o_____ que mi madre me llama.

10. Nosotros o_____ atentamente el sonido del radar.

| Infinitive | **venir** | *to come* |
|---|---|---|
| **yo** | **vengo** | |
| **tú** | **vienes** | |
| **él** | **viene** | |
| **nosotros** | **venimos** | |

| vosotros | venís |
|----------|-------|
| ellos    | vienen |

53. Conteste las siguientes preguntas usando el presente indicativo.

1. ¿A dónde vas por las mañanas? (la universidad)

_____

2. ¿A dónde vamos después de la universidad? (al trabajo)

_____

3. ¿Quiénes van ahí? (amigos)

_____

4. ¿Váis a estudiar español esta noche? (sí)

_____

5. ¿Vas de prisa? (sí)

_____

Stem-changing verbs ending in **-ir** change the stem vowel in the present tense from **e** to **ie**; **o** to **ue** or **e** to **i**. This occurs in all declinations except in the **nosotros** and **vosotros** forms.

| Infinitive | preferir (ie) | *to prefer* |
|------------|---------------|-------------|
| yo         | prefiero      |             |
| tú         | prefieres     |             |
| él         | prefiere      |             |
| nosotros   | preferimos    |             |
| vosotros   | preferís      |             |
| ellos      | prefieren     |             |

Like **preferir**, the following verbs have a stem change from **e** to **ie**:

| advertir (ie)   | *to warn*          |
|-----------------|--------------------|
| convertir (ie)  | *to convert*       |
| divertirse (ie) | *to enjoy oneself* |
| hervir (ie)     | *to boil*          |
| mentir (ie)     | *to lie*           |
| sentir (ie)     | *to feel*          |
| sugerir (ie)    | *to suggest*       |

54. Complete the following sentences with the appropriate verb in the present indicative.

1. Yo _____ (preferir) ir a la opera.
2. Nosotros _____ (preferir) ir al concierto.
3. Ustedes _____ (sugerir) invitar a Juan a la fiesta.
4. Ellas _____ (hervir) los huevos para el desayuno.
5. Tú _____ (sentir) las vibraciones del tranvía.
6. El se _____ (divertir) en el parque de diversiones.

7. Miguel _____ (mentir) a su hermano.

8. Marta y Raquel se _____ (divertir) bailando.

9. Vosotros _____ (convertir) las millas en kilómetros.

10. Ellos _____ (hervir) el agua para bañarse.

The verb **dormir** has a stem change from **o** to **ue**.

| Infinitive | dormir (ue) | to sleep |
|---|---|---|
| yo | duermo | |
| tú | duermes | |
| él | duerme | |
| nosotros | dormimos | |
| vosotros | dormís | |
| ellos | duermen | |

Like **dormir**, the following verbs have a stem change from **o** to **ue**:

| | |
|---|---|
| **morir (ue)** | to die |
| **dormirse (ue)** | to fall asleep |

**55.** Complete the following exercise with the appropriate form of the present indicative of the verb **dormir**.

1. Tú / mucho los fines de semana. _____

2. Yo / cómodamente en el sofá. _____

3. Nosotros / en el autobús via Madrid. _____

4. Ellos / parados. _____

5. Usted / en la sala. _____

**56.** Complete the following sentences with the appropriate form of the present indicative.

1. Yo _____ (dormir) temprano.

2. Tú _____ (dormir) en las noches.

3. Nosotros nos _____ (dormir) sin saberlo.

4. La muchacha _____ (dormir) ya.

5. Ella _____ (dormir) muchas horas los sábados.

6. Marta y Mario _____ (morir) en el incendio.

7. Vosotros _____ (dormir).

8. El se _____ (dormir).

9. La planta _____ (morir) a los mil años.

10. Ellos _____ (construir) el modelo final.

The verb **pedir** has a stem change from **e** to **i**:

| Infinitive | pedir (i) | to ask for | | |
|---|---|---|---|---|
| yo | pido | | nosotros | pedimos |
| tú | pides | | vosotros | pedís |
| él | pide | | ellos | piden |

Like **pedir**, the following verbs have a stem change from **e** to **i**:

| | | | |
|---|---|---|---|
| **despedir (i)** | *to dismiss* | **freír (i)** | *to fry* |
| **gemir (i)** | *to moan* | **impedir (i)** | *to prevent* |
| **medir (i)** | *to measure* | **reír (i)** | *to laugh* |
| **repetir (i)** | *to repeat* | **servir (i)** | *to serve* |
| **sonreír (i)** | *to smile* | **vestir (i)** | *to dress* |

57. Complete the following verbs with the correct form of the present indicative.

1. El mendigo _____ (pedir) una limosna.

2. Nosotros _____ (pedir) información.

3. Ellos _____ (pedir) ayuda.

4. Yo _____ (freír) los huevos.

5. Nosotros _____ (medir) el diámetro de la luna.

6. Geraldo _____ (servir) las tapas.

7. La chica _____ (sonreír).

8. Yo _____ (vestirse) elegantemente para la fiesta.

9. Ustedes _____ (impedir) un desorden.

10. Tú _____ (despedirse) de la gente.

Verbs whose infinitive end in **-uir**, with the exception of **-guir** because phonetically it is considered one syllable, a **-y** is added after the **-u**, in all forms except **nosotros** and **vosotros**, to make it two syllables.

| Infinitive | **construir** | *to construct, to build* |
|---|---|---|
| **yo** | **construyo** | |
| **tú** | **construyes** | |
| **él** | **construye** | |
| **nosotros** | **construímos** | |
| **vosotros** | **construís** | |
| **ellos** | **construyen** | |

| Infinitive | **influir** | *to influence* |
|---|---|---|
| **yo** | **influyo** | |
| **tú** | **influyes** | |
| **él** | **influye** | |
| **nosotros** | **influímos** | |
| **vosotros** | **influís** | |
| **ellos** | **influyen** | |

Other verbs are:

| | |
|---|---|
| **atribuir** | *to attribute* |
| **concluir** | *to conclude* |
| **contribuir** | *to contribute* |
| **construir** | *to build* |
| **destruir** | *to destroy* |
| **disminuir** | *to lessen* |
| **distribuir** | *to distribute* |
| **huir** | *to escape* |
| **incluir** | *to include* |
| **influir** | *to influence* |
| **sustituir** | *to substitute* |

The verb **oír** is also conjugated in the same manner as verbs that end in **-uir** with the exception of the first person singular (**yo**).

| Infinitive | **oír** | *to hear* | |
|---|---|---|---|
| **yo** | **oigo** | **nosotros** | **oímos** |
| **tú** | **oyes** | **vosotros** | **oís** |
| **él** | **oye** | **ellos** | **oyen** |

58. Rewrite the following sentences in the plural.

1. Yo oigo mucho ruido en la calle. _____

2. Ella oye a sus amigos. _____

3. El huye de los ladrones. _____

4. Felipe concluye el proyecto. _____

5. Tú disminuyes la velocidad. _____

59. Rewrite the following sentences in the singular.

1. Nosotros distribuimos los productos.

   _____

2. Vosotros contribuimos al descubrimiento.

   _____

3. Ellos huyen de la ley.

   _____

4. Ustedes construyen un edificio elegante.

   _____

5. Ellas influyen en sus decisiones.

   _____

60. Complete the following sentences with the appropriate form of the indicative verb.

1. Yo _____ (oír) a los estudiantes hablar.
2. Nosotros _____ (sustituir) al maestro.
3. Ellas _____ (influir) en sus acciones.
4. Usted _____ (incluir) el vocabulario en el examen.
5. Carolina _____ (construir) una hermosa casa.
6. Javier y Bernarda _____ (destruir) la hierba.
7. Vosotros _____ (disminuir) el problema.
8. Tú _____ (concluir) la función.
9. Ustedes _____ (oír) el anuncio.
10. La familia _____ (influir) en él.

61. Answer the following questions.

1. ¿Oyes la radio?   Sí, _____
2. ¿Oímos el concierto?   Sí, _____
3. ¿Oyen las noticias?   No, _____
4. ¿Oís la conferencia?   No, _____
5. ¿Oye música clásica?   Sí, _____

# PRETERITE TENSE

The preterite tense is used to express an action that began and ended in the past.

## Regular -ar verbs

The preterite tense of regular **-ar** verbs is formed by dropping the **-ar** ending in the infinitive and adding the following endings: **-é, -aste, -ó, -amos, -asteis, -aron.**

| Infinitive | cantar | bailar | estudiar |
|---|---|---|---|
| yo | canté | bailé | estudié |
| tú | cantaste | bailaste | estudiaste |
| él | cantó | bailó | estudió |
| nosotros | cantamos | bailamos | estudiamos |
| vosotros | cantasteis | bailasteis | estudiasteis |
| ellos | cantaron | bailaron | estudiaron |

**El muchacho cantó muy bien.**
*The boy sang very well.*

**Ellos trabajaron mucho.**
*They worked a lot.*

**María y Juan bailaron la salsa.**
*Mary and John danced the salsa.*

62. Complete the following sentences with the appropriate preterite ending of the verb.

1. Ella cant_____ muy bien.
2. Nosotros cant_____ en un coro.
3. Usted cant_____ en la iglesia.
4. María cant_____ una canción medieval.
5. Juan y Jorge cant_____ la canción toreador de Carmen.

63. Complete the following sentences with the appropriate form of the preterite tense.

1. Mi hermana _____ (cantar) en el festival.
2. Ellos _____ (hablar) en la reunión.
3. Vosotros _____ (mirar) la película de Almodóvar.
4. Yo _____ (trabajar) todo el día.
5. El _____ (estudiar) para el examen.
6. Usted _____ (caminar) por el jardín.
7. Ellas _____ (bailar) en el espectáculo.
8. Tú _____ (tomar) el autobús a las seis.
9. Nosotros _____ (actuar) un drama.
10. Ustedes _____ (comprar) un helado de vainilla.

64. Rewrite the following sentences in the preterite indicative.

1. Ustedes trabajan en el supermercado.

   _____

2. Yo gano ochenta dólares por día.

   _____

3. Ellos compran una casa en el suburbio.

   _____

4. Nosotros regresamos a la escuela.

   _____

5. Tú corres todas las mañanas.

   _____

65. Complete the following paragraph in the preterite indicative with the appropriate form of the verb in parentheses.

Ayer, yo me _____ 1. (levantar) de mi casa a las ocho de la mañana. _____ 2. (caminar) hacia el baño pero _____ 3. (encontrar) que estaba cerrado. _____ 4. (regresar) a mi habitación y _____ 5. (esperar) que se desocupara. Mi hermano me _____ 6. (llamar) para decirme que ya podía entrar. Al entrar en el aseo _____ 7. (tomar) una buena ducha. Después me _____ 8. (desayunar), me _____ 9. (cambiar) y me _____ 10. (marchar) a la escuela. _____ 11. (caminar) hasta la estación del tren. _____ 12. (tomar) el tren de las nueve y _____ 13. (entrar) a mi clase de español a las diez en punto. El profesor _____ 14. (empezar) la clase dos minutos después y luego _____ 15. (pasar) la lista.

66. Answer the following sentences in the preterite indicative.

1. ¿A qué hora llamaste a Miguel?
   _____

2. ¿Cuántas millas caminaron en el estadio?
   _____

3. ¿Qué regalos recibiste en las festividades?
   _____

4. ¿Conociste a todas las personas?
   _____

5. ¿Cuándo empezó la clase?
   _____

## Irregular verbs

Verbs ending in **-car**, **-gar**, and **-zar** only have a change in the first person singular of the preterite tense. The rest of their conjugation is regular. Those verbs that end in **-car**, the **c** changes to **qu**. Verbs that end in **-gar**, the **g** changes to **gu**. Verbs that end in **-zar**, the **z** changes to **c**.

| Infinitive | educar | llegar | almorzar |
|---|---|---|---|
| **yo** | eduqué | llegué | almorcé |
| **tú** | educaste | llegaste | almorzaste |
| **él** | educó | llegó | almorzó |
| **nosotros** | educamos | llegamos | almorzamos |
| **vosotros** | educasteis | llegasteis | almorzasteis |
| **ellos** | educaron | llegaron | almorzaron |

Other verbs like **educar** (to educate) are:

| | | | |
|---|---|---|---|
| **atacar** | *to attack* | **buscar** | *to look for* |
| **calificar** | *to grade* | **colocar** | *to place* |

| | | | |
|---|---|---|---|
| **comunicar** | *to communicate* | **explicar** | *to explain* |
| **fabricar** | *to manufacture* | **masticar** | *to chew* |
| **marcar** | *to mark* | **pescar** | *to fish* |
| **practicar** | *to practice* | **publicar** | *to publish* |
| **sacar** | *to take out* | **tocar** | *to play; to touch* |

Other verbs like **llegar** (to arrive) are:

| | | | |
|---|---|---|---|
| **alagar** | *to praise* | **cargar** | *to carry* |
| **colgar** | *to hang* | **encargar** | *to order* |
| **entregar** | *to hand in* | **madrugar** | *to rise early* |
| **negar** | *to negate* | **pagar** | *to pay* |
| **pegar** | *to hit; to glue* | **rogar** | *to beg* |
| **jugar** | *to play* | **vengar** | *to avenge* |

Other verbs like **almorzar** (to have lunch) are:

| | | | |
|---|---|---|---|
| **abrazar** | *to embrace* | **alcanzar** | *to reach* |
| **comenzar** | *to begin* | **cruzar** | *to cross* |
| **empezar** | *to begin* | **gozar** | *to enjoy* |
| **rezar** | *to pray* | **lanzar** | *to throw* |
| **orzar** | *to luff* | **realizar** | *to fulfil* |
| **trazar** | *to plan* | | |

67. Write the following sentences according to the model.

Ejemplo:    **Yo / educar a mis hermanos.**
            **Yo eduqué a mis hermanos.**

1. Yo / buscar un regalo para Pedro.
   _____

2. Ellos / colocar las flores en el florero.
   _____

3. Yo / dedicar este libro a mi amigo Ramón.
   _____

4. Nosotros / fabricar juguetes de niños.
   _____

5. Yo / sacar a mi amigo de aprieto.
   _____

6. Tú / tocar la escultura de Minerva.
   _____

7. Yo / indicar la dirección correcta a los señores.
   _____

8. Usted / marcar los reportes.
   _____

9. Yo / embarcar la mercancía para Europa.
   _____

10. Vosotros / aplicar mucha presión a la superficie.

_____

68. Form sentences in the preterite indicative with the following words.

1. Yo / pagar / cuenta.

_____

2. Ellos / cargar / camión.

_____

3. Tú / colgar / ropa / tendedero.

_____

4. Ellas / llegar / tiempo.

_____

5. Nosotros / agregar / flores.

_____

6. Ustedes / encargar / mercancía.

_____

7. Yo / jugar / ajedrez.

_____

8. Ellos / rogar / paz.

_____

9. Yo / entregar / trabajo.

_____

10. Vosotros / apagar / luz.

_____

69. Rewrite the following sentences in the first person singular (**yo**) using the preterite indicative.

1. Ellos almorzaron a las dos de la tarde.

_____

2. Nosotros avanzamos rápidamente a la meta final.

_____

3. Ustedes gozaron de los chistes de José.

_____

4. Tú lanzaste el platillo unos cien metros.

_____

5. Ellas abrazaron a su hermano.

_____

6. Usted tropezó con esta piedra.

_____

7. Vosotros os delizasteis por la montaña.

_____

8. Ellos comenzaron los ejercicios.

_____

9. El amenazó con despedir al empleado.

_____

10. Ella gozó mucho el día de sus cumpleaños.

_____

The verbs **dar** and **estar** are irregular in the preterite. These verbs use the ending of regular **-er** and **-ir** verbs in the preterite.

| Infinitive | **dar** | *to give* | |
|---|---|---|---|
| yo | **dí** | nosotros | **dimos** |
| tú | **diste** | vosotros | **disteis** |
| él | **dió** | ellos | **dieron** |

| Infinitive | **estar** | *to be* | |
|---|---|---|---|
| yo | **estuve** | nosotros | **estuvimos** |
| tú | **estuviste** | vosotros | **estuvisteis** |
| él | **estuvo** | ellos | **estuvieron** |

70. Rewrite the following sentences in the preterite indicative.

1. Yo doy una fiesta en mi casa.

_____

2. Ellas están en la universidad hoy.

_____

3. Tú das un examen de matemáticas.

_____

4. El está en la playa con sus amigos.

_____

5. Nosotros damos una explicación a nuestro padre.

_____

71. Complete the following sentences in the preterite indicative according to the verb in parentheses.

1. Ellos _____ (estar) aquí.
2. Tú _____ (dar) el recado a Miguel.
3. Usted _____ (estar) ocupado.
4. Nosotros _____ (dar) una limosna a este señor.
5. Ella _____ (estar) en Venezuela.
6. El _____ (dar) una buena explicación.
7. Ustedes _____ (estar) en el seminario.
8. Yo _____ (dar) un discurso.
9. Vosotros _____ (estar) contentos.
10. Vosotros _____ (dar) un buen ejemplo.

## Regular -er and -ir verbs

The preterite tense of regular **-er** and **-ir** verbs is formed by dropping the **-er** or **-ir** endings and adding the following endings: **-í, -iste, -ió, -imos, -isteis,** and **-ieron.**

| Infinitive | **comer** | *to eat* | **vivir** | *to live* |
|---|---|---|---|---|
| **yo** | **comí** | | **viví** | |
| **tú** | **comiste** | | **viviste** | |
| **él** | **comió** | | **vivió** | |
| **nosotros** | **comimos** | | **vivimos** | |
| **vosotros** | **comisteis** | | **vivisteis** | |
| **ellos** | **comieron** | | **vivieron** | |

72. Complete the sentence with the appropriate verb in the preterite indicative.

1. Yo _____ (comer) hace dos horas.
2. Ellos _____ (vivir) en Nueva York.
3. Tú _____ (escribir) un cuento de niños.
4. Nosotros _____ (volver) de viajes ayer.
5. Miguel _____ (recibir) un premio.
6. Nélida _____ (abrir) sus regalos de cumpleaños.
7. Ustedes _____ (meter) la ropa en el equipaje.
8. Usted _____ (comer) muy a gusto.
9. Vosotros _____ (perder) en el concurso.
10. Ellas _____ (subir) en el elevador.

73. Complete the following paragraph in the preterite indicative with the verbs in parentheses.

Juan _____ 1. (escribir) una carta a su amigo y luego _____ 2. (salir) a depositarla en el buzón de correos. Después _____ 3. (beberse) un refresco en el restaurante, _____ 4. (volver) a su casa y _____ 5. (abrir) el refrigerador para preparar el almuerzo.

Verbs that end in **-er** or **-ir** and have a vowel before the ending, have a spelling change in the third person singular and plural forms when the **i** changes to **y.** This change occurs for phonetic purposes.

| Infinitive | **creer** | *to believe* | **oír** | *to hear* |
|---|---|---|---|---|
| **yo** | **creí** | | **oí** | |
| **tú** | **creiste** | | **oiste** | |
| **él** | **creyó** | | **oyó** | |
| **nosotros** | **creímos** | | **oímos** | |

|          |           |          |
|----------|-----------|----------|
| vosotros | creisteis | oísteis  |
| ellos    | creyeron  | oyeron   |

The verbs **ser** and **ir** are irregular in the preterite. These two verbs have the same conjugation in the preterite.

| Infinitive | **ser** | *to be* | **ir** | *to go* |
|------------|---------|---------|--------|---------|
| yo | fui | | nosotros | fuimos |
| tú | fuiste | | vosotros | fuisteis |
| él | fue | | ellos | fueron |

The following verbs have an irregular stem in the preterite tense. The endings of these verbs are **-e, -iste, -o, -imos, -isteis, -ieron** or **-eron** when the last letter before the ending is **j** like in **produjeron**.

**caber**          *to fit:*
**cupe, cupiste, cupo, cupimos, cupisteis, cupieron**

**decir**          *to say:*
**dije, dijiste, dijo, dijimos, dijisteis, dijeron**

**haber**          *to have:*
**hube, hubiste, hubo, hubimos, hubisteis, hubieron**

**hacer**          *to do:*
**hice, hiciste, hizo, hicimos, hicisteis, hicieron**

**poder**          *to be able to:*
**pude, pudiste, pudo, pudimos, pudisteis, pudieron**

**poner**          *to place:*
**puse, pusiste, puso, pusimos, pusisteis, pusieron**

**producir**          *to produce:*
**produje, produjiste, produjo, produjimos, produjisteis, produjeron**

**querer**          *to want:*
**quise, quisiste, quiso, quisimos, quisisteis , quisieron**

**saber**          *to know:*
**supe, supiste, supo, supimos, supisteis, supieron**

**traer**          *to bring:*
**traje, trajiste, trajo, trajimos, trajisteis, trajeron**

**traducir**          *to translate:*
**traduje, tradujiste, tradujo, tradujimos, tradujisteis, tradujeron**

**venir**          *to come:*

**vine, viniste, vino, vinimos, vinisteis, vinieron**

74. Make sentences with the following words in the preterite indicative.

1. Yo / estar / Zaragoza.

   _____

2. Ellos / hacer / composición.

   _____

3. Nosotros / poder / fabricar el equipo.

   _____

4. Ustedes / tener / apartamento elegante.

   _____

5. Vosotros / venir / viaje.

   _____

6. Tú / saber / respuesta.

   _____

7. El / traer / las verduras.

   _____

8. Ellas / producir/ película.

   _____

9. Usted / ser / profesional.

   _____

10. Todos / dar / contribución.

    _____

## Uses of the preterite tense

The preterite tense expresses an action or event that began and was completed at a definite time in the past:

**Eduardo compró una camisa elegante.**
*Edward purchased an elegant shirt.*

**Terminé de trabajar a las cuatro.**
*I stopped working at four.*

**El año pasado fui a México durante el verano.**
*Last year I went to Mexico during the summer.*

Some verbs change their meaning in the preterite. These verbs are **conocer, saber, tener, querer,** and **poder.**

**Yo conozco a Juan. Le conocí en casa de unos amigos.**
*I know John. I met him at the house of some friends.*

**Yo sé la verdad. La supe al leer el periódico.**
*I know the truth. I learned it when I read the newspaper.*

**Ellos quieren trabajar, pero sus padres no quisieron permitirlo.**
*They want to work, but their parents refused to allow it.*

**Creo que puede hacer el proyecto. Ella pudo hacer uno mayor.**
*I believe she can do the project. She managed a bigger one.*

# IMPERFECT TENSE

*Regular -ar verbs*

The imperfect tense of regular **-ar** verbs is formed by dropping the **-ar** ending in the infinitive and adding the following declinations: **-aba, -abas, -aba, -ábamos, -abais, -aban.**

| Infinitive | cantar | bailar | estudiar |
|---|---|---|---|
| yo | cantaba | bailaba | estudiaba |
| tú | cantabas | bailabas | estudiabas |
| él | cantaba | bailaba | estudiaba |
| nosotros | cantábamos | bailábamos | estudiábamos |
| vosotros | cantabais | bailabais | estudiabais |
| ellos | cantaban | bailaban | estudiaban |

**El muchacho cantaba muy bien.**
*The boy was singing very well.*

**Ellos trabajaban mucho.**
*They used to work very much.*

**María y Juan bailaban una salsa.**
*Mary and John were dancing salsa.*

There are no stem-changes in the imperfect. All **-ar** verbs are also regular verbs in the imperfect tense.

75. Complete the following sentences with the appropriate form of the imperfect indicative.

1. Margarita _____ (tomar) el té todas las tardes.
2. Juan y Silvia _____ (cantar) una canción.
3. Ellos _____ (bailar) en la pista de bailes.
4. Tú _____ (trabajar) en esa tienda.
5. Ella _____ (almorzar) a las doce.
6. Vosotros _____ (llegar) a la casa a las dos.
7. Usted _____ (comprar) en el supermercado.
8. Yo _____ (bañarse) por la mañana.

9. El _____ (jugar) con sus amigos en el patio.
10. Ustedes _____ (caminar) después de la cena.
11. Nosotros _____ (nadar) en la piscina.
12. Ella _____ (hablar) con su amiga Gloria.
13. Nosotros _____ (estar) en la tienda.
14. Ellos _____ (reparar) el automóvil.
15. Vosotros_____ (comparar) el material.

76. Rewrite the following sentences in the imperfect indicative.

1. Yo canto una aria de la ópera.

   _____

2. Tú compras un libro de Gustavo Adolfo Bécquer.

   _____

3. Ella llega a la cita a tiempo.

   _____

4. Nosotros estamos cansados.

   _____

5. Vosotros jugáis baloncesto.

   _____

77. Answer the following questions using the imperfect indicative.

1. ¿Con quién jugabas en el parque?

   _____

2. ¿Trabajaban ustedes cuando estaban en la escuela secundaria?

   _____

3. ¿A qué hora almorzabas tú en la escuela?

   _____

4. ¿Andabais vosotros por la ciudad?

   _____

5. ¿Mirábamos nosotros la película?

   _____

## Regular -er and -ir verbs

The imperfect tense of regular -er and -ir verbs is formed by dropping the -er or -ir ending in the infinitive and adding the following declinations: -ía, -ías, -ía, -íamos, -íais, -ían.

| Infinitive | comer | vivir |
|---|---|---|
| yo | comía | vivía |
| tú | comías | vivías |
| él | comía | vivía |
| nosotros | comíamos | vivíamos |
| vosotros | comíais | vivíais |
| ellos | comían | vivían |

**Jorge comía muy bien en casa de su tío.**
*George used to eat well at his uncle's house.*

**Ellos vivían en la calle ocho.**
*They used to lived on eighth street.*

**El alumno hacía la tarea todas las noches.**
*The student used to do his homework every night.*

There are no stem-changes in the imperfect. All **-er** and **-ir** verbs have a regular stem in the imperfect tense.

78. Complete the following sentences with the appropriate form of the imperfect indicative.

1. Yo _____ (salir) de la universidad a las cuatro.
2. Ellas _____ (vivir) en el vecindario.
3. Tú _____ (comer) tacos y burritos mexicanos.
4. Nosotros _____ (hacer) la tarea.
5. Vosotros _____ (perder) la apuesta.
6. El _____ (abrir) la puerta a los invitados.
7. Ellos _____ (limpiar) su apartamento.
8. Todos _____ (escribir) a estudiantes de Chile.
9. Ustedes _____ (vestirse) con el mismo uniforme.
10. María y Julia _____ (repetir) el poema.
11. Yo _____ (seguir) las noticias con interés.
12. Ella _____ (volver) a su casa.
13. Vosotros _____ (beber) unas limonadas.
14. Juan y yo _____ (tener) miedo.
15. Alberto _____ (seguir) estudiando.

79. Answer the following questions using the imperfect indicative.

1. ¿Dónde estudiabas cuando eras niño(a)?
   _____

2. ¿Cómo ibas a la escuela el año pasado?
   _____

3. ¿Cuántos años tenías en 1985 ?
   _____

4. ¿A qué hora salías de tu casa?
   _____

5. ¿Querías ser tú un(a) cirujano(a) cuando eras un adolescente?
   _____

6. ¿Veías películas misteriosas en tu niñez?
   _____

7. ¿Tenías miedo de la oscuridad?
   _____

8. ¿Visitabas a tus abuelos con frecuencia?

_____

9. ¿Asistías a muchas fiestas?

_____

10. ¿Dormías temprano?

_____

80. Form sentences in the imperferct indicative with the following words.
  1. Nosotros / comer / casa / abuelos / domingos.

_____

  2. Eduardo / hacer / tarea / diariamente.

_____

  3. Tú / vivir / gran / ciudad.

_____

  4. Vosotros / leer / periódico.

_____

  5. Ellos / salir / todos / días / misma / hora.

_____

## Irregular verbs

There are only three irregular verbs in the imperfect tense. These are: **ir**, **ser** and **ver**.

| Infinitive | ir | ser | ver |
|---|---|---|---|
| yo | iba | era | veía |
| tú | ibas | eras | veías |
| él | iba | era | veía |
| nosotros | íbamos | éramos | veíamos |
| vosotros | ibais | erais | veíais |
| ellos | iban | eran | veían |

**Yo iba a bailar todos los viernes.**  *I used to go dancing every Friday.*
**¿Qué hora era? Eran las dos.**  *What time was it? It was two o' clock.*
**El joven no veía bien.**  *The young man did not see well.*

81. Complete the following sentences with the verb in parentheses using the imperfect indicative.

  1. Eduardo _____ (ir) al cine los domingos.
  2. Juan y Mario _____ (ser) muy buenos amigos.
  3. Ellas _____ (ver) el espectáculo en la televisión.
  4. Nosotros _____ (ir) a los museos.
  5. Tú _____ (ser) un buen estudiante.
  6. Andrés _____ (ver) a sus amigos con frecuencia.
  7. El _____ (ser) un piloto.
  8. Vosotros _____ (ir) de vacaciones a Europa.
  9. Usted _____ (ver) con claridad.

10. Bélgica y yo _____ (ser) compañeros de clase.

82. Complete the following paragraph by using the appropriate verbs in the imperfect indicative.

Cuando yo _____ 1. (ser) niño, me _____ 2. (gustar) ir al circo para ver los payasos. Cada vez que _____ 3. (haber) un circo en la ciudad, yo _____ 4. (pedirle) a mi padre que me llevara. El siempre _____ 5. (decirme) que sí. Yo recuerdo como _____ 6. (reír) cuando _____ 7. (mirar) a los payasos saltar y hacer sus piruetas. _____ 8. (gustarme) mucho el color de sus trajes. _____ 9. (ser) muy divertido y muchas veces recuerdo como _____ 10. (hacerme) feliz.

## Uses of the imperfect tense

The imperfect is used to express repetitive or habitual actions, description, or a state of mind in the past. To tell time in the past the imperfect is also always used.

To express habitual actions:

**Juan iba a la escuela en tren.**
*John used to go to school by train.*

To express description:

**El muchacho era alto, gordo y blanco.**
*The boy was tall, fat, and white.*

To express a state of mind (with the verbs **creer**, **pensar**, **querer**, and **saber**):

**Creíamos que era cierto.**          *We believed it was true.*

To tell time in the past:

**Era la una de la tarde.**          *It was one o' clock in the afternoon.*

83. Rewrite the following sentences in the imperfect indicative.

1. Juan viene a la escuela todos los días.

_____

2. Alberto y Julio desayunan en el restaurante cada mañana.

_____

3. Nosotros vamos a la ópera con frecuencia.

_____

4. Ellos estudian todas las tardes.

_____

5. Tú siempre dices la respuesta correcta en clase.

_____

6. Yo veo a María en la ciudad de vez en cuando.

_____

7. Vamos a la piscina todos los días.

8. Vosotros viajáis frecuentemente.

9. El me llama a menudo.

10. Yo lo visito durante el verano.

# PRETERITE TENSE VS. IMPERFECT TENSE

The use of the preterite and the imperfect tenses is somewhat difficult to master because these tenses share one thing in common: the past. Both of these tenses work from the framework of the past.

The difference between the preterite and the imperfect lies in the emphasis each verb places on an action or event. The preterite expresses a specific action or a definite event that was completed in the past; the emphasis is placed in that an action was started and completed in the past.

**Ayer, fui a la fiesta de cumpleaños de Pepe.**
*Yesterday, I went to Joe's birthday party.*

**Ella hizo la tarea.**
*She did the homework.*

**Caminé una hora por el parque.**
*I walked for an hour in the park.*

**Tomamos un refresco en el bar.**
*We had a soft drink at the bar.*

**Llamé a mi amiga Luisa esta mañana.**
*I called my friend Louise this morning.*

The imperfect tense expresses a continuous action or event in the past; the emphasis is placed on how the action or event developed; it is used to describe a person, a thing, a state of mind, an action, or an event.

**Nosotros estábamos estudiando español.**
*We were studying Spanish.*

**El semestre pasado, yo iba al trabajo después de mis clases.**
*Last semester, I used to go to work after my classes.*

**Luis siempre llegaba temprano a las fiestas.**
*Louis always arrived early to the parties.*

**La mujer era hermosa.**
*The woman was beautiful.*

**El día estaba nublado.**
*The day was cloudy.*

**Mi madre deseaba tomar un helado.**
*My mother wanted to have an ice cream.*

84. Choose the verb that corresponds to the structure of the sentence.

Esta mañana 1. (me desperté, me despertaba) a las seis. 2. (Me levanté, Me levantaba) y 3. (fui, iba) al baño. Después 4. (tomé, tomaba) mi desayuno y 5. (leí, leía) el periódico para enterarme de las noticias del día. Luego 6. (me vestí, me vestía) y 7. (salí, salía) hacia mi despacho. El día 8. (fue, era) hermoso. El cielo 9. (estuvo, estaba) claro y las nubes 10. (fueron, eran) blancas como la nieve. Los pájaros 11. (cantaron, cantaban) y 12. (hizo, hacía) una brisa fresca. 13. (Miré, Miraba) a mi alrededor y 14. (noté, notaba) que la gente 15. (estuvo, estaba) alegre. 16. (Tomé, tomaba) el autobús y 17. (llegué, llegaba) a mi oficina media hora después.

85. Complete the following paragraph with the appropriate form of the preterite or imperfect of the verbs in parentheses.

Un día, yo _____ 1. (estar) en la sala leyendo un libro cuando _____ 2. (entrar) mi hermano corriendo para decirme que _____ 3. (haber) obtenido una beca para ir a la universidad. El _____ 4. (estar) muy contento porque ahora _____ 5. (poder) continuar sus estudios y ser un programador de computadoras. Mis padres _____ 6. (ponerse) muy contentos y nuestro perro que no _____ 7. (saber) lo que _____ 8. (pasar), _____ 9. (ladraba), y _____ 10. (moverse) alrededor de todos.

86. Rewrite the following sentences in the past changing **ayer** to **frecuentemente**.

1. Fui a la escuela ayer.

_____

2. Caminé por el parque ayer en la tarde.

_____

3. Trabajé duro aprendiendo español ayer.

_____

4. Hice mi tarea de español ayer.

_____

5. Busqué empleo en la ciudad ayer en la mañana.

6. Dormí una siesta ayer a las dos.

7. Pensé mucho acerca de este problema ayer.

8. Comí una cena deliciosa ayer en casa de mi amiga.

9. Ayer estudié mucho para mi examen de español.

10. Ayer caminé por la ciudad fotografiando los edificios.

# FUTURE TENSE

**Regular -ar, -er, and -ir verbs**
The future tense is formed by adding the endings **-é, -ás, -á, -emos, -éis, -án** to the infinitive of these verbs.

| Infinitive | **hablar** | **comer** | **vivir** |
|---|---|---|---|
| yo | **hablaré** | **comeré** | **viviré** |
| tú | **hablarás** | **comerás** | **vivirás** |
| él | **hablará** | **comerá** | **vivirá** |
| nosotros | **hablaremos** | **comeremos** | **viviremos** |
| vosotros | **hablaréis** | **comeréis** | **viviréis** |
| ellos | **hablarán** | **comerán** | **vivirán** |

**Pedro trabajará de director del hotel.**
*Peter will work as hotel director.*

**Los amigos de Miguel jugarán al tenis a las seis.**
*Michael's friends will play tennis at six.*

**Yo cenaré una buena paella esta noche.**
*I will eat a good paella tonight.*

**Ellos venderán su hacienda.**
*They will sell their plantation.*

**Mi madre irá de compras.**
*My mother will go shopping.*

**Viviré cerca de la casa de mis primos.**
*I will live near my cousins' house.*

87. Complete the following sentences with the appropriate verb ending in the future indicative.

1. El profesor hablar____ sobre la influencia de América en Europa.
2. Ellos comer____ un delicioso caldo gallego.
3. María escribir____ un precioso poema para celebrar la ocasión.
4. Usted volver____ a visitarnos.
5. Tú ir____ de viaje por Centroamérica.
6. Mi madre estar____ preparando la cena.
7. Vosotros beber____ un buen vino de la Rioja.
8. Ustedes llegar____ a tiempo a la conferencia.
9. El avión partir____ a las dos de la tarde.
10. Juana y Fernando estudiar____ toda la noche para el examen.

88. Complete the following sentences with the appropriate verb in the future indicative.

1. Mi hermano _____ (trabajar) para esta compañía.
2. El _____ (vender) su automóvil.
3. Nosotros _____ (comer) sancocho dominicano.
4. Vosotros _____ (jugar) al tenis.
5. Tú _____ (aprender) español.
6. Ustedes _____ (visitar) mi casa pronto.
7. Los estudiantes _____ (tomar) un examen.
8. Los niños _____ (cantar) una canción.
9. Ricardo _____ (beber) una agua al tiempo.
10. Yo _____ (ir) a visitar a mi madre.

89. Complete the following sentences using the future indicative.

1. Mañana yo (ir) _____
2. La semana próxima, ellos (hacer) _____
3. Luego, vosotros (tomar) _____
4. Después, tú (comer) _____
5. El año que viene, Marta (viajar) _____
6. A las tres, nosotros (competir) _____
7. En dos meses, él (ser) _____
8. Luego, tú (escribir) _____
9. Mañana, ella (trabajar) _____
10. La semana próxima, yo (viajar) _____

90. Rewrite the following sentences in the future indicative.

1. Nadamos todos los días en la piscina del club atlético.

_____

2. Hacemos la tarea después de la escuela.

_____

3. Miramos un programa interesante de televisión.

_____

4. Volvemos a casa por tren.

_____

5. Vivimos en el Colegio Antonio de Nebrija en la universidad.

_____

6. Conocemos al señor Fuentes.

_____

7. Visito a mi amigo Felipe.

_____

8. Tomo un café en el restaurante.

_____

9. Admiro la belleza de ese museo.

_____

10. Voy de viaje por México.

_____

## Irregular verbs

Few verbs are irregular in the future tense. Those verbs are irregular, mainly because of their irregular stem. Notice, however, that their endings are regular.

**caber,** *to fit:*
**cabré, cabrás, cabrá, cabremos, cabréis, cabrán**

**decir,** *to say:*
**diré, dirás, dirá, diremos, diréis, dirán**

**hacer,** *to do:*
**haré, harás, hará, haremos, haréis, harán**

**poder,** *to be able:*
**podré, podrás, podrá, podremos, podréis, podrán**

**poner,** *to place:*
**pondré, pondrás, pondrá, pondremos, pondréis, pondrán**

**querer,** *to want:*
**querré, querrás, querrá, querremos, querréis, querrán**

**saber,** *to know:*

**sabré, sabrás, sabrá, sabremos, sabréis, sabrán**

**salir,**          *to go out:*
**saldré, saldrás, saldrá, saldremos, saldréis, saldrán**

**tener,**          *to have:*
**tendré, tendrás, tendrá, tendremos, tendréis, tendrán**

**valer,**          *to be worth:*
**valdré, valdrás, valdrá, valdremos, valdréis, valdrán**

**venir,**          *to come:*
**vendré, vendrás, vendrá, vendremos, vendréis, vendrán**

Compound verbs that are formed from other future irregular verbs are also irregular: **contradecir**: **contradiré**: **componer**: **compondré**: **convenir**: **convendré.**

91. Complete the following sentences with the appropriate form of the future indicative.

    1. Nosotros _____ (decir) la verdad.

    2. Tú _____ (hacer) la tarea.

    3. Juanito _____ (querer) ir de compras.

    4. El _____ (poder) terminar el trabajo.

    5. Vosotros _____ (saber) los resultados.

    6. Ella _____ (caber) en el automóvil con nosotros.

    7. Yo _____ (salir) de la biblioteca a las once.

    8. Ellos _____ (tener) una fiesta para Luis.

    9. Nosotros _____ (venir) juntos a la reunión.

  10. Mis amigos _____ (saber) la información.

92. Rewrite the following sentences in the future indicative.

    1. Yo pongo mi abrigo en el armario.

    _____

    2. Tú dices la respuesta correcta.

    _____

    3. Nosotros queremos ir al cine este fin de semana.

    _____

    4. El puede buscar la información.

    _____

    5. Vosotros tenéis mucho trabajo en el colegio.

    _____

    6. Jaime y Julia vienen a estudiar con nosotros.

7. Carmen sale para su trabajo a las cuatro.

8. Ellos ponen los libros sobre la mesa.

9. Yo quiero ir de vacaciones a La Florida.

10. Ustedes pueden obtener mejores notas.

93. Rewrite the following sentences in the plural.

1. Yo haré los quehaceres de la casa.

2. Tú querrás ir con ella a la fiesta.

3. Ella sabrá la importancia de esa noticia.

4. Usted saldrá en avión para Buenos Aires.

5. Cecilia vendrá a recogerme.

6. Yo vendré a buscar a Fernando.

7. Tu casa valdrá mucho dinero en el futuro.

8. El muchacho pondrá la grabadora en la mesa.

9. Mi madre saldrá con nosotros.

10. Yo pondré la comida en el horno.

## Uses of the future tense

The future tense is used in Spanish in the same manner as in English. The future expresses a probable action or event. The future is used in compound sentences when the verb in the main clause is in the present tense and the sentence expresses a fact.

**Miguel dice que irá a la escuela temprano mañana.**
*Michael says that he will go to school early tomorrow.*

**Ellos deciden que deberán estudiar más para el examen.**

*They decide that they will study more for the exam.*

**Mi madre dice que servirá la cena a las ocho.**
*My mother says that she will serve dinner at eight.*

Another use of the future is to express an action that is probable.

**¿Cuántos años tendrá?**
*I wonder how old he is.*

# CONDITIONAL TENSE

**Regular -ar, -ir, -er verbs**

The conditional of regular verbs is formed by adding the following endings to the infinitive: **-ía, -ías, -ía, -íamos, -íais, -ían.**

| Infinitive | cantar | comer | vivir |
|---|---|---|---|
| yo | cantaría | comería | viviría |
| tú | cantarías | comerías | vivirías |
| él | cantaría | comería | viviría |
| nosotros | cantaríamos | comeríamos | viviríamos |
| vosotros | cantaríais | comeríais | viviríais |
| ellos | cantarían | comerían | vivirían |

**Yo iría contigo pero no puedo.**
*I would go with you, but I cannot.*

**Tú viajarías a Costa Rica.**
*You would go to Costa Rica.*

**Ellos encontrarían la dirección.**
*They would find the address.*

94. Complete the following sentences with the appropriate form of the conditional tense of the indicative mood.

1. Yo _____ (escribir) pero no tengo tiempo.

2. Usted _____ (vender) pero no quiere.

3. Nosotros _____ (comer) pero no tenemos hambre.

4. Ustedes _____ (vivir) en Nueva York pero cuesta mucho.

5. Leoncio _____ (ir) contigo pero trabaja hoy.

6. Ellas _____ (estar) aquí pero no lo saben.

7. Tú _____ (comprar) el coche pero no puedes.

8. Ella _____ (conocer) a muchas personas.

9. Yo _____ (tomar) una cerveza pero tengo que conducir.

10. El _____ (limpiar) su cuarto pero tiene un examen.

95. Make sentences in the conditional indicative with the following words.

1. Sofía / estar / casa.
   _____

2. Víctor y Luis / comprar / automóvil.
   _____

3. Nosotros / tomar / sopa.
   _____

4. Ellos / conocer / gobernador.
   _____

5. Ana y Luisa / comenzar / club cultural.
   _____

## Irregular verbs

The same verbs that are irregular in the future tense are irregular in the conditional tense.

**decir:** diría, dirías, diría, diríamos, diríais, dirían

**hacer:** haría, harías, haría, haríamos, haríais, harían

**poder:** podría, podrías, podría, podríamos, podríais, podrían

**poner:** pondría, pondrías, pondría, pondríamos, pondríais, pondrían

**querer:** querría, querrías, querría, querríamos, querríais, querrían

**saber:** sabría, sabrías, sabría, sabríamos, sabríais, sabrían

**salir:** saldría, saldrías, saldría, saldríamos, saldríais, saldrían

**tener:** tendría, tendrías, tendría, tendríamos, tendríais, tendrían

**valer:** valdría, valdrías, valdría, valdríamos, valdríais, valdrían

**venir:** vendría, vendrías, vendría, vendríamos, vendríais, vendrían

96. Complete the following sentences with the correct form of the conditional tense of the indicative mood.

1. Ella _____ (decir) la verdad.
2. Tú _____ (hacer) el trabajo.
3. Nosotros _____ (poder) ir a la función.
4. Usted _____ (salir) a tiempo.
5. Margarita _____ (tener) un automóvil.
6. ¿_____ (valer) la pena ir allá?
7. ¿_____ (poner) ella la comida en el horno?
8. ¿_____ (venir) el correo a tiempo?
9. ¿_____ (caber) los libros en la caja?
10. ¿_____ (salir) el avión a tiempo?

97. Rewrite the following sentences in the conditional tense of the indicative mood.

1. Ellos harán el edificio.
   _____

2. Tú pondrás los instrumentos en el laboratorio.
   _____

3. Ustedes saldrán del cine a las once.
   _____

4. Las joyas valdrán mucho dinero.
   _____

5. La gente dirá su opinión.
   _____

6. Ellos vendrán a la fiesta.
   _____

7. Yo saldré de casa a las siete.
   _____

8. Nosotros pondremos el arbolito en el jardín.
   _____

9. El sabrá que hacer.
   _____

10. Marcos y Rolando podrán hacerlo.
    _____

# USES OF THE CONDITIONAL

The conditional is generally used in Spanish as in the English language. It is generally translated as would, could, must have, or probably. The conditional is used to convey a past probable action or event. The conditonal is also used in compound sentences when the verb in the main clause is in the preterite or imperfect tenses and the sentence expresses a fact.

**Nosotros dijimos que estudiaríamos una hora más.**
*We said that we would study one more hour.*

**Juan decía que los exámenes eran fáciles.**
*John used to say that examinations were easy.*

**Dije que los muchachos deberían ser más amables.**
*I said that the young fellows should be more courteous.*

98. Answer the following question using the conditional tense of the indicative mood.

1. ¿Te gustaría hablar español?

_____

2. ¿Querías ir con ellos al cine?

_____

3. ¿Irías a España con nosotros este verano?

_____

4. ¿Cuánto dinero necesitarías para el viaje?

_____

5. ¿Vendrías a visitarnos a Caracas?

_____

6. ¿Haríais bien el trabajo?

_____

7. ¿Pensaríais en trabajar para esta compañía?

_____

8. ¿Tendrías tú dinero para alquilar este apartamento?

_____

9. ¿Iría él contigo a buscar los libros?

_____

10. ¿Volverías tú a ver esa película?

_____

# THE SUBJUNCTIVE MOOD

The subjunctive mood is a difficult subject to learn by English speaking students. The difficulty lies in that this mood does not exist in the English language. The translation of its meaning is not completely accurate. However, the use of this subjunctive mood can be easily applied if the concept of the subjunctive mood is first learned.

We must compare and contrast the indicative and the subjuctive moods. The indicative mood expresses facts, and states objectivity. The actions or events stated or described by the indicative mood can be objectively proven or disproven.

**Juan estudia mucho.**
*John studies a lot.*

**María y Josefina desean un millón de dólares.**
*Mary and Josephine want a million dollars.*

**Jorge va a la escuela.**
*George goes to school.*

**Ellos no fueron a la conferencia.**
*They did not go to the conference.*

In all of these sentences, facts are stated about the different individuals. In the first sentence, it is stated that John studies. In the second sentence, Mary and Josephine want money. It is a fact that they feel this way. In the third sentence, a fact is also stated: *George goes to school*. In the fourth sentence, it is disproved that they went to the conference.

Unlike the indicative mood, the subjunctive mood implies subjectivity. This mood expresses opinion, emotion, desire, feeling, doubt, necessity, request, wish, and other subjective desires that may or may not be true. Normally, the subjunctive mood appears in dependent clauses which are introduced by conjuctions or relative pronouns.

**Juan desea que su hermano estudie.**
*John wants his brother to study.*

**El profesor quiere que sus alumnos obtengan buenas notas.**
*The professor wants his students to obtain good grades.*

**Yo dudo que José hable español.**
*I doubt that Joseph speaks Spanish.*

In all these sentences subjective opinions are expressed about different situations. In the first sentence, John wants his brother to study. In the main clause, the indicative mood is used because it is a fact that John feels this way. However, it is not John's task to see that his brother studies; it is up to his brother to do so. For this reason, the subjunctive mood is used in the dependent clause. The same occurs in the second and third sentences. It does not depend on the professor for the students to do well. The students have to do well themselves. The ability to speak a language rests on Joseph, not on the subject of the sentence.

The subjunctive mood is also used with impersonal expressions. In an impersonal expression something is stated about someone else which may or may not become a fact.

**Es necesario que vayas a la tienda.**
*It is necessary that you go to the store.*

**Es importante que tenga un automóvil.**
*It is important that you have a car.*

**Es dudoso que lleguen a tiempo.**
*It is doubtful that they will arrive on time.*

# PRESENT SUBJUNCTIVE

*Regular -ar verbs*

The present subjunctive of regular **-ar** verbs is formed by dropping the **-o** of the first person singular form (**yo**) of the present indicative mood, and adding the following endings: **-e, -es, -e, -emos, -éis, -en.**

| Infinitive | **hablar** | **cantar** | **trabajar** |
|---|---|---|---|
| **yo** (indicative) | **hablo** | **canto** | **trabajo** |
| **yo** | **hable** | **cante** | **trabaje** |
| **tú** | **hables** | **cantes** | **trabajes** |
| **él** | **hable** | **cante** | **trabaje** |
| **nosotros** | **hablemos** | **cantemos** | **trabajemos** |
| **vosotros** | **habléis** | **cantéis** | **trabajéis** |
| **ellos** | **hablen** | **canten** | **trabajen** |

**Julio desea que yo hable.**
*Julius wants me to speak.*

**Bélgica quiere que Alicia cante una aria de la zarzuela.**
*Bélgica wants Alicia to sing an aria of the zarzuela.*

**El jefe demanda que trabajemos más.**
*The boss demands that we work more.*

**Mi madre espera que yo limpie mi habitación este sábado.**
*My mother hopes that I clean my bedroom this Saturday.*

**Ellos prefieren que nosotros vayamos a Japón.**
*They prefer that we go to Japan.*

99. Complete the following sentences with the appropriate form of the present subjunctive.

1. Julio desea que yo _____ (hablar) con José.
2. Ellos quieren que vosotros _____ (trabajar).
3. Luis espera que tú _____ (cantar) bien.
4. El jefe quiere que ellos _____ (terminar) ahora.
5. Los niños sienten que él no _____ (bailar).
6. Nosotros preferimos que Marta _____ (estudiar).
7. Miguel desea que José _____ (pasar) la prueba.
8. El teme que ellos _____ (caminar) en la lluvia.
9. María prohibe que ellos _____ (hablar) en clase.
10. Tú insistes en que él _____ (pintar) otro cuadro.

100. Form sentences with the words given below.

1. Yo / esperar / tú / hablar / Miguel.

_____

2. Ella / desear / nosotros / trabajar / proyecto.

_____

3. El profesor / insistir en / alumnos / cantar.

_____

4. María / mandar / hijo / arreglar / alcoba.

_____

5. Nosotros / preferir / ellos / estudiar / hoy.

_____

## Stem changing verbs

Stem changing **-ar** verbs have the same change in pattern in the present subjunctive as in the present indicative.

|  | (e, ie) | (o, ue) |
|---|---|---|
| Infinitive | **cerrar** | **contar** |
| yo (indicative) | **cierro** | **cuento** |
| **yo** | **cierre** | **cuente** |
| **tú** | **cierres** | **cuentes** |
| **él** | **cierre** | **cuente** |
| **nosotros** | **cerremos** | **contemos** |
| **vosotros** | **cerréis** | **contéis** |
| **ellos** | **cierren** | **cuenten** |

**El jefe desea que yo cierre la puerta de la tienda.**
*The boss wants me to close the door of the store.*

**Aunque cerremos la puerta, tú puedes entrar.**
*Although we may close the door, you may come in.*

**Marta quiere que tú cuentes un cuento.**
*Martha wants you to tell a story.*

**Yo espero que vosotros contéis correctamente.**
*I hope that you may count correctly.*

**Que él cuente hasta diez, no significa que habla inglés.**
*That he may count to ten, does not mean he speaks English.*

101. Complete the following sentences with the appropriate form of the present subjunctive.

1. Beatriz desea que yo _____ (sentarse) en el sofá.
2. Mi padre quiere que Pepe _____ (contar) el dinero.
3. Ellos mandan que vosotros _____ (contar).
4. Tú quieres que ella _____ (contar) un cuento.
5. Mi tío teme que Darío _____ (sentarse).
6. Marta prefiere que nosotros la _____ (cerrar).
7. Nosotros queremos que tú _____ (contar) pronto.
8. Vosotros esperáis que nostros _____ (sentarse)
9. Ella quiere que Luis no _____ (contar) la historia.
10. Felipe desea que yo _____ (sentarse).

Verbs ending in **-car**, **-gar**, and **-zar**, have the same spelling change as in the preterite tense of the indicative where the **c** changes to **qu**, the **g** to **gu**, and the **z** to **c**. This occurs to keep the same phonetic sounds in the conjugation of the verb.

| | (c, qu) | (g, gu) | (z, c) |
|---|---|---|---|
| Infinitive | buscar | pagar | alcanzar |
| yo (indicative) | busqué | pagué | alcancé |
| yo | busque | pague | alcance |
| tú | busques | pagues | alcances |
| él | busque | pague | alcance |
| nosotros | busquemos | paguemos | alcancemos |
| vosotros | busquéis | paguéis | alcancéis |
| ellos | busquen | paguen | alcancen |

**Ellos prefieren que tú busques la correspondencia.**
*They prefer that you may look for the correspondence.*

**Yo deseo que José pague su cuenta.**
*I want Joseph to pay his bill.*

**Rafael demanda que ellos alcancen a Roberto.**
*Raphael demands that they catch up with Robert.*

**Aunque ella busque el tesoro, no lo encontrará.**
*Although she may look for the treasure, she will not find it.*

**Mi madre desea que yo te pague el dinero.**
*My mother wishes that I pay you the money.*

102. Complete the following exercise with the appropriate form of the present subjunctive.

1. Yo deseo que tú _____ (buscar) un cuaderno.
2. Nosotros queremos que ella _____ (buscar) el té.
3. Tú quieres que yo _____ (buscar) las cosas.
4. Jorge siente que él _____ (buscar) las llaves.
5. Ellos temen que la policía _____ (buscar) aquí.
6. Nosotros deseamos que él _____ (pagar).
7. Tú deseas que yo _____ (pagar) la cuenta.
8. Vosotros deseáis que nosotros _____ (pagar).
9. Ella espera que vosotros _____ (pagar) por esto.
10. Ellos mandan que tú _____ (pagar) también.

## Irregular -ar verbs

The verbs **dar** and **estar** are irregular in the present subjunctive.

| Infinitive | dar | estar |
|---|---|---|
| **yo** | dé | esté |
| **tú** | des | estés |
| **él** | dé | esté |
| **nosotros** | demos | estemos |
| **vosotros** | deis | estéis |
| **ellos** | den | estén |

**Espero que el profesor dé buenas notas.**
*I hope that the professor may give good grades.*

**Nosotros queremos que el jefe nos dé un aumento.**
*We want the boss to give us a raise.*

**Tú deseas que la tienda esté abierta.**
*You want the store to be opened.*

**Prefiero que Daniel esté en la clase de literatura.**
*I preferDaniel to be in the literature class.*

103. Answer the following questions using the present tense of the subjunctive mood.

    1. ¿Quieres tú que ellos den un concierto?

    _____

    2. ¿Desean ellos que nosotros estemos aquí?

    _____

    3. ¿Prefiero yo que él dé la limosna?

    _____

    4. ¿Insisten ellos en que ustedes den el dinero?

    _____

    5. ¿Desea él que Jorge y tú estén allá?

    _____

104. Complete the following sentences with the appropriate form of the present subjunctive.

    1. Ella espera que yo _____ (dar) una limosna.
    2. Mi madre desea que ellos _____ (estar) a tiempo.
    3. Ellos esperan que el profesor _____ (dar) la lección.
    4. Tú deseas que nosotros _____ (estar) en la fiesta.
    5. Nosotros insistimos en que tú _____ (estar).
    6. Marta teme que ella no _____ (estar) allá.
    7. Vosotros preferís que él _____ (dar) la charla.
    8. Yo siento que ellos no _____ (dar) la conferencia.
    9. Nosotras queremos que ellos _____ (estar) alerta.
    10. Victoria espera que él le _____ (dar) un buen consejo.

## Regular -er and -ir verbs

The present subjunctive of regular **-er** and **-ir** verbs is formed by dropping the **-o** of the first person singular form (**yo**) of the present indicative mood, and adding the following endings: **-a, -as, -a, -amos, -áis, -an**.

| Infinitive | comer | vivir | salir |
|---|---|---|---|
| **yo** (indicative) | como | vivo | salgo |
| **yo** | coma | viva | salga |
| **tú** | comas | vivas | salgas |
| **él** | coma | viva | salga |
| **nosotros** | comamos | vivamos | salgamos |
| **vosotros** | comáis | viváis | salgáis |
| **ellos** | coman | vivan | salga |

**Mi madre desea que yo coma bien.**
*My mother wishes that I eat well.*

**Ellos esperan que tú cojas la bola.**
*They hope that you catch the ball.*

**Los padres quieren que sus hijos vivan cerca de ellos.**
*The parents want their children to live close to them.*

**Yo deseo que tú salgas temprano del trabajo para ir al cine.**
*I wish that you leave your work early to go to the movies.*

105. Conjugate the verb **beber** in the present subjunctive.

1. Que yo beb_____            6. Que Margarita beb_____
2. Que ellos beb_____         7. Que Jorge y Luis beb_____
3. Que nosotros beb_____      8. Que Vosotros beb_____
4. Que ella beb_____          9. Que Ramón y yo beb_____
5. Que tú beb_____            10. Que todos beb_____

106. Complete the following sentences with the appropriate form of the present subjunctive.

1. Esperamos que ellos _____ (comer) bien.
2. Deseas que yo _____ (comer) con ustedes.
3. Mi madre quiere que tú _____ (salir) con nosotros.
4. Natalia teme que ellos no _____ (comer) paella.
5. Tú prefieres que nosotros _____ (vivir) aquí.
6. Pedro está feliz que él _____ (salir) con nosotros.
7. Tú quieres que ellas _____ (escribir) a menudo.
8. Pablo insiste que vosotros _____ (leer) el libro.
9. Marcos desea que ella _____ (coger) la propina.
10. Yo prefiero que tú _____ (vivir) en París.

## Stem changing verbs

Stem changing **-er** and **-ir** verbs have the same change in pattern in the present subjunctive as in the present indicative.

|  | (e, i) | (o, ue) |
|---|---|---|
| Infinitive | perder | volver |
| yo | pierdo | vuelvo |
| yo | pierda | vuelva |
| tú | pierdas | vuelvas |
| él | pierda | vuelva |
| nosotros | perdamos | volvamos |
| vosotros | perdáis | volváis |
| ellos | pierdan | vuelvan |

**No quiero que pierdas mi bolígrafo.**
*I do not want you to lose my pen.*

**Espero que no te pierdas en el camino.**
*I hope you do not get lost on the way.*

**Mi tío quiere que nosotros volvamos a su casa.**
*My uncle wants us to return to his home.*

**No deseo que volvas a ese restaurante.**
*I do not want to return to that restaurant.*

107. Rewrite the following sentences using the present subjunctive according to the model.

modelo:  **Ellos desean que nosotros volvamos pronto.**
**(yo) Ellos desean que yo vuelva pronto.**

1. (tú) Esperamos que ellos no pierdan el ferrocarril.

_____

2. (ella)

_____

3. (yo)

_____

4. (él)

_____

5. (vosotros)

_____


108. Complete the following sentences with the appropriate form of the present subjunctive.

1. Juan desea que yo _____ (volver) temprano.
2. Mis abuelos quieren que nosotros _____ (volver).
3. Ella prefiere que tú no _____ (volver).
4. Ellos no desean que él _____ (perder) el partido.
5. Nosotros deseamos que ellos _____ (volver).
6. Yo no quiero que vosotros _____ (perder) las llaves.
7. Tú prefieres que ella _____ (poder) asistir.
8. Vosotros queréis que José _____ (volver) mañana.
9. María quiere que yo _____ (poder) ir al cine.
10. Ellos mandan que nosotros no _____ (volver).

Stem-changing **-ir** verbs have the same changes in the present subjunctive as in the present indicative. In the **nosotros** and **vosotros** declinations, the stem vowel **e** changes to **i** and the stem vowel **o** changes to **u**:

|  | **(e, ie)** | **(e, i)** | **(o, ue)** |
|---|---|---|---|
| Infinitive | sentir | pedir | dormir |
| **yo** | **siento** | **pido** | **duermo** |

| yo | sienta | pida | duerma |
| tú | sientas | pidas | duermas |
| él | sienta | pida | duerma |
| nosotros | sintamos | pidamos | durmamos |
| vosotros | sintáis | pidáis | durmáis |
| ellos | sientan | pidan | duerman |

**Ramón quiere que ellos sientan la calidad del material.**
*Raymond wants them to feel the quality of the material.*

**Ellos no dudan que tú lo sientas.**
*They do not doubt that you feel it.*

**La policía no quiere que las personas pidan dinero.**
*The police does not want people to ask for money.*

**Esperamos que duerman bien.**
*We hope you sleep well.*

109. Complete the following verbs with the appropriate form of the presente subjunctive.

    1. Que yo _____ (sentir) frío.
    2. Que ellos _____ (sentir) calor.
    3. Que nosotros _____ (dormir) bien.
    4. Que tú _____ (dormir) en tu propia habitación.
    5. Que ella _____ (pedir) café con leche.
    6. Que Felipe _____ (sentir) ruido.
    7. Que nosotros _____ (pedir) para los pobres.
    8. Que Pepe _____ (pedir) por mí.
    9. Que Paco _____ (dormir) en el próximo turno.
    10. Que vosotros _____ (pedir) ayuda.

## Irregular -er and -ir verbs

The verbs **haber**, **saber**, **ser** and **ir** are irregular in the present subjunctive.

| Infinitive | haber | saber | ser | ir |
|---|---|---|---|---|
| yo | haya | sepa | sea | vaya |
| tú | hayas | sepas | seas | vayas |
| él | haya | sepa | seas | vaya |
| nosotros | hayamos | sepamos | seamos | vayamos |
| vosotros | hayáis | sepáis | seáis | vayáis |
| ellos | hayan | sepan | sean | vayan |

**Esperamos que ellos hayan hecho la tarea.**
*We hope that they have done their homework.*

**Aunque sepas esta respuesta, no ganarás la competencia.**
*Although you know this answer, you will not win the competition.*

**Ellos dudan que sea cierto.**
*They doubt that it is true.*

**Mi amiga desea que yo vaya a su fiesta de cumpleaños.**
*My friend wants me to go to her birthday party.*

For the present subjunctive to be used, the verb in the main clause must be in the present, present perfect, and future of the indicative mood, or in the imperative mood.

**Yo no pienso que él haga la tarea.**
*I do not think that he does his homework.*

**Yo no he pensado que él haga la tarea.**
*I have not thought that he dos his homework.*

**Yo no pensaré en que él haga la tarea.**
*I will not think that he does his homework.*

**No piense usted que él haga la tarea.**
*Do not think that he does the homework.*

110. Complete the following sentences with the appropriate form of the present subjunctive.

1. Yo quiero que ella _____ (decir) la verdad.
2. Ellos desean que él _____ (decir) la poesía.
3. Federico espera que ustedes _____ (hacer) la tarea.
4. Tú necesitas que yo _____ (venir) temprano.
5. El quiere que ustedes _____ (construir) el edificio.
6. Marta prefiere que tú _____ (traer) los regalos.
7. Todos deseamos que vosotros _____ (oír) el anuncio.
8. Yo no creo que el coche _____ (valer) tanto dinero.
9. Rafael y Pablo quieren que yo _____ (poner) la luz.
10. Ella prefiere que ustedes _____ (conducir).

111. Rewrite the following sentences according to the model using the present subjunctive.

modelo:  **Ellos preparan los regalos.**
**Esperamos que...**
**Esperamos que ellos preparen los regalos.**

1. El hace su trabajo.

_____

2. Ella oye la música.

_____

3. Yo tengo dinero para ir de compras.

_____

4. Nosotros vamos al cine.

_____

5. Ustedes traducen al inglés.

_____

6. María tiene tiempo.

_____

7. Vosotros conocéis al artista.

_____

8. Tú dices la respuesta correcta.

_____

9. Ellas ponen música clásica.

_____

10. Armando y Plácido construyen el modelo.

_____

## Imperfect subjunctive

The imperfect subjunctive of all verbs is formed by dropping the **-ron** ending of the third person plural form of the preterite indicative and adding the endings **-ra, -ras, -ra, -ramos, -rais, -ran** or **-se, -ses, -se, -semos, -seis, -sen**. Both of these conjugations are acceptable.

| Infinitive | **hablar** | |
| ellos (indicative) | **hablaron** | |
| **yo** | **hablara** | hablase |
| **tú** | **hablaras** | hablases |
| **él** | **hablaras** | hablase |
| **nosotros** | **habláramos** | hablásemos |
| **vosotros** | **hablarais** | hablaseis |
| **ellos** | **hablaran** | hablasen |
| Infinitive | **comer** | |
| ellos (indicative) | **comieron** | |
| **yo** | **comiera** | comiese |
| **tú** | **comieras** | comieses |
| **él** | **comiera** | comiese |
| **nosotros** | **comiéramos** | comiésemos |
| **vosotros** | **comierais** | comieseis |
| **ellos** | **comieran** | comiesen |

| Infinitive | **decir** | |
|---|---|---|
| **ellos** (indicative) | **dijeron** | |
| | | |
| **yo** | **dijera** | **dijese** |
| **tú** | **dijeras** | **dijeses** |
| **él** | **dijera** | **dijese** |
| **nosotros** | **dijéramos** | **dijésemos** |
| **vosotros** | **dijerais** | **dijeseis** |
| **ellos** | **dijeran** | **dijesen** |

**Juan quería que su hermano hiciera la tarea.**
*John wanted that his brother to do the homework.*

**El pidió que Andrés lo hiciera.**
*He asked Andrew to do it.*

**Ellos querrían que todos hablásemos español.**
*They wanted everyone to speak Spanish.*

**El profesor quería que sus estudiantes dijeran la respuesta.**
*The professor wanted his students to give the answer.*

**Mi padre deseaba que yo bebiese sangría.**
*My father wanted me to drink sangría.*

For the imperfect subjunctive to be used, the verb in the main clause must be in the imperfect, preterite, conditional or pluperfect of the indicative mood.

**El deseaba que ella viniera (viniese) a la fiesta.**
*He was wishing that she would come to the party.*

**El deseó que ella viniera (viniese) a la fiesta.**
*He wished that she would come to the party.*

**El desearía que ella viniera (viniese) a la fiesta.**
*He would have wished that she would come to the party.*

**El había deseado que ella viniera (viniese) a la fiesta.**
*He had wished that she would have come to the party.*

112. Complete the following sentences with the appropriate **-ara** form of the imperfect subjunctive.

1. Ellos querían que los alumnos _____ (estudiar).
2. Nosotros queríamos que ustedes _____ (aprender) español.
3. Pedro deseaba que yo _____ (trabajar) en la noche.
4. Andrés quería que él _____ (comer) con nosotros.
5. La policía prohibió que ellos _____ (vender) en la calle.

6. Mi padre decidió que nosotros _____ (empezar) a construir una casa en el campo.
7. Yo insistí en que tú _____ (viajar) por Suramérica.
8. El jefe pidió que nosotros _____ (salir) temprano.
9. La gente quería que vosotros _____ (cantar).
10. Mi tío insistía en que ellos _____ (vender) los libros.

113. Complete the following sentences with the appropriate **-ase** form of the imperfect subjunctive.

1. Ellos deseaban que yo _____ (aprender).
2. Tú querías que ellos _____ (volver) mañana.
3. Marta deseaba que tú _____ (nadar) en la competencia.
4. El doctor insistía en que nosotros _____ (descansar).
5. El director mandó que él _____ (hacer) el trabajo.
6. José insistió en que vosotros _____ (estudiar) la lección.
7. Tú preferiste que yo _____ (hablar) español.
8. El cocinero quiso que ellas _____ (comer) arroz con pollo.
9. Yo mandé que tú _____ (cerrar) la tienda.
10. Usted pidió que yo _____ (vender) la mercancía.

114. Rewrite the following sentences by changing the main verb to the preterite.

1. Ella espera que yo lo conozca.

_____

2. Ellos insisten en que nosotros aprendamos español.

_____

3. Nosotros mandamos que los niños no fumen.

_____

4. Prefiero que tú compres esta casa.

_____

5. Ustedes quieren que él devuelva el libro.

_____

6. Marta prefiere que vosotros comáis comida venezolana.

_____

7. El profesor desea que sus estudiantes aprendan español.

_____

8. El gerente pide que nosotros salgamos temprano.

_____

9. Ella espera que podamos hacer el viaje.

_____

10. Insisten en que nosotros vayamos a la universidad.

_____

## Present perfect subjunctive

The present perfect subjunctive of all verbs is formed by using the present subjunctive of the auxiliary verb **haber** plus the past participle.

| Infinitive | **hablar** |
|---|---|
| **yo** | **haya hablado** |
| **tú** | **hayas hablado** |
| **él** | **haya hablado** |
| **nosotros** | **hayamos hablado** |
| **vosotros** | **hayáis hablado** |
| **ellos** | **hayan hablado** |

| Infinitive | **comer** |
|---|---|
| **yo** | **haya comido** |
| **tú** | **hayas comido** |
| **él** | **haya comido** |
| **nosotros** | **hayamos comido** |
| **vosotros** | **hayáis comido** |
| **ellos** | **hayan comido** |

| Infinitive | **ir** |
|---|---|
| **yo** | **haya ido** |
| **tú** | **hayas ido** |
| **él** | **haya ido** |
| **nosotros** | **hayamos ido** |
| **vosotros** | **hayáis ido** |
| **ellos** | **hayan ido** |

The present perfect subjunctive is used when a present or future verb in the main clause refers to a subjunctive verb in the dependent clause which refers to a past action.

**No pienso que ellos hayan hecho la tarea.**
*I do not think that they have done their homework.*

**El doctor duda que el accidente haya causado tanto daño.**
*The doctor doubts that the accident has caused so much harm.*

**Es posible que ellos hayan llegado a tiempo.**
*It is possible that they have arrived on time.*

**Dudo que Luis haya sacado la basura.**
*I doubt that Louis has taken out the garbage.*

**El esperará hasta que los estudiantes hayan terminado.**
*He will wait until the students have finished.*

115. Complete the following sentences with the appropriate form of the present perfect subjunctive.

1. El no piensa que nosotros _____ (caminar) tanto.
2. Ella quiere que tú _____ (limpiar) la casa.
3. Nosotros insistimos en que él _____ (trabajar) en esta compañía con anterioridad.
4. Ella dudará que vosotros _____ (pasar) por aquí.
5. Tú pensarás que ellos _____ (terminar) la lección.
6. Es posible que nosotros _____ (ver) a Juan.
7. Es necesario que ustedes _____ (comer) antes de salir.
8. Esperamos que ella _____ (mirar) el programa.
9. Es imposible que tú _____ (dormir) tantas horas.
10. Espero que ellas _____ (vender) muchas cosas.

116. Rewrite the following sentences by changing the verb in the dependent clause to the present perfect subjunctive.

1. Yo deseo que tú hagas la tarea.

_____

2. Ellos insisten que ella venga a la función.

_____

3. Es necesario que ellos lleguen a tiempo.

_____

4. Es probable que tú digas la respuesta correcta.

_____

5. No creo que usted vea bien.

_____

## Pluperfect subjunctive

The pluperfect subjunctive is formed with the imperfect subjunctive of the auxiliary verb **haber** plus a past participle.

| Infinitive | **hablar** | |
|---|---|---|
| **yo** | **hubiera hablado** | **hubiese hablado** |
| **tú** | **hubieras hablado** | **hubieses hablado** |
| **él** | **hubiera hablado** | **hubiese hablado** |
| **nosotros** | **hubiéramos hablado** | **hubiésemos hablado** |
| **vosotros** | **hubierais hablado** | **hubieseis hablado** |
| **ellos** | **hubieran hablado** | **hubiesen hablado** |
| Infinitive | **comer** | |
| **o** | **hubiera comido** | **hubiese comido** |
| **tú** | **hubieras comido** | **hubieses comido** |

| él | hubiera comido | hubiese comido |
| nosotros | hubiéramos comido | hubiésemos comido |
| vosotros | hubierais comido | hubieseis comido |
| ellos | hubieran comido | hubiesen comido |

| Infinitive | vivido | |
|---|---|---|
| yo | hubiera vivido | hubiese vivido |
| tú | hubieras vivido | hubieses vivido |
| él | hubiera vivido | hubiese vivido |
| nosotros | hubiéramos vivido | hubiésemos vivido |
| vosotros | hubierais vivido | hubieseis vivido |
| ellos | hubieran vivido | hubiesen vivido |

The pluperfect subjunctive is used in clauses when the verb in the main clause is in the preterite, imperfect, conditional, or pluperfect tense of the indicative mood and the action of the verb of the dependent clause was completed prior to that of the verb in the main clause.

**Ellos no creyeron que él hubiera terminado la obra.**
*They did not believe that he had finished the work.*

**Marta deseaba que tú hubieses traído tu guitarra.**
*Martha was wishing that you would have brought your guitar.*

**El juez no permitiría que el abogado hubiera dicho eso.**
*The judge would not allow the lawyer to have said that.*

**El había deseado que nosotros hubiéramos escrito una novela.**
*He had wished that we had written a novel.*

**Tú deseabas que él hubiera estudiado antes del examen.**
*You wished he had studied before the examination.*

117. Complete the following sentences with the appropriate form of the pluperfect subjunctive.

1. Ellos querían que tú _____ (llegar) antes.

2. El nunca habría pensado que ella _____ (salir) tan pronto.

3. Era posible que yo _____ (saber) la verdad.

4. Fue mejor que vosotros _____ (ver) la información antes de la reunión.

5. Carlos prefería que ustedes _____ (hacer) la obra.

6. Era posible que ella _____ (entrar) antes que nosotros.

7. Era importante que él _____ (comprar) las reservas en la mañana.

8. Ellos temían que Carlos y Miguel _____ (terminar) su proyecto.

9. Ellos dudaban que ella _____ (vivir) en Praga.

10. Tú no pensabas que yo _____ (leer) el libro tan pronto.

# USES OF THE SUBJUNCTIVE MOOD

## DEPENDENT CLAUSES

The subjunctive is used in dependent clauses when the verb in the main clause denotes an idea or opinion. The subjunctive in the dependent clause is introduced by the conjugation **que**. Also notice that in order to use the subjunctive (1) a verb is required in the main clause that denotes subjectivity; and (2) the conjunction **que** is needed to introduce the clause; (3) two different subjects must appear in the sentence: one in the main clause and a different one in the dependent clause.

Some of the verbs that denote ideas, opinions or feelings are:

| | | | |
|---|---|---|---|
| **aconsejar** | *to advise* | **rogar** | *to beg* |
| **decir** | *to say; to tell* | **preferir** | *to prefer* |
| **dejar** | *to allow* | **querer** | *to want* |
| **desear** | *to wish* | **sentir** | *to feel* |
| **esperar** | *to hope* | **sugerir** | *to suggest* |
| **insistir en** | *to insist* | **suplicar** | *to plead* |
| **mandar** | *to order* | **temer** | *to fear* |
| **pedir** | *to ask; to request* | | |

**Yo le aconsejo que vaya al doctor.**
*I advise him (her) to go to the doctor.*

**Fernando desea que nosotros trabajemos el domingo.**
*Fernand wishes that we work on Sunday.*

**Ellos esperarán que tú hagas el trabajo.**
*They will hope that you do the work.*

**El presidente prefiere que ellos estudien el reporte.**
*The president prefers that they study the report.*

**Nosotros sentíamos que Juan viajase en burro.**
*We were sorry that John had to travel by donkey.*

**Mi madre insiste en que yo limpie la habitación antes de salir.**
*My mother insists that I clean my room before going out.*

118. Form sentences with the following words.

1. Yo / desear / tú / estudiar / mucho.

   _____

2. Ellos / querer / ir / cine.

   _____

3. Tú / querer / hablar / español.

   _____

4. Jorge / insistir / Julio / limpiar / habitación.

   _____

5. Nosotros / mandar / limpiar / coche.

   _____

6. Ella / esperar / nosotros / traer / guitarra.

   _____

7. El / temer / ellos / estar / ciudad.

   _____

8. Yo / querer / ir / viaje.

   _____

9. Vosotros / creer / información.

   _____

10. Nosotros / preferir / ellos / salir.

    _____

The subjunctive mood is also used after verbs or expressions that denote doubt, disbelief, or denial:

| | | | |
|---|---|---|---|
| **dudar** | *to doubt* | **es dudoso** | *it is doubtful* |
| **es incierto** | *it is uncertain* | **no es cierto** | *it is not certain* |
| **no creer** | *to disbelieve* | **no saber** | *not to know* |
| **no estar seguro** | *not to be sure* | **negar** | *to deny* |

**Dudo que vaya al viaje.**
*I doubt that he goes on the trip.*

**No creemos que vendrán a ayudarnos.**
*We do not believe that they come to help us.*

**No sé que hagan en la reunión.**
*I do not know what they do at the meeting.*

**Dudan que la noticia sea importante.**
*They doubt that the news is important.*

Notice that the opposite expressions denote certainty, therefore the indicative mood is used:

| | |
|---|---|
| **Creo que él viene.** | *I believe that he comes.* |
| **Sabemos que ellos vendrán.** | *We know they will come.* |
| **No dudo lo que Miguel dice.** | *I do not doubt what Michael says.* |

119. Rewrite the following sentences using the expression **dudar** according to the model.

modelo:       **Yo vivo en la calle cinco.**
              **Dudo que vivas en la calle cinco.**

1. Yo conozco a Camilo José Cela.
   _____

2. Ella estudia en la universidad.
   _____

3. Nosotros hablamos francés.
   _____

4. Tú vendes equipos electrónicos.
   _____

5. El corre todas las mañanas.
   _____

120. Rewrite the following sentences using the expression **no creer** according to the model.

modelo:       **Ella hace la tarea.**
              **No creo que ella haga la tarea.**

1. Usted bebe vino.
   _____

2. Ellos estudian en la biblioteca.
   _____

3. Yo corro en el estadio.
   _____

4. Nosotros trabajar esta noche.
   _____

5. Tú conoces a Luis.
   _____

121. Complete the following sentence with the appropriate form of the present indicative or the present subjunctive.

1. Es dudoso que ella _____ (vivir) en Tejas.
2. No dudo que ella _____ (vivir) en Tejas.
3. Creo que ellos _____ (ser) buenas personas.
4. No creo que tú _____ (estar) mintiendo.
5. Es cierto que tú _____ (llegar) temprano.
6. No hay duda que nosotros _____ (pasar) el examen.
7. No es cierto que ellos_____ (venir).
8. Dudo que él _____ (saber) la verdad.
9. Es cierto que yo_____ (ir) de viaje.
10. No creo que ustedes _____ (trabajar) esta noche.

## IMPERSONAL EXPRESSIONS

The subjunctive mood is required after impersonal expressions that voice an element of subjectivity such as possibility, probability, doubt, uncertainty, necessity, emotion, and importance:

| | | | |
|---|---|---|---|
| **es bueno** | *it is good* | **es menester** | *it is necessary* |
| **es fácil** | *it is easy* | **es necesario** | *it is necessary* |
| **es difícil** | *it is difficult* | **es peor** | *it is worse* |
| **es imposible** | *it is impossible* | **es posible** | *it is possible* |
| **es importante** | *it is important* | **es preciso** | *it is necessary* |
| **es lástima** | *it is a pity* | **es probable** | *it is probable* |
| **es malo** | *it is bad* | **es raro** | *it is rare* |
| **es mejor** | *it is better* | | |

122. Write sentences with the following words according to the model.

modelo:   **Es necesario / yo / hacer / tarea.**
          **Es necesario que yo haga la tarea.**

1. Es importante / tú / estudiar / mucho.

   _____

2. Es dudoso / ellos / trabajar / primavera.

   _____

3. Es posible / yo / beber / vino / argentino.

   _____

4. Es mejor / vosotros / estudiar / español.

   _____

5. Es preciso / nosotros / servir / comida.

   _____

6. Es raro / ella / terminar / temprano.

   _____

7. Es menester / tú / viajar / Oriente Medio.

   _____

8. Es malo / ellos / perder / empleos.

   _____

9. Es peor / yo / vivir / lejos.

   _____

10. Es preciso / él / asistir / doctor.

    _____

## Indefinite expressions

All words that end in **...quiera** are followed by the subjunctive.

| | |
|---|---|
| **dondequiera** | *wherever* |
| **cualquiera** (sing.) | *whatever* |
| **cualesquiera** (pl.) | *whatever* |
| **quienquiera** (sing.) | *whoever* |
| **quienesquiera** (pl.) | *whoever* |
| **cuandoquiera** | *whenever* |
| **por** + adj. or adv. + **que** | *however* |

**Quienquiera que sea, no debe llamar a esta hora.**
*Whoever it may be should not call at this time.*

**Dondequiera que vayas, debes siempre tener cuidado.**
*Wherever you may go, you should always be careful.*

**Comoquiera que sea, debemos terminar el trabajo a la una.**
*However it may be, we must finish the job at one.*

123. Complete the following sentences with the appropriate form of the present subjunctive of the verbs in parentheses.
1. Quienquiera que _____ (ser), debe llamar a la puerta.
2. Dondequiera que ellos _____ (ir), nos escribiran.
3. Comoquiera que tú _____ (venir), lo sabremos.
4. Quienquiera que lo _____ (saber), nos lo dirá.
5. Comoquiera que lo _____ (hacer), te ayudaré.
6. Cualquiera que _____ (ser), lo sabremos.
7. Cuandoquiera que él _____ (volver), me avisas.
8. Comoquiera que nosotros _____ (ayudar), es apreciado.
9. Quienquiera que vosotros _____ (ayudar), deben informar al supervisor.
10. Cualquiera que ellos _____ (traer), está bien.

## Relative clauses

The subjunctive mood is used in relative clauses when the object in the main clause is indefinite. If the object in the main clause is definite the indicative mood is used. The personal **a** is omitted when the object is indefinite.

**Yo conozco a un cantante que canta zarzuelas.**
*I know a singer who sings zarzuelas.*

**Yo necesito un cantante que cante zarzuelas.**
*I need a singer who sings zarzuelas.*

In the first sentence, a definite person is known who can accomplish the task. In the second sentence, a specific person who can sing zarzuela is not known, therefore the subjunctive mood is used in the relative clause.

**Ellos tienen un libro que explica las ecuaciones.**
*They have a book that explains the equations.*

**Ellos quieren un libro que explique las ecuaciones.**
*They want a book that explains the equations.*

124. Write sentences with the following words according to the model.

modelo:  **(nosotros) tres habitaciones**
**Queríamos una casa que tuviera tres habitaciones.**

1. (yo) un sótano

_____

2. (ella) dos garages

_____

3. (tú) una piscina

_____

4. (ellos) un jardín enorme

_____

5. (usted) dos cocinas

_____

6. (nosotros) una sauna

_____

7. (vosotros) siete alcobas

_____

8. (ellos) un sistema de seguidad

_____

9. (nosotros) una cancha de baloncesto.

_____

10. (José) tres pisos.

_____

125. Complete the following exercise with the correct form of the indicative or subjunctive moods.

1. Conozco a un ingeniero que _____ (escribir) español.
2. Conozco a un pintor que _____ (pintar) obras impresionistas.
3. Conozco a una secretaria que _____ (saber) taquigrafía.
4. Busco un arquitecto que _____ (hablar) español.
5. Busco un artista que _____ (bailar) flamenco.
6. Buscamos un secretario que _____ (escribir) rápido.
7. Necesitamos una persona que _____ (resolver) este problema.
8. Necesitáis un chico que _____ (comprar) la comida.
9. Veo a un doctor que _____ (conocer) su profesión.
10. Tengo a un amigo que _____ (saber) programación.

The subjunctive is used in relative clauses and it modifies a superlative expressions that is considered an exaggeration. If the superlative expressions are considered true the indicative is used instead.

**Es la peor cosa que ellos pueden decir.**
*It is the worst thing that they can say.*

**Es la peor cosa que ellos puedan decir.**
*It is the worst thing that they could say.*

126. Complete the following sentence with the correct form of the verb in parentheses.

    1. Es la peor obra que yo _____ (conocer).
    2. Es la mayor ciudad que _____ (existir).
    3. Es la mejor universidad que _____ (visitar).
    4. Es la peor comida que ellos _____ (poder) hacer.
    5. Jorge es la persona más amable que _____ (trabajar) en esta compañía.

The subjunctive mood is used after adjective and adverbial expressions that are introduced by the preposition **por** because they imply uncertainty.

**Por bueno que sea no lo debes comprar.**
*No matter how good it is, you should not buy it.*

**Por mucho trabajo que ella haga no le aumentarán el salario.**
*No matter how much work she does, they will not raise her salary.*

127. Complete the following exercise with the appropriate form of the verb in parentheses.

    1. Por bueno que _____ (ser), no debes comprarlo.
    2. Por malo que _____ (estar), debes ayudarlo.
    3. Por mucho trabajo que _____ (tener), debes visitar a tus padres.
    4. Por mejor que _____ (estar), no debes salir.
    5. Por barato que _____ (obtener) el coche, no debes comprarlo.

## Adverbial clauses

The subjunctive mood is used with adverbial clauses that express uncertainty, doubt, purpose,and anticipation. Such clauses are usually introduced by conjunctions such as:

| | | | |
|---|---|---|---|
| **a menos que** | *unless* | **a pesar de que** | *in spite of* |
| **a fin de que** | *in order that* | **antes de que** | *before* |
| **antes que** | *before* | **aunque** | *although* |
| **con tal que** | *provided that* | **cuando** | *when* |
| **de manera que** | *so that* | **de modo que** | *so that* |
| **después de que** | *after* | **en caso de que** | *in case that* |
| **en cuanto** | *as soon as* | **hasta que** | *until* |
| **luego que** | *as soon as* | **mientras** | *while* |

**para que**     *in order that*     **sin que**     *without*

                                                 **tan pronto como** *as soon as*

Adverbial clauses provide information to questions such as what, how, when, where, and why or any other interrogative questions.

> **Terminaremos el trabajo a menos que algo imprevisto ocurra.**
> *We will finish the job unless something unforeseen happens.*

> **Juan llegará antes que Miguel llegue.**
> *John will arrive before Michael arrives.*

> **Toma esta medicina en caso que la necesites.**
> *Take this medicine in case you need it.*

However, if certainty is implied then the indicative mood is used:

> **Rosario estudió hasta que se aprendió las fórmulas.**
> *Rosario studied until she learned the formulas.*

Sometimes the speaker determines whether or not to use the subjunctive. This depends on the idea the speaker wishes to convey.

> **Ellos no lo comprarán aunque son ricos.**
> *They will not buy it although they are rich.*

> **Ellos no lo comprarán aunque sean ricos.**
> *They will not buy it although they may be rich.*

128. Answer the following questions according to the model.

modelo:        **¿Quieres ir de compras?**
                    **Iré de compras con tal que ella venga conmigo.**

1. ¿Quieres ir de viaje? _____

_____

2. ¿Quieres ver una película? _____

_____

3. ¿Deseas visitar a Margarita? _____

_____

4. ¿Deseas ir a una fiesta? _____

_____

5. ¿Deseas asistir a la conferencia? _____

_____

129. Answer the following questions according to the model.

modelo:          **¿Saludaste a Marta? (sin que)**
                 **No, se marchó sin que yo la saludara.**

1. ¿Viste a Julio?

_____

2. ¿Invitaste a los Señores Bache?

_____

3. ¿Le pagaste a Raúl?

_____

4. ¿Le mostraste tu obra a los invitados?

_____

5. ¿Vieron la exposición?

_____

130. Answer the following questions according to the model.

modelo:          **¿Se marchan hoy?**
                 **Sí, se marchan antes de que sea tarde.**

1. ¿Vuelven mañana? (a pesar de que)

_____

2. ¿Regresan más después? (a menos que)

_____

3. ¿Vienen esta noche? (hasta que)

_____

4. ¿Regresa? (después que)

_____

5. ¿Vuelve? (mientras)

_____

## Adverbial expressions

There are expressions which can use the indicative mood or the subjunctive mood according to the degree of doubt the speaker wants to convey. If the subjunctive mood is used with these adverbs, the degree of doubt is increased. If the indicative mood is used, the degree of certainty is increased.

| quizá | *perhaps* | quizás | *perhaps* |
|-------|-----------|--------|-----------|
| tal vez | *perhaps* | a lo mejor | *perhaps* |
| acaso | *perhaps* | | |

131. Rewrite the following sentences according to the model.

modelo:          **Salgo con Marta.**
                 **Quizás salga con Marta.**

1. Vuelvo pronto. _____
2. Hago la tarea ahora. _____
3. Traigo las cosas. _____
4. Trabajo hasta las ocho. _____
5. Escribo una carta a Pedro. _____
6. Estudio filosofía. _____
7. Maneja hasta la capital. _____
8. Voy a ver una película de Buñuel. _____
9. Escucha la radio. _____
10. Construyo una casa para mis abuelos. _____

## If clauses

If clauses are used to express contrary to the fact conditions.

Present time

| future tense | present indicative |
| conditional tense | imperfect subjunctive |

Past time

| conditional perfect | pluperfect subjunctive |
| pluperfect subjunctive | pluperfect subjunctive |

**Terminaremos el trabajo hoy, si tenemos tiempo.**
*We will finish the job today, if we have time.*

**Haríamos el viaje, si tuviéramos dinero.**
*We would make the trip, if we had money.*

**Habrías visto la película, si hubieras llegado a tiempo.**
*You would have seen the movie, if you had arrived on time.*

**Hubiera hecho la tarea, si lo hubiera sabido.**
*I would have done the homework, if I had knowned it.*

132. Complete the following sentences with the appropriate form of the subjunctive according to the verb in parenthesis.

1. Comería contigo si _____ (tener) tiempo.
2. Obtendrías mejores notas si _____ (estudiar) más.
3. Haría un viaje si _____ (tener) dinero.
4. Tuvieras mejores notas si _____ (prestar) mejor atención.
5. Habrías llegado a tiempo si _____ (tomar) el tren a tiempo.
6. Hubieras terminado temprano si_____ (obtener) asistencia.
7. Tendrías mucho dinero si _____ (ahorrar) dinero.
8. Te ayudaría si _____ (poder).
9. Ganaría mucho dinero si _____ (trabajar) más.
10. Hubiera visto la función si _____ (llamar) al administrador.

# THE IMPERATIVE MOOD

**Formal commands**

The formal commands are formed by using the third person singular and plural of the present subjunctive.

Infinitive

| | | |
|---|---|---|
| **hablar** | **hable Ud.** | **hablen Uds.** |
| | **no hable Ud.** | **no hablen Uds.** |
| **comer** | **coma Ud.** | **coman Uds.** |
| | **no coma Ud.** | **no coman Uds.** |
| **vivir** | **viva Ud.** | **vivan Uds.** |
| | **no viva Ud.** | **no vivan Uds.** |

133. Answer affirmatively the following questions with formal commands.

1. ¿Nado? _____
2. ¿Trabajo en el proyecto? _____
3. ¿Bailamos salsa? _____
4. ¿Estudio ahora? _____
5. ¿Traemos el libro? _____
6. ¿Compro la hamburguesa?_____
7. ¿Construimos el edificio?_____
8. ¿Fabrico el modelo?_____
9. ¿Pienso? _____
10. ¿Analizamos el problema?_____
11. ¿Busco a María? _____
12. ¿Limpio la habitación?_____
13. ¿Servimos la cena? _____
14. ¿Como el almuerzo?_____
15. ¿Repito la pregunta?_____
16. ¿Calculamos la fórmula?_____
17. ¿Prendo el televisor?_____
18. ¿Escuchamos la música?_____
19. ¿Mando la carta?_____
20. ¿Voy a la exposición?_____

134. Answer negatively the following questions with formal commands.

1. ¿Escucho el radio? _____
2. ¿Vemos la película? _____
3. ¿Compro la revista? _____
4. ¿Tiramos los libros? _____
5. ¿Hago el desayuno? _____

6. ¿Vamos a la fiesta? _____

7. ¿Nado en la piscina? _____

8. ¿Rompemos los platos? _____

9. ¿Duermo en la sala? _____

10. ¿Digo una mentira? _____

11. ¿Quitamos la mesa? _____

12. ¿Lavo los platos? _____

13. ¿Planchamos la camisa? _____

14. ¿Limpio el coche? _____

15. ¿Apagamos la luz? _____

16. ¿Cierro la tienda? _____

17. ¿Quemamos la basura? _____

18. ¿Voy al concierto? _____

19. ¿Regalo mi suéter? _____

20. ¿Tocamos la puerta? _____

135. Complete the following sentences with the correct formal singular command of the verbs indicated in parenthesis.

1. la camisa (planchar)   No _____

2. los zapatos (limpiar) _____

3. el cinturón (buscar) _____

4. el traje ahí (poner)   No _____

5. los calcetines (traer) _____

6. la caja (abrir)   No _____

7. su pelo (peinar) _____

8. la silla (traer)   No _____

9. la luz (encender) _____

10. la casa (salir) _____

136. Make the following formal commands positive or negative according to the model.

modelo:        **Haga la cama.**
               **No haga la cama.**

1. Limpie la cocina. _____

2. Traiga los libros. _____

3. No busquen las llaves. _____

4. Apaguen las luces. _____

5. No tire la puerta. _____

6. Arregle sus cosas. _____

7. Miren el programa. _____

8. No abran la botella. _____

9. Ponga la música. _____

10. Abra la puerta. _____

With reflexive verbs, the reflexive pronoun is attached to the affirmative command. With negative commands, the reflexive pronoun precedes the verb.

| Infinitive | affirmative | negative |
|---|---|---|
| levantarse | levántese Ud. | no se levante Ud. |
| | levántense Uds. | no se levanten Uds. |
| detenerse | deténgase Ud. | no se detenga Ud. |
| | deténganse Uds. | no se detengan Uds. |
| dormirse | duérmase Ud. | no se duerma Ud. |
| | duérmanse Uds. | no se duerman Uds. |

137. Make the following formal commands positive or negative according to the model.

1. No se ponga ese traje. _____
2. Levántese ahora. _____
3. Cepíllense los dientes. _____
4. No se desayune tarde. _____
5. Prepárese para la fiesta. _____
6. No abran los ojos. _____
7. Despiértese temprano. _____
8. Vístase pronto. _____
9. Deténgase Ud. _____
10. No se duerman Uds. _____

138. Answer positively the following questions with the formal commands.

1. ¿Me levanto? _____
2. ¿Me acuesto? _____
3. ¿Nos vestimos? _____
4. ¿Nos desayunamos? _____
5. ¿Me visto? _____
6. ¿Me despido? _____
7. ¿Nos lavamos? _____
8. ¿Nos tomamos el café? _____
9. ¿Me lavo la cara? _____
10. ¿Nos saludamos? _____

## Familiar commands

The familiar singular (**tú**) command is the same as the third person singular (**Ud.**) of the present indicative form of the verb.

| Infinitive | singular command |
|---|---|
| hablar | habla tú |
| cantar | canta tú |
| trabajar | trabaja tú |
| tomar | toma tú |
| bailar | baila tú |
| beber | bebe tú |
| comer | come tú |
| traer | trae tú |
| meter | mete tú |
| volver | vuelve tú |
| escribir | escribe tú |
| pedir | pide tú |
| reunir | reune tú |
| servir | sirve tú |
| decidir | decide tú |

The only irregular commands occur in the familiar affirmative singular (tú) form. All other commands are regular. The following verbs have irregular forms in the familiar singular form:

| Infinitive | affirmative | Infinitive | affirmative |
|---|---|---|---|
| decir | di tú | hacer | haz tú |
| ir | ve tú | poner | pon tú |
| salir | sal tú | ser | sé tú |
| tener | ten tú | valer | vale tú |
| venir | ven tú | | |

The plural (vosotros) familiar command is formed by dropping the -r ending of the infinitive and replacing it with -d.

| Infinitive | Plural Command |
|---|---|
| hablar | hablad vosotros |
| cantar | cantad vosotros |
| trabajar | trabajad vosotros |
| tomar | tomad vosotros |
| bailar | bailad vosotros |
| beber | bebed vosotros |
| comer | comed vosotros |
| traer | traed vosotros |
| meter | meted vosotros |
| volver | volved vosotros |

| escribir | escribid vosotros |
| pedir | pedid vosotros |
| reunir | reunid vosotros |
| servir | servid vosotros |
| decidir | decidid vosotros |

139. Answer the following questions positively with the familiar commands.

1. ¿Nado? _____
2. ¿Trabajo en el proyecto? _____
3. ¿Bailamos salsa? _____
4. ¿Estudio ahora? _____
5. ¿Traemos el libro? _____
6. ¿Compro la hamburguesa? _____
7. ¿Construimos el edificio? _____
8. ¿Fabrico el modelo? _____
9. ¿Pienso? _____
10. ¿Analizamos el problema? _____
11. ¿Busco a María? _____
12. ¿Limpio la habitación? _____
13. ¿Servimos la cena? _____
14. ¿Como el almuerzo? _____
15. ¿Repito la pregunta? _____
16. ¿Calculamos la fórmula? _____
17. ¿Prendo el televisor? _____
18. ¿Escuchamos la música?_____
19. ¿Mando la carta? _____
20. ¿Voy a la exposición? _____

Like the formal negative command, the familiar negative command is also formed by using the present subjunctive.

| Infinitive | negative | |
|---|---|---|
| hablar | no hables tú | no habléis vosotros |
| cantar | no cantes tú | no cantéis vosotros |
| trabajar | no trabajes tú | no trabajéis vosotros |
| tomar | no tomes tú | no toméis vosotros |
| bailar | no bailes tú | no bailéis vosotros |
| beber | no bebas tú | no bebáis vosotros |
| comer | no comas tú | no comáis vosotros |
| traer | no traigas tú | no traigáis vosotros |
| meter | no metas tú | no metáis vosotros |
| volver | no vuelvas tú | no volváis vosotros |

140. **Answer negatively the following questions with familiar commands.**

1. ¿Escucho la radio?_____

2. ¿Vemos la película?_____

3. ¿Compro la revista?_____

4. ¿Tiramos los libros?_____

5. ¿Hago el desayuno? _____

6. ¿Vamos a la fiesta? _____

7. ¿Nado en la piscina? _____

8. ¿Rompemos los platos?_____

9. ¿Duermo en la sala?_____

10. ¿Digo una mentira?_____

11. ¿Quitamos la mesa? _____

12. ¿Lavo los platos? _____

13. ¿Planchamos la camisa? _____

14. ¿Limpio el coche? _____

15. ¿Apagamos la luz? _____

16. ¿Cierro la tienda? _____

17. ¿Quemamos la basura? _____

18. ¿Voy al concierto? _____

19. ¿Regalo mi suéter? _____

20. ¿Tocamos la puerta? _____

141. **Complete the following sentences with the correct familiar singular command of the verbs indicated in parenthesis.**

1. la camisa (planchar)   No _____

2. los zapatos (limpiar) _____

3. el cinturón (buscar) _____

4. el traje ahí (poner)   No _____

5. los calcetines (traer) _____

6. la caja (abrir) No _____

7. su pelo (peinar) _____

8. la silla (traer)   No _____

9. la luz (encender) _____

10. la casa (salir) _____

142. Complete the following sentences with the correct familiar plural command of the verbs indicated in parenthesis.

1. la camisa (planchar)    No _____
2. los zapatos (limpiar) _____
3. el cinturón (buscar) _____
4. el traje ahí (poner)    No _____
5. los calcetines (traer) _____
6. la caja (abrir)        No _____
7. su pelo (peinar) _____
8. la silla (traer)       No _____
9. la luz (encender) _____
10. la casa (salir) _____

143. Make the following familiar commands positive or negative according to the model.
   modelo:        **Cubre la cama.**
                  **No cubras la cama.**

1. Limpia la cocina. _____
2. Trae los libros. _____
3. No busquéis las llaves. _____
4. Apagad las luces. _____
5. No tiréis la puerta. _____
6. Arregla tus cosas. _____
7. Mirad el programa. _____
8. No abráis la botella. _____
9. Apaga la música. _____
10. Abre la puerta. _____

144. Answer the following questions by using the irregular forms of the familiar commands according to the model.
   modelo:-       **¿Tienes hambre?**
                  **Ten hambre.**

1. ¿Tienes sed? _____
2. ¿Pongo la cena? _____
3. ¿Vengo al trabajo? _____
4. ¿Salgo temprano? _____
5. ¿Hago el trabajo? _____
6. ¿Digo la verdad? _____
7. ¿Soy bueno? _____
8. ¿Voy al cine? _____
9. ¿Valgo? _____
10. ¿Pongo la música? _____

145. Rewrite the following familiar commands in the negative.

| | |
|---|---|
| 1. Habla _____ | 11. Sirve _____ |
| 2. Hablad _____ | 12. Servid _____ |
| 3. Canta _____ | 13. Trabaja _____ |
| 4. Cantad _____ | 14. Trabajad _____ |
| 5. Mira _____ | 15. Ven _____ |
| 6. Mirad _____ | 16. Venid _____ |
| 7. Duerme _____ | 17. Ten _____ |
| 8. Dormid )_____ | 18. Tened _____ |
| 9. Come _____ | 19. Sal _____ |
| 10. Comed _____ | 20. Salid _____ |

## Indirect commands

Indirect commands are expressed by the present subjunctive and are normally introduced by **que**:

| | |
|---|---|
| **Que hable él en español.** | *Let him speak in Spanish.* |
| **Que coma ella antes de salir.** | *Have her eat before leaving.* |
| **Que escriban la tarea.** | *Let them write the homework.* |

To express the idea Let us or Let's the first person plural form of the subjunctive is used.

**Cantemos una canción navideña.**
*Let us sing a Christmas song.*

**Hablemos sobre el problema.**
*Let's talk about the problem.*

**Escribamos una carta a nuestros amigos.**
*Let us write a letter to our friends.*

Let us go is expressed by **vamos** instead of the subjunctive. In the negative, the regular subjunctive is used.

| | |
|---|---|
| **Vamos a la playa.** | *Let's go to the beach.* |
| **No vayamos a la playa.** | *Let us not go to the beach.* |

146. Make sentences with the following words using indirect commands according to the model.

modelo:       **No quiero limpiar la habitación.**
              **Que la limpie tu hermano.**

1. No quiero hacer la tarea. _____

2. No quiero limpiar la casa. _____

3. No quiero probar la comida. _____

4. No deseo ir a la ópera. _____

5. No deseo poner la mesa. _____

147. Make sentences with the following words using indirect commands according to the model.

modelo:        **Juan / estudiar español.**
               **Que Juan estudie español.**

1. Roberto / trabajar esta noche. _____
2. Marta y María / diseñar el edificio. _____
3. Ellos / recoger las entradas. _____
4. Jorge y Daniel / tocar el violín _____
5. El / abrir la puerta _____

148. Make sentences with the following words according to the model.

modelo:        **Ir al cine**
               **Vamos al cine.**
               **Vamos a ir al cine.**

1. Comprar un reloj
   _____
   _____

2. Abrir el regalo
   _____
   _____

3. Traer los libros
   _____
   _____

4. Esperar a Carlos
   _____
   _____

5. Ir al teatro
   _____
   _____

## Object pronouns with commands

Object pronouns are attached to the affirmative familiar and formal commands. When more that one pronoun appears, the order in which they are placed is as follows: verb, reflexive pronoun, indirect object pronoun, direct object. The personal pronoun is placed at the end and is separate from the verb.

Affirmative

| | |
|---|---|
| **Levántate tú** | *Get up.* |
| **Escríbele tú** | *Write to him (her).* |
| **Aprendedlo vosotros.** | *Learn it.* |
| **Levantaos vosotros.** | *Get up.* |
| **Duérmase Ud.** | *Go to sleep.* |

| | |
|---|---|
| **Bébasela Ud.** | *Drink it.* |
| **Háganlo Uds.** | *Do it.* |
| **Límpienlo Uds.** | *Clean it.* |

Notice that the final **-d** of the affirmative familiar command is dropped before the reflexive pronoun **os**. The exception is **ir: idos vosotros.**

149. Rewrite the following sentences in the command form.

1. Los muchachos se ponen la ropa.

_____ (Uds.)

2. Ella compra un regalo a Juan.

_____ (Ud.)

3. José le escribe.

_____ (Tú)

4. Hagan la cama.

_____ (Vosotros)

5. Pedro e Irma se ponen tristes.

_____ (Uds.)

When the command is negative, the order is as follows: negative word, reflexive pronoun, indirect object pronoun, direct object pronoun, verb, and personal pronoun. These pronouns and verbs are written separately.

Negative

| | |
|---|---|
| **No te levantes tú.** | *Do not get up.* |
| **No le escribas tú.** | *Do not write to him (her).* |
| **No lo aprendáis vosotros.** | *Do not learn it.* |
| **No os levantéis vosotros.** | *Do not get up.* |
| **No se duerma Ud.** | *Do not go to sleep.* |
| **No se la beba Ud.** | *Do not drink it.* |
| **No lo hagan Uds.** | *Do not do it.* |
| **No lo limpien Uds.** | *Do not clean it.* |

150. Rewrite the following sentences in the negative.

1. Levántate tú. _____
2. Escríbale Ud. _____
3. Hagámoslo _____
4. Aprendedlo _____
5. Ayúdele Ud. _____

When the indirect object command is introduced by the conjunction **que**, the object always preceeds the verb:

| | |
|---|---|
| **Que se levante ahora.** | *Get up now.* |
| **Que lo haga pronto.** | *Do it quickly.* |
| **Que la traiga en seguida.** | *Bring it (her) right now.* |

151. Rewrite the following sentences using the conjunction **que**.

1. Levántate tú. _____

2. Escríbale Ud. _____

3. Hagámoslo _____

4. Aprendedlo _____

5. Ayúdele Ud. _____

## Reflexive verbs

A reflexive verb is one which makes the subject both the doer and the receiver of the action. Since the subject becomes the object of the action, reflexive pronouns are required. These pronouns normally precede the verb.

The following are all the conjugations of the verb **levantarse** in the indicative mood:

**Levantarse**

| Present Tense | Preterite Tense |
|---|---|
| **me levanto** | **me levanté** |
| **te levantas** | **te levantaste** |
| **se levanta** | **se levantó** |
| **nos levantamos** | **nos levantamos** |
| **os levantáis** | **os levantásteis** |
| **se levantan** | **se levantaron** |

152. Complete the following sentences with the appropriate reflexive pronoun.

1. Yo _____ levanto a las seis.

2. Jorge _____ acuesta a las ocho de la noche.

3. Tú _____ desayunas en la cocina.

4. Nosotros _____ peinamos frente al espejo.

5. Vosotros _____ cambiáis las chaquetas.

6. El _____ marcha temprano.

7. Ellos _____ sientan en el sofá.

8. Tú _____ miras en el espejo.

9. Nosotros _____ preparamos para la fiesta.

10. Ella _____ recoje el pelo.

153. Complete the following sentences in the present tense with the appropriate form of the verb in parentheses.

1. Yo _____ (afeitarse) por la mañana.
2. Tú _____ (acostarse) temprano.
3. El _____ (despertarse).
4. Nosotros _____ (dormirse) a las tres.
5. Vosotros _____ (marcharse) para Barcelona.
6. Ellos _____ (vestirse) con sus mejores ropas.
7. Yo _____ (sentarme) a esperar por Pablo.
8. Tú _____ (cepillarse) el pelo.
9. Julia _____ (quitarse) el sombrero.
10. Ellos _____ (despedirse) de nosotros.

154. Complete the following sentences in the preterite tense with the appropriate form of the verb in parentheses.

1. Yo _____ (afeitarse) por la mañana.
2. Tú _____ (acostarse) temprano.
3. El _____ (despertarse).
4. Nosotros _____ (dormirse) a las tres.
5. Vosotros _____ (marcharse) para Barcelona.
6. Ellos _____ (vestirse) con sus mejores ropas.
7. Yo _____ (sentarme) a esperar por Pablo.
8. Tú _____ (cepillarse) el pelo.
9. Julia _____ (quitarse) el sombrero.
10. Ellos _____ (despedirse) de nosotros.

| Imperfect Tense | Future Tense |
| --- | --- |
| **me levantaba** | **me levantaré** |
| **te levantabas** | **te levantarás** |
| **se levantaba** | **se levantará** |
| **nos levantábamos** | **nos levantaremos** |
| **os levantabais** | **os levantaréis** |
| **se levantaban** | **se levantarán** |

155. Write sentences in the imperfect tense with the following words.

1. Mi hermano / vestirse rápidamente. _____
2. Mi madre / comprarse / vestido. _____
3. Yo / bañarme / piscina. _____
4. Ellos / despedirse / amigos. _____
5. Tú / esconderse / cocina. _____

156. Write sentences in the future tense with the following words.

1. Vosotros / irse / España.

_____

2. Yo / ponerse / abrigo.

_____

3. Ellos / negarse / ayudar / muchachos.

_____

4. El consejero / levantarse / recibir / invitados.

_____

5. Tú / desayunarse / cocina.

_____

| Condicional | Present Perfect |
|---|---|
| **me levantaría** | **me he levantado** |
| **te levantarías** | **te has levantado** |
| **se levantaría** | **se ha levantado** |
| **nos levantaríamos** | **nos hemos levantado** |
| **os levantaríais** | **os habéis levantado** |
| **se levantarían** | **se han levantado** |

157. Conjugate the following verb in the conditional tense.

1. Yo _____ (quedarme)
2. Tú _____
3. El _____
4. Nosotros _____
5. Vosotros _____
6. Ellos_____
7. Juan _____
8. Marta y Julio _____
9. Julio y yo _____
10. Ellas _____

158. Conjugate the following verb in the present perfect tense.

1. Yo _____ (levantarse)
2. Tú _____
3. El _____
4. Ella _____
5. Nosotros _____
6. Vosotros _____
7. Ellos _____
8. Ustedes _____
9. Juan _____
10. Marta y Gilda _____

| Pluperfect | Preterite Perfect |
|---|---|
| **me había levantado** | **me hube levantado** |
| **te habías levantado** | **te hubiste levantado** |
| **se había levantado** | **se hubo levantado** |
| **nos habíamos levantado** | **nos hubimos levantado** |
| **os habíais levantado** | **os hubisteis levantado** |
| **se habían levantado** | **se hubieron levantado** |

159. Complete the following sentences in the pluperfect tense.

1. Cuando Luis fue a su habitación, yo _____ (levantarse).

2. Cuando nosotros los vimos, ellos _____ (tomarse) todo el vino.

3. Cuando ella llegó, tú _____ (desayunarse).

4. Cuando ustedes regresaron, Felipe _____ (dormirse).

5. Cuando Daniel terminó, nosotros _____ (irse)

160. Conjugate the following verb in the preterite perfect tense.

1. Ellos _____ (irse)

2. Yo _____

3. Ella _____

4. Fernando _____

5. Tú _____

6. Nosotros _____

7. Juan _____

8. Vosotros _____

9. Carmen y Mercedes _____

10. Juan Tomás y Julio _____

| Future Perfect | Conditional Perfect |
|---|---|
| **me habré levantado** | **me habría levantado** |
| **te habrás levantado** | **te habrías levantado** |
| **se habrá levantado** | **se habría levantado** |
| **nos habremos levantado** | **nos habríamos levantado** |
| **os habréis levantado** | **os habríais levantado** |
| **se habrán levantado** | **se habrían levantado** |

Other commonly used reflexive verbs are:

| Infinitive | Present Tense | |
|---|---|---|
| acostarse | me acuesto | *to go to bed* |
| bañarse | me baño | *to take a bath* |
| cambiarse | me cambio | *to change* |
| cepillarse | me cepillo | *to brush* |
| despertarse | me despierto | *to wake up* |
| despedirse | me despido | *to take leave* |
| ducharse | me ducho | *to take a shower* |
| dormirse | me duermo | *to fall asleep* |
| irse | me voy | *to leave* |
| marchase | me marcho | *to leave* |
| peinarse | me peino | *to comb* |
| ponerse | me pongo | *to put on* |
| sentarse | me siento | *to sit down* |
| quedarse | me quedo | *to remain* |
| quitarse | me quito | *to take off (clothing)* |
| vestirse | me visto | *to dress* |

Notice that some of these verbs like **acostarse** and **despertarse** are stem-changing, and others are irregular like **irse** and **ponerse**. To study these stem-changing and irregular verbs in more detail, refer to the appropriate section in this chapter.

Infinitive

| acostarse | despertarse | dormirse |
|---|---|---|
| me acuesto | me despierto | me duermo |
| te acuestas | te despiertas | te duermes |
| se acuesta | se despierta | se duerme |
| nos acostamos | nos despertamos | nos dormimos |
| os acostáis | os despertáis | os dormís |
| se acuestan | se despiertan | se duermen |

| Infinitive | irse | |
|---|---|---|
| me voy | te vas | se va |
| nos vamos | os váis | se van |

When a reflexive verb is used in a sentence, possessive adjectives are omitted.

| | |
|---|---|
| **Me cepillo el pelo.** | *I comb my hair.* |
| **Pedro se lava la cara.** | *Peter washes his face.* |
| **Ellos se quitan el sombrero.** | *They take off their hats.* |

Notice that in all three sentences the definite article is used instead of the possessive adjective. Due to the fact that the verbs are reflexive, it is undestood that the object belongs to the doer of the action. The predicate of the third sentence (el sombrero) remains singular in Spanish although it is pluralized in English.

161. Complete the following sentences with the reflexive pronoun when necessary.

1. Yo _____ levanto a las seis.
2. Juan _____ acuesta a sus hermanos.
3. Ellos _____ duermen en el sofá.
4. Nosotros _____ acostamos tarde.
5. Nosotros _____ acostamos a los niños.
6. Ellos _____ duermen al bebé.
7. Tú _____ peinas el pelo.
8. Tú _____ peinas el pelo de tu hermano.
9. Vosotros _____ levantáis temprano.
10. Vosotros _____ levantáis a vuestros vecinos.

## Reflexive commands

The reflexive pronoun follows the verb and is attached to it. In the negative, the reflexive pronoun is placed before the verb and after the negative.

| | |
|---|---|
| ¡Levántese Ud.! | ¡No se levante Ud.! |
| ¡Levántense Uds.! | ¡No se levanten Uds.! |
| ¡Acuéstate tú! | ¡No te acuestes tú! |
| ¡Acostaos vosotros! | ¡No os acostéis vosotros! |

Reflexive pronouns also follow and are attached to the gerund and the infinitive.

**Andrés estaba levantándose cuando oyó el teléfono.**
*Andrew was getting up when he heard the telephone.*

**Acabamos de levantarnos hace cinco minutos.**
*We got up five minutes ago.*

When a verb is conjugated, the reflexive pronoun precede the conjugated form of the verb.

**Me ducho a las seis de la mañana.**
*I take a shower at six o' clock in the morning.*

162. Rewrite the following phrases in the familiar singular affirmative command according to the model.

modelo:  **despertarse temprano**
**Despiértate temprano.**

1. Lavarse los dientes. _____
2. Cepillarse el pelo. _____
3. Vestirse elegantemente. _____
4. Peinarse el cabello. _____
5. Acostarse tarde. _____

163. Rewrite the following phrases in the familiar singular negative command.

1. Lavarse los dientes. _____
2. Cepillarse el pelo. _____
3. Vestirse elegantemente. _____
4. Peinarse el cabello. _____
5. Acostarse tarde. _____

164. Rewrite the following phrases in the formal singular affirmative command.

1. Lavarse los dientes. _____
2. Cepillarse el pelo. _____
3. Vestirse elegantemente. _____
4. Peinarse el cabello. _____
5. Acostarse tarde. _____

165. Rewrite the following phrases in the formal negative command.

1. Lavarse los dientes. _____
2. Cepillarse el pelo. _____
3. Vestirse elegantemente. _____
4. Peinarse el cabello. _____
5. Acostarse tarde. _____

## Uses of reflexive verbs

Some verbs change their meaning when used reflexively. The following is a list of some of them:

| Basic meaning | | Reflexive meaning | |
|---|---|---|---|
| aburrir | to bore | aburrirse | to become bored |
| acostar | to put to bed | acostarse | to go to bed |
| apuntar | to note; to point to | apuntarse | to enroll |
| bañar | to bathe | bañarse | to take a bath |
| cansar | to tire | cansarse | to become tired |
| engañar | to deceive | engañarse | to deceive oneself |
| esconder | to hide | esconderse | to hide (oneself) |
| despedir | to dismiss | despedirse | to take leave |
| parar | to stop | pararse | to stop oneself; to get up |
| poner | to put | ponerse | to put on; to become |
| sentar | to seat | sentarse | to sit down |

Other verbs can be used reflexively or nonreflexively. In this case, they are only used reflexively when the action of the verb refers to the subject.

| | |
|---|---|
| **Me lavo el pelo.** | *I wash my hair.* |
| **Yo lavo el automóvil.** | *I wash the car.* |
| **Me recojo el pelo.** | *I pick up my hair.* |
| **Yo recojo los libros de la mesa.** | *I pick up the books from the table.* |

Reciprocal verbs are verbs in which the subjects do actions to or for each other. In Spanish these verbs function in the same manner as reflexive verbs. They are commonly translated as *for each other* or *for one another*.

**Nos vemos en el parque a las tres.**
*We will see each other in the park at three.*

**Se escriben con frecuencia.**
*They write frequently to each other.*

**Ellas se saludaron al pasar.**
*They greeted one another when they passed by.*

166. Write sentences in the preterite with the following words.

1. Juan / parar / taxi.

_____

2. Juan / pararse / delante de / taxi.

_____

3. Ellos / poner / arbolito.

_____

4. Nosotros / colocarnos / compañía.

_____

5. Tú / esconder / notas.

_____

6. Tú / esconderte / detrás de / puerta.

_____

7. Yo / cansarse / caminar

_____

8. El / bañar / hijo.

_____

9. El / ducharse / ducha.

_____

10. Vosotros / sentarse / sillas.

_____

## Passive voice

**José compró una pintura de Picasso.**
*Joseph purchased a painting of Picasso.*

**La pintura de Picasso fue comprada por José.**
*Picasso's painting was purchased by Joseph.*

In the active voice, the subject normally performs an action. In the passive voice, the subject is acted upon.

Unlike in English, the passive voice is not frequently used in Spanish. When the passive voice is used, however, its formation is similar to that in English:

subject + form of **ser** + past participle + **por** + doer

**Este edificio fue construido por Luis Rodríguez.**
*This building was constructed by Louis Rodríguez.*

**Estas personas fueron invitadas por Juan.**
*These people were invited by John.*

**La fiesta será celebrada por los miembros del club.**
*This party will be celebrated by the members of the club.*

**La tienda es abierta por el administrador.**
*This store is opened by the administrator.*

167. Change the following sentences from the active voice to the passive voice.

1. Juan abre la tienda.

_____

2. Lorca escribió *Bodas de sangre*.

_____

3. El mejor diseñador hizo este modelo.

_____

4. El incendio destruyó la ciudad.

_____

5. Todos aplaudieron a los artistas.

_____

168. Change the following sentences from the passive voice to the active voice.

1. La obra fue escrita por Jorge Luis Borges.

_____

2. La música fue tocada por un gran pianista.

_____

3. La India fue descubierta por Vasco de Gama.

_____

4. La lección fue dada por el asistente.

_____

5. Los adornos fueron colocados por mi esposa.

_____

In the passive voice, the past participle is used as an adjective and agrees with the subject in gender and number.

**La tarea fue hecha por Jorge.**
*The homework was done by Jorge.*

**Los regalos fueron traídos por él.**
*The gifts were brought by him.*

The doer of the action is preceded by the preposition **por**, however, if the past participle expresses feeling or emotion, **por** may be substituted by **de**:

**La recesión es temida de todos.**
*The recession is feared by all.*

**La ópera Carmen es la preferida de nosotros.**
*The opera Carmen is preferred by us.*

## Passive voice with se

When the doer by whom the action is performed is not mentioned or implied, and the subject is a thing, the reflexive pronoun **se** with the third person singular or plural form of the verb is used.

**Se habla español aquí.**     *Spanish is spoken here.*

In this sentence, we know someone speaks Spanish but we do not have any information regarding the subject. The subject is indefinite.

**Se perdió el libro.**     *The book was lost.*

**Se dice que la conferencia será a las cuatro.**
*It is said that the lecture will be at three.*

**Se necesitan empleados en esta tienda.**
*Employees are needed at this store.*

169. Rewrite the following sentences using the **se** construction in the present tense.

1. Hacer una cena deliciosa. _____
2. Hablar español en el bufete. _____
3. Escribir en computadoras. _____
4. Cerrar las tiendas a las once. _____
5. Publicar el libro de matemáticas. _____
6. Perder en el parque. _____
7. Vender esta casa. _____
8. Comprar oro. _____
9. Dar información. _____
10. Llevar las cartas al correo. _____

The forms **dicen, creen,** and **saben** are used without the reflexive pronoun **se**:

**Dicen que nevará esta tarde.**
*It is said that it will snow tonight.*

Many times the active third person plural is used instead of the indefinite **se**:

**Los capturaron en el acto.**
*They captured them in the act.*

**Las engañaron en la tienda.**
*They were cheated at the store. (indefinite)*

170. Complete the following sentences with the appropriate form of the preterite tense of the verb indicated.

1. _____ (leerse los anuncios) en el tren.
2. _____ (prepararse las comidas) en la cocina.
3. _____ (abrirse las tiendas) a las nueve.
4. _____ (cerrarse las oficinas) a las diez.
5. _____ (hacerse los refrigeradores) en aquella fábrica.
6. _____ (servirse las cenas) a las ocho.
7. _____ (capturarse las aves) en la madrugada.
8. Allá _____ (venderse las joyas).
9. _____ (engañarse los señores) en el parque.
10. Ahora _____ (fabricarse los martillos) de otro modelo.

# SPECIAL USE OF CERTAIN VERBS

There are some verbs in Spanish that are difficult to learn by English speaking students. The reason for this is mainly that two verbs in Spanish have one single meaning in English and the student must learn to differentiate between them. The following are some of these verbs. Study in detail how they are used.

**Ser and estar**

The verbs **ser** and **estar** have one single meaning in English to be. In general, the verb **ser** denotes permanent or inherent qualities or characteristics. The verb **estar** expresses temporary conditions or events. However, there are other rules to consider.

**USES OF SER**

**Ser** is used:

A) to express an inherent quality or characteristic of a subject:

| | |
|---|---|
| **Este anillo es de oro.** | *This ring is made of gold.* |
| **Esta casa es de madera.** | *This house is made of wood.* |
| **La pintura es blanca.** | *The painting is white.* |
| **Las uvas son dulces.** | *The grapes are sweet.* |

171. Complete the following sentences by describing the quality or characteristic of the subject.

1. La casa _____ blanca.
2. El reloj _____ de oro.
3. Juan _____ amable.
4. Las frutas _____ dulces.
5. Los chicos _____ buenos.
6. El vino _____ español.
7. El edificio _____ de concreto.
8. El profesor _____ inteligente.
9. Julia ____ una chica disciplinada.
10. El plato _____ de plata.

B) to describe or identify a subject:

**El hombre es alto.**          *The man is tall.*
**La mujer es hermosa.**        *The woman is beautiful.*
**La ciudad es enorme.**        *The city is enormous.*

172. Complete the following sentences by describing or identifying the subject.

1. Carmen _____ alta.
2. La ciudad _____ enorme.
3. Mi primo _____ médico.
4. Ellos _____ millonarios.
5. ¿Quién _____ tú?
6. El automóvil _____ moderno.
7. El joven _____ esbelto.
8. El río _____ caudaloso.
9. El cielo _____ azul.
10. Ellas _____ abogadas.

C) to express origin. The place where someone or something is from:

**Beatriz es de Paraguay.**         *Beatriz is from Paraguay.*
**Ellos son de San Juan.**          *They are from San Juan.*

**El vino Concha y Toro es de Chile.**
*The wine Concha y Toro is from Chile.*

D) to express ownership:

**Este coche es mío.**          *This car is mine.*
**Este es mi reloj.**           *This is my watch.*

E) to express time, dates, and in place of **tener lugar:**

**¿Qué hora es?**                        *What time is it?*
**Son las cuatro de la tarde.**          *It is four o' clock in the afternoon.*
**¿Cuál es la fecha de hoy?**            *What is today's date?*
**¿Dónde es la obra de teatro?**         *Where is the play?*

**Hoy es el doce de octubre de 1991.**
*Today is October twelve, 1991.*

**La obra de teatro es en El Repertorio Español.**
*The play is at the Spanish Repertory Theatre.*

F) with impersonal expressions:

**Es importante estudiar español.**
*It is important to study Spanish.*

**Es necesario que estudies todos los días.**
*It is necessary that you study every day.*

G) in the passive voice with the past participle.

**Los estudiantes fueron examinados por la facultad.**
*The students were tested by the faculty.*

**El teléfono es contestado por la recepcionista.**
*The telephone was answered by the receptionist.*

173. Write sentences with the following words.

1. Hipólito / ser / profesor.

_____

2. Andorra / ser / país / europeo.

_____

3. Caballo / ser / animal / cuadrúpedo.

_____

4. Bogotá / ser / capital / Colombia.

_____

5. Platino / ser / metal / valioso.

_____

6. Nosotros / ser / ingeniero.

_____

7. Ser / importante / aprender / idiomas.

_____

8. ¿Qué / hora / ser?

_____

9. Concierto / ser / hoy.

_____

10. Yo / ser / neuyorkino.

_____

174. Complete the following paragraph with the appropriate form of the verb **ser**.

¡Hola! Yo _____ (1) Pedro Estrada. _____ (2) un estudiante universitario. Yo vivo en Nueva York aunque no _____ (3) norteamericano. Yo _____ (4) venezolano. Yo vivo aquí porque estudio en la Universidad de Fordham. La universidad _____ (5) muy bella y la educación que recibo _____ (6) la mejor. Mis profesores _____ (7) inteligentes y desean que nosotros _____ (8) buenos alumnos. Te escribo porque deseo saber como _____ (9) tu ciudad, y como _____ (10) las personas de tu pueblo. Escríbeme pronto.

Saludos.

**Estar** is used to:

A) to express the location, position, or situation of the subject:

**Yo estoy en la universidad.**  *I am at the university.*
**Lima está en Perú.**  *Lima is in Peru.*

**Felipe está en el cuarto piso.**  *Philip is on the fourth floor.*

**La Universidad Complutense está en Madrid.**
*The Complutense University is in Madrid.*

175. Complete the following sentences with the appropriate form of the verb **estar**.

1. La capital _____ en el centro del país.
2. Yo _____ en la calle doce.
3. Octavio _____ en la cocina.
4. Nosotros _____ en el balcón.
5. La biblioteca _____ detrás del laboratorio.
6. Ellos _____ en casa.
7. Vosotros _____ sentados en el sofá.
8. Tú _____ en la plaza.
9. Ellas _____ en el museo.
10. Yo _____ aquí.

B) to indicate a state or condition of the subject:

**Juan está enfermo.**  *John is ill.*
**El automóvil está listo.**  *The car is ready.*
**El paciente está mejorando.**  *The patient is getting better.*
**El té está caliente.**  *The tea is hot.*

176. Complete the following sentences with the appropriate form of the verb **estar**.

1. Julia _____ cansada.
2. Nosotros _____ alegres.
3. Ella _____ enferma.
4. El automóvil _____ sucio.
5. La camisa _____ planchada.
6. La sopa _____ caliente.
7. El día _____ frío.
8. La tienda _____ cerrada.
9. El perro _____ ladrando.
10. Las frutas _____ agrias.

C) to form the progressive tense with the present participle:

**Felipe está divirtiéndose en la fiesta.**
*Philip is enjoying himself at the party.*

**Ellos están jugando al fútbol.**
*They are playing soccer.*

**Los estudiantes están estudiando para el examen final.**
*The students are studying for the final examination.*

177. Complete the following sentences with the appropriate form of the verb **estar**.

1. Yo _____ caminando en la calle.
2. Ellas _____ trabajando.
3. Nosotros _____ estudiando.
4. Ellos _____ durmiendo.
5. Tú _____ pensando.
6. El _____ tocando.
7. Vosotros _____ cantando.
8. Juan _____ trabajando.
9. María _____ programando su computadora.
10. Los soldados _____ marchando.

178. Complete the following sentences with the appropriate form of the verb **ser** or **estar** according to the meaning expressed in the sentence.

1. La ciudad _____ al norte del país.
2. Nosotros _____ cansados.
3. Juan _____ dentista.
4. La luz _____ fuerte.
5. Ellos _____ cantando.
6. La comida _____ buena.
7. El té _____ frío.
8. Mi hermana _____ alta.
9. _____ importante hablar varios idiomas.
10. Lima _____ la capital del Perú.
11. El Señor Rodríguez _____ contento.
12. El _____ de mal humor.
13. El _____ amable.
14. Julio _____ rico.
15. ¿Qué hora _____ ?
16. Las niñas _____ estudiando.
17. María _____ hermosa.
18. ¿Dónde _____ Luis?
19. Todos _____ aquí.
20. Mi hermano _____ honrado.

## CHANGE OF MEANING

Certain words change their meaning depending whether **ser** or **estar** is used. The following is a list of those words:

|  | ser | estar |
|---|---|---|
| **aburrido** | *boring* | *bored* |
| **bueno** | *good (characteristic)* | *good (condition)* |

| cansado | tiresome | tired |
| --- | --- | --- |
| divertido | amusing | amused |
| enfermo | sickly | sick |
| joven | young (description) | looks young |
| listo | clever | ready |
| pálido | pale (complexion) | pale (condition) |
| seguro | safe | sure |
| triste | dull | sad |
| viejo | old (description) | looks old |
| vivo | sharp; quick | alive |

179. Complete the following sentences with the appropriate form of **ser** or **estar** according to the meaning expressed.

1. Yo _____ aburrido. No sé que hacer hoy.
2. La comida _____ buena. Siempre me gusta.
3. Ellos _____ cansados. Jugaron todo el día.
4. El _____ una persona divertida.
5. Ella _____ enferma. Pasó mucho frío ayer.
6. Marta _____ joven. Solamente tiene diez años.
7. El _____ un hombre listo.
8. El _____ el camarero más viejo del restaurante.
9. El señor _____ viejo. El tiene cien años.
10. Ella _____ lista para salir. La fiesta es a las once.

## Saber and conocer

Saber and **conocer** also have the same meaning in English which is to know. However they are used differently in Spanish. **Saber** means to know a fact, a reason, or a learning subject.

**Ellos saben la verdad.** *They know the truth.*
**Vosotros sabéis español.** *You know Spanish.*

**El señor Jiménez sabe matemáticas.**
*Mr. Jimenez knows mathematics.*

The expression **sabe** means to taste.

**Esto sabe a mango.** *This tastes like mango.*
**No sabe a nada.** *It has no taste.*

**Conocer** means to know a person, a country, or a literature.

**Conozco a los invitados.**
*I know the guests.*

**Conocemos a Bogotá muy bien.**
*We know Bogota very well.*

**¿Conoces las obras principales de la literatura china?**
*Do you know the main works of the Chinese Literature?*

180. Complete the following sentences with the appropriate form of **saber** or **conocer**.

1. María _____ a Miguel.
2. Yo _____ la verdad sobre lo que pasó.
3. Ellos no _____ la ciudad.
4. Ella _____ español.
5. Pedro y Juan _____ el camino.
6. Tú _____ la respuesta.
7. Vosotros _____ la literatura española.
8. Tú _____ la condición del paciente.
9. Tú _____ muy bien este restaurante.
10. Nosotros _____ matemáticas.

## Pedir and preguntar

These two verbs have the same meaning in the English language which is to ask. **Pedir** means to ask for something or to request. **Preguntar** means to ask a question.

**Pídele una copia del contrato.**
*Ask him (her) for a copy of the contract.*

**Pregúntale al profesor la diferencia entre ser y estar.**
*Ask the professor the difference between ser and estar.*

181. Complete the following sentences with the appropriate form of the verb **pedir** or **preguntar**.

1. Voy a _____ un taxi.
2. El _____ la hora.
3. Nosotros _____ por Miguel.
4. El hombre _____ una limosna.
5. Ellos _____ la respuesta.
6. Yo _____ la comida.
7. Tú _____ un libro en la biblioteca.
8. El profesor _____ ayuda.
9. El maestro _____ por ti.
10. Yo le _____ dinero a mi esposa.

## Jugar and tocar

Both of these verbs mean to play, however they are used differently. **Jugar** means to play a sport, game or to gamble. **Tocar** means to play a musical instrument or to touch.

**El equipo Real Madrid juega fútbol.**
*The team Real Madrid plays soccer.*

**Andrés Segovia tocaba muy bien la guitarra.**
*Andrés Segovia used to play the guitar very well.*

**A Antonio le gusta jugar a la brisca.**
*Anthony likes to play brisca.*

182. Complete the following exercises with the appropriate form of the verb **jugar** or **tocar**.

1. Nosotros _____ el piano.
2. Ellos _____ al fútbol.
3. Mercedes _____ la flauta.
4. Tú _____ la puerta.
5. Ella _____ el violoncelo.
6. El _____ la trompeta.
7. Usted _____ bien al baloncesto.
8. Vosotros _____ al béisbol.
9. Marta _____ contigo en el casino.
10. Yo _____ a las cartas.

## Volver and devolver

**Volver** means to return from a place. **Devolver** means to give back something.

**Ellos vuelven de Sur América.**
*They return from South America.*

**Juan vuelve de Puerto Rico.**
*John returns from Puerto Rico.*

**Tengo que devolver este libro antes que cierre la biblioteca.**
*I have to return this book before the library closes.*

As an expression **volver** means to repeat an action or to do again.

**Nosotros volvemos a repasar los verbos irregulares.**
*We review the irregular verbs again.*

**Julia vuelve a leer el libro.**
*Julia reads the book again.*

183. Complete the following sentences with the appropriate form of the verb **volver** or **devolver**.

1. Yo _____ a casa tarde.
2. Ellos _____ al club.
3. Nosotros _____ las cartas.
4. Ellos _____ las herramientas.
5. Tú _____ de la fiesta.
6. Vosotros _____ la máquina.
7. El _____ temprano.
8. Carlos _____ mañana.
9. Todos _____ a bailar.
10. Ella _____ el lápiz.

# SUMMARY CONJUGATION
# OF REGULAR VERBS

## FIRST CONJUGATION: -AR

*Verb: hablar*      **A. Impersonal Forms:**

|  | Simple: | Compound: |
|---|---|---|
| Infinitive | **hablar** | **haber hablado** |
| Gerund | **hablando** | **habiendo hablado** |
| past participle | **hablado** | |

**B. Personal Forms:**

### INDICATIVE MOOD

Simple Tenses:

| Present | Preterite | Imperfect | Future | Conditional |
|---|---|---|---|---|
| **hablo** | **hablé** | **hablaba** | **hablaré** | **hablaría** |
| **hablas** | **hablaste** | **hablabas** | **hablarás** | **hablarías** |
| **habla** | **habló** | **hablaba** | **hablará** | **hablarías** |
| **hablamos** | **hablamos** | **hablábamos** | **hablaremos** | **hablaríamos** |
| **habláis** | **hablásteis** | **hablabais** | **hablaréis** | **hablaríais** |
| **hablan** | **hablaron** | **hablaban** | **hablarán** | **hablarían** |

Compound Tenses:

| Present Perfect | Preterite Perfect | Pluperfect |
|---|---|---|
| **he hablado** | **hube hablado** | **había hablado** |
| **has hablado** | **hubiste hablado** | **habías hablado** |
| **ha hablado** | **hubo hablado** | **había hablado** |
| **hemos hablado** | **hubimos hablado** | **habíamos hablado** |
| **habéis hablado** | **hubisteis hablado** | **habíais hablado** |
| **han hablado** | **hubieron hablado** | **habían hablado** |

| Future Perfect | Conditional Perfect |
|---|---|
| **habré hablado** | **habría hablado** |
| **habrás hablado** | **habrías hablado** |
| **habrá hablado** | **habría hablado** |
| **habremos hablado** | **habríamos hablado** |
| **habréis hablado** | **habríais hablado** |
| **habrán hablado** | **habrían hablado** |

## SUBJUNCTIVE MOOD

Simple Tenses:

| Present | Imperfect | Future |
|---|---|---|
| hable | hablara o hablase | hablaré |
| hables | hablaras o hablases | hablares |
| hable | hablara o hablase | hablaré |
| hablemos | habláramos o hablásemos | habláremos |
| habléis | hablarais o hablaseis | hablareis |
| hablen | hablaran o hablasen | hablaren |

Compound Tenses:

| Present Perfect | Pluperfect |
|---|---|
| haya hablado | hubiera o hubiese hablado |
| hayas hablado | hubieras o hubieses hablado |
| haya hablado | hubiera o hubiese hablado |
| hayamos hablado | hubiéramos o hubiésemos hablado |
| hayáis hablado | hubierais o hubieseis hablado |
| hayan hablado | hubieran o hubiesen hablado |

Future Perfect

| hubiere hablado | hubieres hablado | hubiere hablado |
|---|---|---|
| hubiéremos hablado | hubiereis hablado | hubieren hablado |

## IMPERATIVE MOOD

Present

| | |
|---|---|
| habla tú | hable Ud. |
| no hables tú | no hable Ud. |
| hablad vosotros | hablen Uds. |
| no habléis vosotros | no hablen Uds. |

## SECOND CONJUGATION: -ER

**Verb: comer**    A. Impersonal Forms:

| | Simple: | Compound: |
|---|---|---|
| Infinitive | comer | haber comido |
| Gerund | comiendo | habiendo comido |
| past participle | comido | |

## B. Personal Forms:

### INDICATIVE MOOD

Simple Tenses:

| Present | Preterite | Imperfect |
|---------|-----------|-----------|
| como | comí | comía |
| comes | comiste | comías |
| come | comió | comía |
| comemos | comimos | comíamos |
| coméis | comisteis | comíais |
| comen | comieron | comían |

| Future | Conditional |
|--------|-------------|
| comeré | comería |
| comerás | comerías |
| comerá | comería |
| comeremos | comeríamos |
| comeréis | comeríais |
| comerán | comerían |

Compound Tenses:

| Present Perfect | Preterite Perfect | Pluperfect |
|-----------------|-------------------|------------|
| he comido | hube comido | había comido |
| has comido | hubiste comido | habías comido |
| ha comido | hubo comido | había comido |
| hemos comido | hubimos comido | habíamos comido |
| habéis comido | hubisteis comido | habíais comido |
| han comido | hubieron comido | habían comido |

| Future Perfect | Conditional Perfect | |
|----------------|---------------------|---|
| habré comido | habría comido | |
| habrás comido | habrías comido | |
| habrá comido | habría comido | |
| habremos comido | | habríamos comido |
| habréis comido | habríais comido | |
| habrán comido | habrían comido | |

## SUBJUNCTIVE MOOD

Simple Tenses:

| Present | Imperfect | Future |
|---------|-----------|--------|
| coma | comiera o comiese | comiere |
| comas | comieras o comieses | comieres |
| coma | comiera o comiese | comiere |
| comamos | comiéramos o comiésemos | comiéremos |
| comáis | comierais o comieseis | comiereis |
| coman | comieran o comiesen | comieren |

Compound Tenses:

| Present Perfect | Pluperfect |
|-----------------|------------|
| haya comido | hubiera o hubiese comido |
| hayas comido | hubieras o hubieses comido |
| haya comido | hubiera o hubiese comido |
| hayamos comido | hubiéramos o hubiésemos comido |
| hayáis comido | hubierais o hubieseis comido |
| hayan comido | hubieran o hubiesen comido |

Future Perfect

hubiere comido
hubieres comido
hubiere comido
hubiéremos comido
hubiereis comido
hubieren comido

## IMPERATIVE MOOD

Present

| | |
|---|---|
| come tú | coma Ud. |
| no comas tú | no coma Ud. |
| comed vosotros | coman Uds. |
| no comáis vosotros | no coman Uds. |

### THIRD CONJUGATION: -IR

*Verb: vivir*   **A. Impersonal Forms:**

|  | Simple | Compound |
|---|---|---|
| Infinitive | **vivir** | **haber vivido** |
| Gerund | **viviendo** | **habiendo vivido** |
| Past Participle | **vivido** |  |

**B. Personal Forms:**

**INDICATIVE MOOD**

Simple Tenses:

| Present | Preterite | Imperfect | Future | Conditional |
|---|---|---|---|---|
| **vivo** | **viví** | **vivía** | **viviré** | **viviría** |
| **vives** | **viviste** | **vivías** | **vivirás** | **vivirías** |
| **vive** | **vivió** | **vivía** | **vivirá** | **viviría** |
| **vivimos** | **vivimos** | **vivíamos** | **viviremos** | **viviríamos** |
| **vivís** | **vivisteis** | **vivíais** | **viviréis** | **viviríais** |
| **viven** | **vivieron** | **vivían** | **vivirán** | **vivirían** |

Compound Tenses:

| Present Perfect | Preterite Perfect | Pluperfect |
|---|---|---|
| **he vivido** | **hube vivido** | **había vivido** |
| **has vivido** | **hubiste vivido** | **habías vivido** |
| **ha vivido** | **hubo vivido** | **había vivido** |
| **hemos vivido** | **hubimos vivido** | **habíamos vivido** |
| **habéis vivido** | **hubisteis vivido** | **habíais vivido** |
| **han vivido** | **hubieron vivido** | **habían vivido** |

| Future Perfect | Conditional Perfect |
|---|---|
| **habré vivido** | **habría vivido** |
| **habrás vivido** | **habrías vivido** |
| **habrá vivido** | **habría vivido** |
| **habremos vivido** | **habríamos vivido** |
| **habréis vivido** | **habríais vivido** |
| **habrán vivido** | **habrían vivido** |

## SUBJUNCTIVE MOOD

Simple Tenses:

| Present | Imperfect | Future |
|---------|-----------|--------|
| viva | viviera o viviese | viviere |
| vivas | vivieras o vivieses | vivieres |
| viva | viviera o viviese | viviere |
| vivamos | viviéramos o viviésemos | viviéremos |
| viváis | vivierais o vivieseis | viviereis |
| vivan | vivieran o viviesen | vivieren |

Compound Tenses:

| Present Perfect | Pluperfect |
|-----------------|------------|
| haya vivido | hubiera o hubiese vivido |
| hayas vivido | hubieras o hubieses vivido |
| haya vivido | hubiera o hubiese vivido |
| hayamos vivido | hubiéramos o hubiésemos vivido |
| hayáis vivido | hubierais o hubieseis vivido |
| hayan vivido | hubieran o hubiesen vivido |

Future Perfect

| | | |
|---|---|---|
| hubiere vivido | hubieres vivido | hubiere vivido |
| hubiéremos vivido | hubiereis vivido | hubieren vivido |

## IMPERATIVE MOOD

Present

| | |
|---|---|
| vive tú | viva Ud. |
| no vivas tú | no vivan Uds. |
| vivid vosotros | vivan Uds. |
| no viváis vosotros | no vivan Uds. |

# ANSWERS TO EXERCISES

## 1.

1. jugar
2. Correr
3. recibir
4. vender
5. comer
6. Escribir
7. saber
8. poner
9. ver; mirar
10. ir, trabajar

## 2.

1. teniendo
2. comiendo
3. bebiendo
4. hablando
5. recibiendo
6. costando
7. adquiriendo
8. llamando
9. abriendo
10. Oyendo
11. Viviendo
12. batiendo
13. buscando
14. caminando
15. recibiendo

## 3.

1. Sirviendo
2. sintiendo
3. durmiendo
4. Preguntando
5. muriendo
6. Diciendo
7. riendo
8. sirviendo
9. gruñendo
10. durmiendo

## 4.

1. cayendo
2. construyendo
3. huyendo
4. contribuyendo
5. escuchando
6. leyendo
7. distribuyendo
8. trayendo
9. leyendo
10. escuchando

## 5.

1. acostándose
2. bañándose
3. comprándose
4. lavándose
5. durmiéndose

## 6.

1. yendo
2. bañándose
3. lavándose
4. perdiéndonos
5. viéndose
6. perdiéndose
7. acostándoos
8. comiéndote
9. poniéndose
10. pintándose

## 7.

1. Estoy hablando por teléfono.
2. El está buscando su libro.
3. Ellos van caminando al teatro.
4. José sigue comiendo paella.
5. Tu estás hablando con tu amigo.

## 8.

1. Yo estuve hablando.
2. Tú seguiste comiendo.
3. Julio fue vendiendo libros.
4. Nosotros estuvimos trabajando.
5. Ellos siguieron estudiando.
6. María y Julio estuvieron riéndose.
7. Vosotros estuvisteis aprendiendo.
8. Tú y yo fuimos mirando.
9. Yo seguí escribiendo.
10. Marta fue pensando.

## 9.

1. estaba hablando
2. estaba saliendo
3. estaba bajando
4. estaba cargando
5. estaba corriendo
6. estaba pasando
7. estábamos viendo

## 10.

1. María estará mirando el televisor.
2. José estará riéndose con los chistes de Juan.
3. Nosotros estaremos haciendo la tarea.
4. Ellos estarán pensando.
5. Jorge y yo estaremos pintando.
6. Ramiro y Julio estarán corriendo en el estadio.
7. La señora Martínez estará gritando.
8. Tú estarás caminando con Luisa en el parque.
9. Pepe estará haciendo la tarea de español.
10. Yo estaré bañándome a esa hora de la noche.

## 11.

1. Mi primo estaría estudiando.
2. Nuestros amigos seguirían jugando.
3. Yo iría buscando a Diego.
4. Ellos continuarían comiendo.
5. Tú seguirías trabajando.
6. Vosotros estaríais mirando.
7. Marta y Bélgica irían buscando la respuesta.
8. Consuelo seguiría estudiando informática.
9. Diana y tú estarían preocupados.
10. El iría caminando al trabajo.

## 12.

1. decidido
2. estado
3. recibido
4. mandado
5. sabido
6. viajado
7. mirado
8. sido
9. comportándose
10. llevado

## 13.

1. abierto
2. dicho
3. descubierto
4. puesto
5. roto
6. visto

7. hecho
8. resuelto
9. impreso
10. muerto

## 14.

1. visto
2. hecho
3. cubierto
4. roto
5. escrito

## 15.

1. Juan ha comido arroz con pollo.
2. Tú has traído un regalo.
3. Sara ha cocinado un plato delicioso.
4. Beatriz y Ricardo han buscado un restaurante magnífico.
5. El fotógrafo ha sacado unas fotografías estupendas.
6. Nosotros hemos visto la exposición.
7. Ellos han vivido en Madrid.
8. Vosotros habéis salido con María.
9. Ustedes han caminado por La Gran Vía.
10. Yo he visitado Los Andes.

## 16.

1. había hablado
2. habías comido
3. había vendido
4. habíamos visto
5. habíais dicho
6. habían ido
7. había vuelto
8. habías vivido
9. habían hecho
10. había caminado

## 17.

1. Ellos habrán ido al cine.
2. Luis habrá hecho su proyecto.
3. Vosotros habréis mirado la película.
4. Tú habrás visto el edificio
5. Yo habré caminado por la ciudad.
6. Nélida habrá buscado su ropa en la tintorería.
7. Ellos habrán oído música.
8. Todos habremos preparado las maletas para el viaje.
9. El no habrá necesitado trabajar en el verano.

10. Marta y Olga habrán comido a las tres.

## 18.

1. habría hablado
2. habría regresado
3. habría dicho
4. habría terminado
5. habrías hecho
6. habrían comido
7. habrían bebido
8. habrían viajado
9. habría contestado
10. habría estudiado

## 19.

1. a
2. amos
3. an
4. o
5. an
6. an
7. o
8. as
9. áis
10. as
11. a
12. an
13. io
14. as
15. a
16. as
17. a
18. emos
19. an
20. as

## 20.

1. charlo
2. descansa
3. dobla
4. buscan
5. llama
6. cenas
7. copia
8. espero
9. bajan
10. cantamos
11. viajo
12. esquiáis
13. gana
14. enseñamos
15. compran

## 21.

1. camino
2. tomo
3. doblo
4. continúo
5. llego
6. entro
7. hablo
8. enseña
9. estudio
10. deseo

## 22.

1. Ellos educan a sus hijos.
2. Nosotros esperamos a nuestros hermanos.
3. Ustedes escuchan los consejos de sus padres.
4. Vosotros cuidáis muy bien los libros.
5. Ellas cruzan las calles por las esquinas.

## 23.

1. Yo descanso después del almuerzo.
2. El habla español en la clase.
3. Tú colocas las flores en la mesa.
4. Ella compra bastante comida.
5. Usted estudia todos los días.

## 24.

1. Yo doy dinero al limosnero.
2. Yo estoy estudiando en la biblioteca.
3. Yo estoy en el cine todos los fines de semana.
4. Yo estoy en la calle doce.
5. Yo doy a la escuela una donación.

## 25.

1. Tú piensas sobre la tarea.
2. Nosotros pensamos acerca de la universidad.
3. José y yo pensamos sobre las vacaciones.
4. María y Pablo piensan en sus amigos.
5. Mi padre piensa en nosotros.

## 26.

1. aprieto
2. confiesa
3. cierra
4. empezamos
5. gobierna
6. niegas
7. quiebran
8. despertamos
9. comienzo
10. encerráis

## 27.

1. muestro
2. almuerzan
3. recuerda
4. probamos
5. contáis
6. encuentras
7. muestra
8. recuerdan
9. almuerza

## 28.

1. emos
2. es
3. e
4. e
5. o
6. en
7. éis
8. e
9. es
10. en

## 29.

1. aprende
2. corro
3. creen
4. emprendemos
5. bebes
6. come
7. aprenden
8. leéis
9. ven
10. promete

## 30.

1. Nosotros bebemos sangría en la fiesta.
2. Ustedes creen que hoy es martes.
3. Vosotros aprendéis mucho español.

4. Ellas corren en la competencia atlética.
5. Miguel y Juan meten los libros en su armario.

## 31.

1. Yo vendo periódicos por la mañana.
2. Ellas promete llegar a tiempo.
3. Tú bebes jerez en el bar.
4. Usted comprende bien la lección.
5. Ermelinda come a las doce.

## 32.

1. Yo como paella.
2. Eduardo vende productos agrícolas.
3. Nosotros corremos por las mañanas.
4. Ellas emprenden un gran proyecto.
5. Marta y yo leemos un libro interesante.

## 33.

1. Yo hago la tarea.
2. Yo sé la verdad.
3. Yo traigo comida a la fiesta.
4. Yo compongo música clásica.
5. Yo veo una película de misterio.

## 34.

1. ofrezco
2. pongo
3. sé
4. dispongo
5. carezco
6. reconozco
7. establezco
8. hago
9. satizfago
10. merezco

## 35.

1. he
2. ha
3. han
4. ha
5. has
6. hemos
7. habéis
8. ha
9. han
10. ha

## 36.

1. es
2. soy
3. son
4. eres
5. son
6. es
7. sois
8. es
9. es
10. son

## 37.

1. Mi mejor amigo es Juan.
2. Yo soy estudiante.
3. Yo soy norteamericano.
4. Mi clase de idiomas favorita es el español.
5. La capital de Chile es Santiago de Chile.

## 38.

1. Yo tengo sed.
2. Usted tiene una casa muy bonita.
3. Nosotras tenemos un buen trabajo.
4. Ellos tienen que ir de compras.
5. Rafael tiene tarea de español.

## 39.

1. entretenemos
2. detiene
3. sostienen
4. mantenéis
5. obtiene
6. entretienes
7. detienen
8. sostengo
9. mantiene
10. obtenéis

## 40.

1. quiero
2. pierden
3. defiendes
4. queremos
5. pierden

## 41.

1. Nosotros queremos obtener un cien en los exámenes.
2. Vosotros defendéis a vuestro hermano demasiado.

3. Ellas no pierden sus pasajes de avión.
4. Ellos piensan en sus padres.
5. Nosotros entendemos las lecciones de física nuclear.

### 42.

1. vuelven
2. mueves
3. envolvemos
4. huele
5. resuelvo
6. podéis
7. devolvemos
8. duele
9. lloviendo
10. volvemos

### 43.

1. Yo vuelvo de un viaje a Sur América.
2. Usted resuelve los problemas muy bien.
3. Ella devuelve un abrigo que estaba roto.
4. Tú puedes venir a la conferencia sobre C. J. Cela.
5. Yo resuelvo este problema.

### 44.

1. Tú juegas al ajedrez con tu padre.
2. Nosotros jugamos al baloncesto.
3. Usted juega con sus niños.
4. Vosotros jugáis al béisbol profesional.
5. Yo juego al fútbol.
6. Ellos juegan fútbol americano.
7. Verónica juega a las escondidas.
8. El juega a los vaqueros.
9. Juan y yo jugamos juegos electrónicos.
10. Todos jugamos un deporte u otro.

### 45.

1. e
2. e
3. en
4. en
5. en
6. es
7. o

8. ís
9. en
10. en

### 46.

1. abren
2. asiste
3. descubre
4. subimos
5. sufres
6. reciben
7. admito
8. cubrís
9. añadimos
10. escribe

### 47.

1. Sí, yo recibo cartas con frecuencia.
2. No, nosotros no discutimos con el profesor.
3. Sí, escribimos una monografía sobre Calderón de la Barca.
4. Sí, ella asiste a la conferencia sobre Octavio Paz.
5. No, no vivo lejos de la universidad.

### 48.

1. salgo
2. produces
3. traducen
4. deducís
5. conduce

### 49.

1. Yo salgo del trabajo a las cinco.
2. Ella sale por la salida número tres.
3. La fábrica produce unos equipos de buena calidad.
4. Usted conduce de acuerdo a las reglas de tráfico.
5. Tú traduces con precisión.

### 50.

1. Julio dice que no puede ir.
2. Ellos dicen que hacen la tarea.
3. Tú dices que sí.
4. Nosotros decimos la respuesta correcta.
5. Yo digo las letras del alfabeto.

### 51.

1. Yo voy al cine.
2. Sí, vamos al cine esta noche.
3. Sí, yo voy a la tienda también.
4. No, no vamos a Madrid.
5. No, no van de compras.

### 52.

1. igo
2. ye
3. yen
4. yen
5. imos
6. yen
7. yen
8. yes
9. igo
10. imos

### 53.

1. Yo voy a la universidad.
2. Vamos al trabajo.
3. Ahí van unos amigos.
4. Sí, vamos a estudiar español.
5. Sí, voy de prisa.

### 54.

1. prefiero
2. preferimos
3. sugieren
4. hierven
5. sientes
6. se divierte
7. miente
8. se divierten
9. convertís
10. hierven

### 55.

1. Tú duermes mucho los fines de semana.
2. Yo duermo cómodamente en el sofá.
3. Nosotros dormimos en el autobús vía Madrid.
4. Ellos duermen parados.
5. Usted duerme en la sala.

### 56.

1. duermo
2. duermes
3. dormimos

4. duerme
5. duerme
6. mueren
7. dormís
8. duerme
9. muere
10. construyen

## 57.

1. pide
2. pedimos
3. piden
4. frío
5. medimos
6. sirve
7. sonríe
8. me visto
9. impiden
10. te despides

## 58.

1. Nosotros oímos mucho ruido en la calle.
2. Ellas oyen a sus amigos.
3. Ellos huyen de los ladrones.
4. Ellos concluyen el proyecto.
5. Vosotros disminuís la velocidad.

## 59.

1. Yo distribuyo los productos.
2. Tú contribuyes al descubrimiento.
3. El huye de la ley.
4. Usted construye un edificio elegante.
5. Ella influye en sus decisiones.

## 60.

1. oigo
2. sustituimos
3. influyen
4. incluye
5. construye
6. destruyen
7. disminuís
8. concluyes
9. oyen
10. influye

## 61.

1. Sí, oigo la radio.
2. Sí, oímos el concierto.
3. No, no oyen las noticias.

4. No, no oímos la conferencia.
5. Sí, oye música clásica.

## 62.

1. ó
2. amos
3. ó
4. ó
5. aron

## 63.

1. cantó
2. hablaron
3. mirasteis
4. trabajé
5. estudió
6. caminó
7. bailaron
8. tomaste
9. actuamos
10. compraron

## 64.

1. Ustedes trabajaron en el supermercado.
2. Yo gané ochenta dólares por día.
3. Ellos compraron una casa en el suburbio.
4. Nosotros regresamos a la escuela.
5. Tú corriste todas las mañanas.

## 65.

1. levanté
2. Caminé
3. encontré
4. Regresé
5. esperé
6. llamó
7. tomé
8. desayuné
9. cambié
10. marché
11. Caminé
12. Tomé
13. entré
14. empezó
15. pasó

## 66.

1. Llamé a Miguel a las ocho.
2. Caminamos cinco millas en el estadio.
3. Recibí unos discos.

4. Sí, conocí a todas las personas.
5. Empezó a las diez.

## 67.

1. Yo busqué un regalo para Pedro.
2. Ellos colocaron las flores en el florero.
3. Yo dediqué este libro a mi amigo Ramón.
4. Nosotros fabricamos juguetes de niños.
5. Yo saqué a mi hermano de aprieto.
6. Tú tocaste la escultura de Minerva.
7. Yo indiqué la dirección correcta a los señores.
8. Usted marcó los reportes.
9. Yo embarqué la mercancía para Europa.
10. Vosotros aplicasteis mucha presión a la superficie.

## 68.

1. Yo pagué la cuenta.
2. Ellos cargaron el camión.
3. Tú colgaste la ropa en el tendedero.
4. Ellas llegaron a tiempo.
5. Nosotros arreglamos las flores.
6. Ustedes encargaron la mercancía.
7. Yo jugué ajedrez.
8. Ellos rogaron por la paz.
9. Yo entregué el trabajo.
10. Vosotros apagasteis la luz.

## 69.

1. Yo almorcé a las dos de la tarde.
2. Yo avancé rápidamente a la meta final.
3. Yo gocé de los chistes de José.
4. Yo lancé el platillo unos cien metros.
5. Yo abracé a su hermano.
6. Yo tropecé con esta piedra.
7. Yo me deslicé por la montaña.
8. Yo comencé los ejercicios.
9. Yo amenacé con despedir al empleado.
10. Yo gocé mucho el día de sus cumpleaños.

### 70.

1. Yo di una fiesta en mi casa.
2. Ellas estuvieron en la universidad hoy.
3. Tú diste un examen de matemáticas.
4. El estuvo en la playa con sus amigos.
5. Nosotros dimos una explicación a nuestro padre.

### 71.

1. estuvieron
2. diste
3. estuvo
4. dimos
5. estuvo
6. dio
7. estuvieron
8. di
9. estuvisteis
10. disteis

### 72.

1. comí
2. vivieron
3. escribiste
4. volvimos
5. recibió
6. abrió
7. metieron
8. comió
9. perdisteis
10. subieron

### 73.

1. escribió
2. salió
3. se bebió
4. Volvió
5. abrió

### 74.

1. Yo estuve en Zaragoza.
2. Ellos hicieron la composición.
3. Nosotros pudimos fabricar el equipo.
4. Ustedes tuvieron un apartamento elegante.
5. Vosotros vinisteis de un viaje.
6. Tú supiste la respuesta.
7. El trajo las verduras.
8. Ellas produjeron las películas.
9. Usted fue un profesional.
10. Todos dieron una contribución.

### 75.

1. tomaba
2. cantaban
3. bailaban
4. trabajabas
5. almorzaba
6. llegabais
7. compraba
8. me bañaba
9. jugaba
10. caminaban
11. nadábamos
12. hablaba
13. estábamos
14. reparaban
15. comprabais

### 76.

1. Yo cantaba una aria de la ópera.
2. Tú comprabas un libro de Gustavo Adolfo Bécquer.
3. Ella llegaba a la cita a tiempo.
4. Nosotros estábamos cansados.
5. Vosotros jugabais baloncesto.

### 77.

1. Yo jugaba con mis amigos.
2. Sí, trabajábamos cuando estábamos en la escuela secundaria.
3. Yo almorzaba a las once.
4. No, no andábamos por la ciudad.
5. Sí, mirábamos la película.

### 78.

1. salía
2. vivían
3. comías
4. hacíamos
5. perdíais
6. abría
7. limpiaban
8. escribíamos; escribían
9. se vestían
10. repetían
11. seguía
12. volvía
13. bebíais
14. teníamos
15. seguía

### 79.

1. Yo estudiaba en Nueva York.
2. Yo iba a la escuela por tren.

3. Yo tenía once años.
4. Yo salía a las siete.
5. No, no quería ser un cirujano.
6. Sí, veía películas misteriosas.
7. Sí, tenía miedo de la oscuridad.
8. Sí, visitaba a mis abuelos con frecuencia.
9. No, no asistía a muchas fiestas.
10. No, no dormía temprano.

### 80.

1. Nosotros comíamos en casa de mis abuelos los domingos.
2. Eduardo hacía tarea diariamente.
3. Tú vivías en una gran ciudad.
4. Vosotros leíais el periódico.
5. Ellos salían todos los días a la misma hora.

### 81.

1. iba
2. eran
3. veían
4. íbamos
5. eras
6. veía
7. era
8. íbais
9. veía
10. éramos

### 82.

1. era
2. gustaba
3. había
4. le pedía
5. me decía
6. reía
7. miraba
8. Me gustaba
9. Era
10. me hacía

### 83.

1. Juan venía a la escuela todos los días.
2. Alberto y Julio desayunaban en el restaurante cada mañana.
3. Nosotros íbamos a la ópera con frecuencia.
4. Ellos estudiaban todas las tardes.
5. Tú siempre decías la respuesta correcta en clase.

6. Yo veía a María en la ciudad de vez en cuando.
7. Ibamos a la piscina todos los días.
8. Vosotros viajabais frecuentemente.
9. El me llamaba a menudo.
10. Yo lo visitaba durante el verano.

8. Comía frecuentemente una cena deliciosa en casa de mi amiga.
9. Frecuentemente estudiaba mucho para mi examen de español.
10. Frecuentemente caminaba por la ciudad fotografiando los edificios.

6. Conoceremos al señor Fuentes.
7. Visitaré a mi amigo Felipe.
8. Tomaré un café en el restaurante.
9. Admiraré la belleza de ese museo.
10. Iré de viaje por México.

### 84.

1. me desperté
2. Me levanté
3. fui
4. tomé
5. leí
6. me vestí
7. salí
8. era
9. estaba
10. eran
11. cantaban
12. hacía
13. Miré
14. noté
15. estaba
16. Tomé
17. llegué

### 85.

1. estaba
2. entró
3. había
4. estaba
5. podía
6. se pusieron
7. sabía
8. pasaba
9. ladraba
10. se movía

### 86.

1. Iba frecuentemente a la escuela.
2. Caminaba frecuentemente por el parque en la tarde.
3. Trabajaba duro frecuentemente aprendiendo español.
4. Hacía frecuentemente mi tarea de español.
5. Buscaba frecuentemente empleo en la ciudad por la mañana.
6. Dormía frecuentemente una siesta a las dos.
7. Pensaba mucho frecuentemente acerca de este problema.

### 87.

1. á
2. án
3. á
4. á
5. ás
6. á
7. éis
8. án
9. á
10. án

### 88.

1. trabajará
2. venderá
3. comeremos
4. jugaréis
5. aprenderás
6. visitarán
7. tomarán
8. cantarán
9. beberá
10. iré

### 89.

1. iré
2. harán.
3. tomaréis
4. comerás
5. viajará
6. competiremos
7. será
8. escribirás
9. trabajará
10. viajaré

### 90.

1. Nadaremos todos los días en la piscina del club atlético.
2. Haremos la tarea después de la escuela.
3. Miraremos un programa interesante de televisión.
4. Volveremos a casa por tren.
5. Viviremos en el colegio Antonio de Nebrija en la universidad.

### 91.

1. diremos
2. harás
3. querrá
4. podrá
5. sabréis
6. cabrá
7. saldré
8. tendrán
9. vendremos
10. sabrán

### 92.

1. Yo pondré mi abrigo en el armario.
2. Tú dirás la respuesta correcta.
3. Nosotros queremos ir al cine este fin de semana.
4. El podrá buscar la información.
5. Vosotros tendréis mucho trabajo en el colegio.
6. Jaime y Julia vendrán a estudiar con nosotros.
7. Carmen saldrá para su trabajo a las cuatro.
8. Ellos pondrán los libros sobre la mesa.
9. Yo querré ir de vacaciones a La Florida.
10. Ustedes podrán obtener mejores notas.

### 93.

1. Nosotros haremos los quehaceres de la casa.
2. Vosotros querréis ir con ella a la fiesta.
3. Ellas sabrán la importancia de esa noticia.
4. Ustedes saldrán en avión para Buenos Aires.
5. Cecilia y María vendrán a recogerme.
6. Nosotros vendremos a buscar a Fernando.
7. Tus casas valdrán mucho dinero en el futuro.

8. Los muchachos pondrán la grabadora en la mesa.
9. Mis madres saldrán con nosotros.
10. Nosotros pondremos la comida en el horno.

### 94.

1. escribiría
2. vendería
3. comeríamos
4. vivirían
5. iría
6. estarían
7. comprarías
8. conocería
9. tomaría
10. limpiaría

### 95.

1. Sofía estaría en casa.
2. Víctor y Luís comprarían un automóvil.
3. Nosotros tomaríamos una sopa.
4. Ellos conocerían al gobernador.
5. Ana y Luisa comenzarían un club cultural.

### 96.

1. diría
2. harías
3. podríamos
4. saldría
5. tendría
6. Valdría
7. Pondría
8. Vendría
9. Cabrían
10. Saldría

### 97.

1. Ellos harían el edificio.
2. Tú pondrías los instrumentos en el laboratorio.
3. Ustedes saldrían del cine a las once.
4. Las joyas valdrían mucho dinero.
5. La gente diría su opinión.
6. Ellos vendrían a la fiesta.
7. Yo saldría de casa a las seis.
8. Nosotros pondríamos el arbolito en el jardín.
9. El sabría que hacer.
10. Marcos y Rolando podrían hacerlo.

### 98.

1. Sí, me gustaría hablar español.
2. Sí, querría ir con ellos al cine.
3. Iría, pero no tengo suficiente dinero.
4. Necesitaría mil dólares para el viaje.
5. Sí, vendríamos a visitarlos a Caracas.
6. Sí, lo haríamos bien.
7. No, no pensaríamos trabajar para esta compañía.
8. No, no tendría dinero.
9. Sí, él iría conmigo a buscar los libros.
10. Sí, volvería a verla.

### 99.

1. hable
2. trabajéis
3. cantes
4. terminen
5. baile
6. estudie
7. pase
8. caminen
9. hablen
10. pinte

### 100.

1. Yo espero que tú hables con Miguel.
2. Ella desea que nosotros trabajemos en el proyecto.
3. El profesor insiste en que los alumnos canten.
4. María manda que su hijo arregle la alcoba.
5. Nosotros preferimos que ellos estudien hoy.

### 101.

1. me siente
2. cuente
3. contéis
4. cuente
5. se siente
6. cerremos
7. cuentes
8. nos sentemos
9. cuente
10. me siente

### 102.

1. busques
2. busque
3. busque
4. busque
5. busque
6. pague
7. pague
8. paguemos
9. paguéis
10. pagues

### 103.

1. Sí, yo quiero que ellos den un concierto.
2. Sí, ellos desean que ustedes estén aquí.
3. Sí, tú prefieres que él dé la limosna.
4. Sí, ellos insisten en que nosotros demos el dinero.
5. Sí, él desea que nosotros estemos allá.

### 104.

1. dé
2. estén
3. dé
4. estemos
5. estés
6. esté
7. dé
8. den
9. estén
10. dé

### 105.

1. a
2. an
3. amos
4. a
5. as
6. a
7. an
8. áis
9. amos
10. an

### 106.

1. coman
2. coma
3. salgas
4. coman
5. vivamos

6. salga
7. escriban
8. leáis
9. coja
10. vivas

## 107.

1. Esperamos que tú no pierdas el ferrocarril.
2. Esperamos que ella no pierda el ferrocarril.
3. Esperamos que yo no pierda el ferrocarril.
4. Esperamos que él no pierda el ferrocarril.
5. Esperamos que vosotros no perdáis el ferrocarril.

## 108.

1. vuelva
2. volvamos
3. vuelvas
4. pierda
5. vuelvan
6. perdáis
7. pueda
8. vuelva
9. pueda
10. volvamos

## 109.

1. sienta
2. sientan
3. durmamos
4. duermas
5. pida
6. sienta
7. pidamos
8. pida
9. duerma
10. pidáis

## 110.

1. diga
2. diga
3. hagan
4. venga
5. construyan
6. traigas
7. oigáis
8. valga
9. ponga
10. conduzcan

## 111.

1. Esperamos que él haga su trabajo.
2. Esperamos que ella oiga la música.
3. Esperamos que yo tenga dinero para ir de compras.
4. Esperamos que nosotros vayamos al cine.
5. Esperamos que ustedes traduzcan al inglés.
6. Esperamos que María tenga tiempo.
7. Esperamos que vosotros conozcáis al artista.
8. Esperamos que tú digas la respuesta correcta.
9. Esperamos que ellas pongan música clásica.
10. Esperamos que Armando y Plácido construyan el modelo.

## 112.

1. estudiaran
2. aprendieran
3. trabajara
4. comiera
5. vendieran
6. empezáramos
7. viajaras
8. saliéramos
9. cantarais
10. vendieran

## 113.

1. aprendiese
2. volviesen
3. nadases
4. descansásemos
5. hiciese
6. estudiáseis
7. hablase
8. comiesen
9. cerrases
10. vendiese

## 114.

1. Ella esperó que yo lo conociera.
2. Ellos insistieron en que nosotros aprendiéramos español.
3. Nosotros mandamos que los niños no fumaran.
4. Preferí que tú compraras esta casa.
5. Ustedes quisieron que él devolviera el libro.

6. Marta prefirió que vosotros comiérais comida venezolana.
7. El profesor deseó que sus estudiantes aprendieran español.
8. El gerente pidió que nosotros saliéramos temprano.
9. Ella esperó que pudiéramos hacer el viaje.
10. Insistieron en que nosotros fuéramos a la universidad.

## 115.

1. hayamos caminado
2. hayas limpiado
3. haya trabajado
4. hayáis pasado
5. hayan terminado
6. hayamos visto
7. hayan comido
8. haya mirado
9. hayas dormido
10. hayan vendido

## 116.

1. Yo deseo que tú hayas hecho la tarea.
2. Ellos insisten que ella haya venido a la función.
3. Es necesario que ellos hayan llegado a tiempo.
4. Es probable que tú hayas dicho la respuesta correcta.
5. No creo que usted haya visto bien.

## 117.

1. hubieras llegado
2. hubiera salido
3. hubiera sabido
4. hubiérais visto
5. hubieran hecho
6. hubiera entrado
7. hubiera comprado
8. hubieran terminado
9. hubiera vivido
10. hubiera leído

## 118.

1. Yo deseo que tú estudies mucho.
2. Ellos quieren ir al cine.
3. Tu quieres hablar español.
4. Jorge insiste que Julio limpie la habitación.

5. Nosotros mandamos limpiar el coche.
6. Ella espera que nosotros traigamos la guitarra.
7. El teme que ellos estén en la ciudad.
8. Yo quiero ir de viaje.
9. Vosotros creéis la información.
10. Nosotros preferimos que ellos salgan.

## 119.

1. Dudo que conozcas a Camilo José Cela.
2. Dudo que ella estudie en la universidad.
3. Dudo que nosotros hablemos francés.
4. Dudo que vendas equipos electrónicos.
5. Dudo que él corra todas las mañanas.

## 120.

1. No creo que usted beba vino.
2. No creo que ellos estudien en la biblioteca.
3. No creo que yo corra en el estadio.
4. No creo que nosotros trabajemos esta noche.
5. No creo que tú conozcas a Luis.

## 121.

1. viva
2. vive
3. son
4. estés
5. llegas
6. pasamos
7. vengan
8. sepa
9. voy
10. trabajen

## 122.

1. Es importante que tú estudies mucho.
2. Es dudoso que ellos trabajen en la primavera.
3. Es posible que yo beba vino argentino.

4. Es mejor que vosotros estudiéis español.
5. Es preciso que nosotros sirvamos comida.
6. Es raro que ella termine temprano.
7. Es menester que tú viajes al Oriente Medio.
8. Es malo que ellos pierdan los empleos.
9. Es peor que yo viva lejos.
10. Es preciso que él asista al doctor.

## 123.

1. sea
2. vayan
3. vengas
4. sepa
5. haga
6. sea
7. vuelva
8. ayudemos
9. ayudéis
10. traigan

## 124.

1. Quería una casa que tuviera un sótano.
2. Quería una casa que tuviera dos garages.
3. Querías una casa que tuviera una piscina.
4. Querían una casa que tuviera un jardín enorme.
5. Quería una casa que tuviera dos cocinas.
6. Queríamos una casa que tuviera una sauna.
7. Queríais una casa que tuviera siete alcobas.
8. Querían una casa que tuviera un sistema de seguridad.
9. Queríamos una casa que tuviera una cancha de baloncesto.
10. Quería una casa que tuviera tres pisos.

## 125.

1. escribe
2. pinta
3. sabe
4. hable
5. baile
6. escriba
7. resuelva
8. compre

9. conoce
10. sabe

## 126.

1. conozco (ind.) / conozca (subj.)
2. existe (ind.) / exista (subj.)
3. visito (ind.) / visite (subj.)
4. pueden (ind.) / puedan (subj.)
5. trabaja (ind.) / trabaje (subj.)

## 127.

1. sea
2. estés
3. tengas
4. estés
5. obtengas

## 128.

1. Iré de viaje con tal que ella venga conmigo.
2. Veré una película con tal que ella venga conmigo.
3. Visitaré a Margarita con tal que ella venga conmigo.
4. Iré a la fiesta con tal que ella venga conmigo.
5. Asistiré a la conferencia con tal que ella venga conmigo.

## 129.

1. No, se marchó sin que lo viera.
2. No, se marcharon sin que los invitará.
3. No, se marchó sin que le pagara.
4. No, se marcharon sin que les mostrara la obra.
5. No, se marcharon sin que la vieran.

## 130.

1. Sí, vuelven a pesar de que sea tarde.
2. Sí, regresan a menos que sea tarde.
3. Sí, vienen hasta que sea tarde.
4. Sí, regresa después que sea tarde.
5. Sí, vuelve mientras sea tarde.

## 131.

1. Quizás vuelva pronto.
2. Quizás haga la tarea ahora.
3. Quizás traiga las cosas.
4. Quizás trabaje hasta las ocho.
5. Quizás escriba una carta a Pedro.
6. Quizás estudie filosofía.
7. Quizás maneje hasta la capital.

8. Quizás vaya a ver una película de Buñuel.
9. Quizás escuche la radio.
10. Quizás construya una casa para mis abuelos.

## 132.

1. tuviera
2. estudiaras
3. tuviera
4. prestaras
5. hubieras tomado
6. hubieras obtenido
7. ahorrases
8. pudiera
9. trabajara
10. hubiera llamado

## 133.

1. Nade Ud.
2. Trabaje usted en el proyecto.
3. Bailen ustedes salsa.
4. Estudie Ud.
5. Traigan ustedes el libro.
6. Compre usted la hamburguesa.
7. Construyan ustedes el edificio.
8. Fabrique usted el modelo.
9. Piense Ud.
10. Analicen el problema.
11. Busque a María.
12. Limpie la habitación.
13. Sirvan la cena.
14. Coma el almuerzo.
15. Repita la pregunta.
16. Calculen la fórmula.
17. Prenda el televisor.
18. Escuchen la música.
19. Mande la carta.
20. Vaya a la exposición.

## 134.

1. No escuche el radio.
2. No vean la película.
3. No compre la revista.
4. No tiren los libros.
5. No haga el desayuno.
6. No vayan a la fiesta.
7. No nade en la piscina.
8. No rompan los platos.
9. No duerma en la sala.
10. No diga ninguna mentira.
11. No quiten la mesa.
12. No lave los platos.
13. No planchen las camisas.
14. No limpie el coche.

15. No apaguen la luz.
16. No cierre la tienda.
17. No quemen la basura.
18. No vaya al concierto.
19. No regale mi suéter.
20. No toquen la puerta.

## 135.

1. No planche la camisa.
2. Limpie los zapatos.
3. Busque el cinturón.
4. No ponga el traje ahí.
5. Traiga los calcetines.
6. No abra la caja.
7. Peine su pelo.
8. No traiga la silla.
9. Encienda la luz.
10. Salga la casa.

## 136.

1. No limpie la cocina.
2. No traiga los libros.
3. Busquen las llaves.
4. No apaguen las luces.
5. Tire la puerta.
6. No arregle sus cosas.
7. No miren el programa.
8. Abran la botella.
9. No ponga la música.
10. No abra la puerta.

## 137.

1. Póngase ese traje.
2. No se levante ahora.
3. No se cepillen los dientes.
4. Desayúnese tarde.
5. No se prepare para la fiesta.
6. Abran los ojos.
7. No se despierten temprano.
8. No se vista pronto.
9. No se detenga usted.
10. Duérmanse ustedes.

## 138.

1. Levántese.
2. Acuéstese.
3. Vístanse.
4. Desayúnense.
5. Vístase.
6. Despídase.
7. Lávense.
8. Tómense el café.
9. Lávese la cara.
10. Salúdense.

## 139.

1. Nada tú.
2. Trabaja en el proyecto.
3. Bailad salsa.
4. Estudia ahora.
5. Traed el libro.
6. Compra la hamburguesa.
7. Construid el edificio.
8. Fabrica el modelo.
9. Piensa tú.
10. Analizad el problema.
11. Busca a María.
12. Limpia la habitación.
13. Servid la cena.
14. Come el almuerzo.
15. Repite la pregunta.
16. Calculad la fórmula.
17. Prende el televisor.
18. Escuchad la música.
19. Manda la carta.
20. Ve a la exposición.

## 140.

1. No escuches la radio.
2. No veáis la película.
3. No compres la revista.
4. No tiréis los libros.
5. No hagas el desayuno.
6. No vayáis a la fiesta.
7. No nades en la piscina.
8. No rompáis los platos.
9. No duermas en la sala.
10. No digas ninguna mentira.
11. No quitéis la mesa.
12. No laves los platos.
13. No planchéis la camisa.
14. No limpies el coche.
15. No apaguéis la luz.
16. No cierres la tienda.
17. No queméis la basura.
18. No vayas al concierto.
19. No regales tu suéter.
20. No toquéis la puerta.

## 141.

1. No planches la camisa.
2. Límpia los zapatos.
3. Busca el cinturón.
4. No pongas el traje ahí.
5. Trae los calcetines.
6. No habrás la caja.
7. Peina su pelo.
8. No traigas la silla.
9. Enciende la luz.
10. Sal de casa.

## 142.

1. No planchéis vosotros la camisa.
2. Limpiad vosotros los zapatos.
3. Buscad el cinturón.
4. No pongáis el traje ahí.
5. Traed los calcetines.
6. No abráis la caja.
7. Peinad su pelo.
8. No traigáis la silla.
9. Encended la luz.
10. Salid de la casa.

## 143.

1. No limpies la cocina.
2. No traigas los libros.
3. Buscad las llaves.
4. No apaguéis las luces.
5. Tirad la puerta.
6. No arregles tus cosas.
7. No miréis el programa.
8. Abrid la botella.
9. No apagues la música.
10. No abras la puerta.

## 144.

1. Ten sed.
2. Pon la cena.
3. Ven al trabajo.
4. Sal temprano.
5. Haz el trabajo.
6. Di la verdad.
7. Sé bueno.
8. Ve al cine.
9. Vale.
10. Pon la música.

## 145.

1. No hables.
2. No habléis.
3. No cantes.
4. No cantéis.
5. No mires.
6. No miréis.
7. No duermas.
8. No durmáis.
9. No comas.
10. No comáis.
11. No sirvas.
12. No sirváis.
13. No trabajes.
14. No trabajéis.
15. No vengas.
16. No vengáis.
17. No tengas.
18. No tengáis.
19. No salgas.
20. No salgáis.

## 146.

1. Que la haga tu hermano.
2. Que la limpie tu hermano.
3. Que la pruebe tu hermano.
4. Que vaya tu hermano.
5. Que la ponga tu hermano.

## 147.

1. Que Roberto trabaje esta noche.
2. Que Marta y María diseñen el edificio.
3. Que ellos recojan las entradas.
4. Que Jorge y Daniel toquen el violín.
5. Que él abra la puerta.

## 148.

1. Compremos un reloj.
   Vamos a comprar un reloj.
2. Abramos el regalo.
   Vamos a abrir el regalo.
3. Traigamos los libros.
   Vamos a traer los libros.
4. Esperemos a Carlos.
   Vamos a esperar a Carlos.
5. Vamos al teatro.
   Vamos a ir al teatro.

## 149.

1. Póngansela.
2. Cómpreselo.
3. Escríbele.
4. Hacedla.
5. Pónganse tristes.

## 150.

1. No te levantes tú.
2. No le escriba usted.
3. No lo hagamos.
4. No lo aprendáis vosotros.
5. No le ayude Ud.

## 151.

1. Que te levantes tú.
2. Que le escriba usted.
3. Que lo hagamos.
4. Que lo aprendáis vosotros.
5. Que le ayude usted.

## 152.

1. me
2. se
3. te
4. nos
5. os
6. se
7. se
8. te
9. nos
10. se

## 153.

1. me afeito
2. te acuestas
3. se despierta
4. nos dormimos
5. os marcháis
6. se visten
7. me siento
8. te cepillas
9. se quita
10. se despiden

## 154.

1. me afeité
2. te acostaste
3. se despertó
4. nos dormimos
5. os marchasteis
6. se vistieron
7. me senté
8. te cepillaste
9. se quitó
10. se despidieron

## 155.

1. Mi hermano se vestía rápidamente.
2. Mi madre se compraba un vestido.
3. Yo me bañaba en una piscina.
4. Ellos se despedían de los amigos.
5. Tú te escondías en la cocina.

## 156.

1. Vosotros os iréis a España.
2. Yo me pondré el abrigo.
3. Ellos se negarán a ayudar a los muchachos.
4. El consejero se levantará a recibir los invitados.
5. Tú te desayunarás en la cocina.

### 157.

1. me quedaría
2. te quedarías
3. se quedaría
4. nos quedaríamos
5. os quedaríais
6. se quedarían
7. se quedaría
8. se quedarían
9. nos quedaríamos
10. se quedarían

### 158.

1. me he levantado.
2. te has levantado
3. se ha levantado
4. se ha levantado
5. nos hemos levantado
6. os habéis levantado
7. se han levantado
8. se han levantado
9. se ha levantado
10. se han levantado.

### 159.

1. me había levantado
2. se habían tomado
3. te habías desayudado
4. se había dormido
5. nos habíamos ido.

### 160.

1. se hubieron ido
2. me hube ido
3. se hubo ido
4. se hubo ido
5. te hubiste ido
6. nos hubimos ido
7. se hubo ido
8. os hubisteis ido
9. se hubieron ido
10. se hubieron ido

### 161.

1. me
2. —
3. se
4. nos
5. —
6. —
7. te
8. —
9. os

### 162.

1. Lávate los dientes.
2. Cepíllate el pelo.
3. Vístete elegantemente.
4. Péinate el cabello.
5. Acuéstate tarde.

### 163.

1. No te laves los dientes.
2. No te cepilles el pelo.
3. No te vistas elegantemente.
4. No te peines los cabellos.
5. No te acuestes tarde.

### 164.

1. Lávese los dientes.
2. Cepíllese el pelo.
3. Vístase elegantemente.
4. Péinese el cabello.
5. Acuéstese tarde.

### 165.

1. No se lave los dientes.
2. No se cepille el pelo.
3. No se vista elegantemente.
4. No se peine el cabello.
5. No se acueste tarde.

### 166.

1. Juan paró un taxi.
2. Juan se paró delante de un taxi.
3. Ellos pusieron el arbolito.
4. Nosotros nos colocamos en la compañía.
5. Tú escondiste las notas.
6. Tú te escondiste detrás de la puerta.
7. Yo me cansé de caminar.
8. El bañó a su hijo.
9. El se duchó en la ducha.
10. Vosotros os sentáis en las sillas.

### 167.

1. La tienda es abierta por Juan.
2. *Bodas de sangre* fue escrita por Lorca.
3. Este modelo fue hecho por el mejor diseñador.
4. La ciudad fue destruída por el incendio.
5. Los artistas fueron aplaudidos por todos.

### 168.

1. Jorge Luis Borges escribió la obra.
2. Un gran pianista tocó la música.
3. Vasco de Gama descubrió la India.
4. El asistente dio la lección.
5. Mi esposa colocó los adornos.

### 169.

1. Se hace una cena deliciosa.
2. Se habla español en el bufete.
3. Se escribe en computadoras.
4. Se cierran las tiendas a las once.
5. Se publica el libro de matemáticas.
6. Se pierden en el parque.
7. Se vende esta casa.
8. Se compra oro.
9. Se da información.
10. Se llevan las cartas al correos.

### 170.

1. Los leyeron en el tren.
2. Las prepararon en la cocina.
3. Las abrieron a las nueve.
4. Las cerraron a las diez.
5. Los hicieron en aquella fábrica.
6. Las sirvieron a las ocho.
7. Los capturaron en la madrugada.
8. Allá las vendieron.
9. Los engañaron en el parque.
10. Ahora los fabrican de otro modelo.

### 171.

1. es
2. es
3. es
4. son
5. son
6. es
7. es
8. es
9. es
10. es

### 172.

1. es
2. es
3. es
4. son
5. eres
6. es
7. es
8. es

9. es
10. son

## 173.

1. Hipólito es profesor.
2. Andorra es un país europeo.
3. El caballo es un animal cuadrúpedo.
4. Bogotá es la capital de Colombia.
5. El platino es un metal valioso.
6. Nosotros somos ingenieros.
7. Es importante aprender idiomas.
8. ¿Qué hora es?
9. El concierto es hoy.
10. Yo soy neuyorkino.

## 174.

1. soy
2. Soy
3. soy
4. soy
5. es
6. es
7. son
8. seamos
9. es
10. son

## 175.

1. está
2. estoy
3. está
4. estamos
5. está
6. están
7. estáis
8. estás
9. están
10. estoy

## 176.

1. está
2. estamos
3. está
4. está
5. está
6. está
7. está
8. está

9. está
10. están

## 177.

1. estoy
2. están
3. estamos
4. están
5. estás
6. está
7. estáis
8. está
9. está
10. están

## 178.

1. está
2. estamos
3. es
4. es
5. están
6. es
7. está
8. es
9. Es
10. es
11. está
12. está
13. es
14. es
15. es
16. están
17. es
18. está
19. están
20. es

## 179.

1. estoy
2. es
3. están
4. es
5. está
6. es
7. es
8. es
9. es
10. está

## 180.

1. conoce
2. sé
3. conocen
4. sabe
5. saben
6. sabes
7. conocéis
8. sabes
9. conoces
10. sabemos

## 181.

1. pedir
2. pide
3. preguntamos
4. pide
5. piden
6. pido
7. pides
8. pide
9. pregunta
10. pido

## 182.

1. tocamos
2. juegan
3. toca
4. tocas
5. toca
6. toca
7. juega
8. jugáis
9. juega
10. juego

## 183.

1. vuelvo
2. vuelven
3. devolvemos
4. devuelven
5. vuelves
6. devolvéis
7. vuelve
8. vuelve
9. vuelven
10. devuelve

# 4

# *Pronouns*

## *SUBJECT PRONOUNS*

**Yo estudio español.**
*I study Spanish.*

**Tú eres el amigo de Juan.**
*You (singular familiar) are John's friend.*

**¿Fue él al almuerzo?**
*Did he go to the luncheon.?*

**Ella es rubia.**
*She is blond.*

**¿Cómo está Ud.?**
*How are you (singular formal)?*

**Nosotros vamos al cine.**
*We go to the movies.*

**Vosotros tenéis la razón.**
*You (plural familiar) are right.*

**¿Tienen ellos buenas notas?**
*Do they have good grades?*

**¿Quieren ellas ir a nadar?**
*Do they want to go swimming?*

**¿Conocen Uds. a Fulgencio?**
*Do you (plural formal) know Fulgencio?*

In Spanish there are four ways of saying you. **Tú** is the familiar form used to address friends, family, small children and animals. The familiar plural form of **tú** is **vosotros (as)**. **Vosotros (as)** is rarely used today except in Spain.

Usted (Ud.) is the formal form of address. The formal plural, **Ustedes** (**Uds.**) has replaced **vosotros** (**as**) in Latin America, especially in nonliterary use, and is used for both formal and informal address when speaking to two or more people. **Usted** (**Ud.**) takes the third person, both in the singular and plural forms.

The subject pronouns in Spanish are:

| singular | | plural | |
|---|---|---|---|
| **yo** | *I* | **nosotros (as)** | *we* |
| **tú** | *you* | **vosotros (as)** | *you* (familiar) |
| **él** | *he* | **ellos** | *they* (masculine) |
| **ella** | *she* | **ellas** | *they* (feminine) |
| **usted(Ud.)** | *you* | **ustedes (Uds.)** | *you* |

In Spanish, subject pronouns indicate the gender and number of the subject. The pronouns **él**, **nosotros**, **vosotros**, and **ellos** have their feminine counterparts, **ella**, **nosotras**, **vosotras**, and **ellas**. **Usted** and **Ustedes** are neuter pronouns and can apply to feminine or masculine subjects as well as mixed company. The form ending in -**os** is also used to indicate both feminine and masculine subjects grouped together.

1. Complete the following sentences with the correct subject pronoun according to the model.

modelo:        **Carlos y María tienen 10 años.**
                    **Ellos tienen la misma edad.**

1. Pedro, ¿Dónde vives? _____ soy de Nueva York.
2. Luis y Raquel, ¿De dónde son? _____ somos de Francia.
3. Olga es la hermana de Andrés. _____ tiene diez y siete años.
4. Luz y Maribel son primas. _____ son de Bogotá.
5. Marta quiere ir a España. ¿Quieres ir _____ también?
6. Señor Gómez, ¿es _____ el profesor de inglés?
7. Miguel quiere viajar por avión, pero _____ no tiene pasaporte.
8. _____ (feminine) vivimos con Pilar.
9. _____ (formal) tiene mucho dinero.
10. Eduardo y Anita, ¿de dónde sois _____?
11. _____ soy cubana.
12. _____ (masculine) es puertorriqueño.
13. ¿Cuántos estudiantes tienen ustedes? _____ tenemos treinta estudiantes.

2. Substitute the subject with the correct pronoun according to the model.

modelo:        **María y Pedro, ¿vienen con nosotros a Madrid?**
               **¿Ustedes vienen con nosotros a Madrid?**

1. Sara vive en San Juan.

_____

2. Carlos y yo vamos a cenar.

_____

3. ¿Cómo está señor Jiménez?

_____

4. Sandra y Enrique son graduados de la universidad.

_____

5. ¿Dónde juega Pablo tenis?

_____

3. Answer the following questions using the appropriate subject pronoun according to the model.

modelo:        **¿Van a ir ustedes a la Florida?**
               **Nosotros vamos a la Florida.**

1. ¿Es esa señora tu madre?

_____

2. ¿Dónde podemos ir?

_____

3. ¿Cómo te llamas tú?

_____

4. ¿Quiénes son esos estudiantes?

_____

5. ¿De dónde son esas muchachas?

_____

6. ¿Dónde vive Carlos?

_____

7. ¿Con quién van ustedes?

_____

# DIRECT OBJECT PRONOUNS

| **María quiere el coche.** | **María lo quiere.** |
|---|---|
| *María wants the car.* | *María wants it.* |

| **El tiene los marcos.** | **El los tiene.** |
|---|---|
| *He has the frames.* | *He has them.* |

In Spanish, the direct object pronouns are:

| singular | | plural | |
|---|---|---|---|
| **me** | *me* | **nos** | *us* |
| **te** | *you* (familiar) | **os** | *you* (familiar) |
| **le** | *you, him* (masculine) | | |
| **lo** | *you, him, it* | **los** | *you, them* |
| **la** | *you, her, it* | **las** | *you, them* |

**Lo** and **los** are masculine pronouns, **lo** the singular form and **los** the plural form. **La** and **las** are feminine pronouns, singular and plural respectively.

Direct object pronouns can refer to people or things and indicate the gender and number of the object. The direct object of a sentence receives the action of the subject, and is found by asking the question *"what"* to the verb in the main clause. Direct object pronouns normally precede the conjugated form of the verb, and are placed after the negative.

| **Yo preparo las mesas.** | **Yo las preparo.** |
|---|---|
| *I set the tables.* | *I set them.* |

| **Ellos no llaman a María.** | **Ellos no la llaman.** |
|---|---|
| *They do not call Mary.* | *They do not call her.* |

4. Substitute the direct object with the appropriate direct object pronoun according to the model.

| modelo: | **Tú buscas la cámara.** | *You look for the camera.* |
|---|---|---|
| | **Tú la buscas.** | *You look for it.* |

1. La maestra recoje los exámenes. _____
2. Juan ve al muchacho. _____
3. Yo compré el vestido. _____
4. Nosotros tenemos las respuestas. _____
5. ¿Usted quiere la manzana? _____
6. Ellos miran los letreros. _____
7. La madre recoje la mesa. _____
8. Tomás ve a Angel. _____
9. Yo quiero a mis hijos. _____
10. ¿Ustedes quieren el perro? _____

5. Complete the sentences with the appropriate direct object pronoun according to the model.

modelo:　　　　**Yo perdí los boletos.**
　　　　　　　　**Yo los perdí.**

1. Mario compró la cartera. El _____ compró.
2. El cocinero preparó el almuerzo. El _____ preparó.
3. Marco e Isabel vieron al padre. Ellos _____ vieron.
4. Las mariposas buscan las flores. Ellas _____ buscan.
5. El profesor nos dió la tarea. El nos _____ dió.
6. Yo lavé las frutas. Yo _____ lavé.
7. ¿Comistes tú el pimiento? No, yo no _____ comí.
8. Juan compró un regalo. Juan _____ compró.
9. Ellos buscaron los libros. Ellos _____ buscaron.
10. Ellos no hicieron la tarea. Ellos no _____ hicieron.

6. Answer the following questions using the appropriate direct object pronouns according to the model.

modelo:　　　　**¿Comprastes los libros?**
　　　　　　　　**Sí, los compré.**

1. ¿Vistes a Fernando y Carlos?

_____

2. ¿Vieron las noticias de la tarde?

_____

3. ¿Invitamos a Beatriz a cenar?

_____

4. ¿Quién pintó el muro?

_____

5. ¿Vas a ver la película en el cine?

_____

6. ¿Ayudaste al empleado con el trabajo?

_____

7. ¿Quieres comprar los pendientes?

_____

8. ¿Van a ver la cantante?

_____

9. ¿Preparan las comidas?

_____

10. ¿Comprará usted el vino?

_____

When a direct object pronoun is used with an infinitive, a gerund, or an affirmative command, the object pronoun may be placed before the auxiliary verb or placed after the main verb and attached to the infinitive, the gerund, or the affirmative command.

**Quiero comprarlo.**　　　　**Lo quiero comprar.**
*I want to buy it.*

**Estoy grabándola.**　　　　**La estoy grabando.**
*I am taping her.*

**Cójalo Ud.**　　　　　　　**No lo coja Ud.**
*Take it.*　　　　　　　　　*Don't take it.*

7. Rewrite the following sentences attaching the appropriate direct object pronoun to the verb.

1. Compra la grabadora. _____
2. Carguen los niños. _____
3. Dame el dinero. _____
4. Cuelga la ropa. _____
5. Abre el sobre. _____
6. Mira los pájaros. _____
7. Vende las flores. _____
8. Termina el trabajo. _____
9. Haz la habitación. _____
10. No escribas las notas. _____

# INDIRECT OBJECT PRONOUNS

**Tú le cantas a él.**　　　　**El le canta a ella.**
*You sing to him.*　　　　　*He sings to her.*

**Yo le canto a Ud.**　　　　**Tu me cantas la canción a mí.**
*I sing to you.*　　　　　　*You sing the song to me.*

**El nos canta la canción a nosotros.**
*He sings the song to us.*

**Yo les canto la canción a Uds.**
*I sing the song to them.*

In Spanish, the indirect object pronouns are:

| singular | | plural | |
|---|---|---|---|
| **me** | *me* | **nos** | *us* |
| **te** | *you* (familiar) | **os** | *you* (familiar) |
| **le** | *you, him* (masculine) | **les** | *you, them* |

The third person indirect object pronouns are **le** in the singular, and **les** in the plural. **Lo, los, la, las** are direct object pronouns. These direct object pronouns differentiate gender and number. In the case of **le** and **les**, only number is indicated. To clarify the gender, a prepositional phrase often accompanies the indirect object pronouns.

**Yo les hablo a ellas.**
**Le mandé la ropa a Juan.**
**Ella les recogió los libros a los estudiantes.**

8. Complete the following exercise with the appropriate third person indirect object pronoun (**le,les**).

    1. Tú _____ hablas a Miguel.
    2. El _____ mandó las cartas a ella.
    3. Cristóbal _____ pidió grabar a ellas.
    4. María _____ cantó una canción a él.
    5. Ustedes _____ contaron la historia a ellos.
    6. La profesora no _____ explicó bien a Fernando la respuesta.
    7. Carlos _____ escribió a ella.
    8. Yo _____ pedí una repuesta a ellos.
    9. A ellas _____ mandaron los paquetes.
   10. Miriam no _____ describe a ellas.

9. Fill in the appropriate direct or indirect object pronoun according to the model.

    modelo:      **Antonio llamó a los curas.**
                  **Antonio los llamó.**

    1. Yo sabía las respuestas. Yo _____ sabía.
    2. María dijo una mentira a su madre. María _____ dijo una mentira.
    3. El carpintero dio el martillo a las dueñas. El carpintero _____ dio el martillo.
    4. Francisco necesita el maletín. Francisco _____ necesita.
    5. ¿Recojiste tú las plumas? Yo _____ recojí.
    6. El jardinero saludó al señor Celestín. El jardinero _____ saludó.
    7. La universidad no quiere a los maleducados. La universidad no _____ quiere.
    8. El conductor dejó subir a la enferma. El conductor _____ dejó subir.
    9. El compró un regalo. El _____ compró.
   10. Mateo dio a su hermano un regalo. Mateo _____ dio un regalo.

## Direct and Indirect object pronouns

| | |
|---|---|
| Yo te veo. | *I see you.* |
| Tú me ves. | *You see me.* |
| | |
| El nos ve. | *He sees us.* |
| Ella nos ve. | *She sees us.* |

Notice that the pronouns **me, te, nos** and **os** can function as either direct or indirect objects. These direct or indirect pronouns normally precede the verb.

| | |
|---|---|
| **María te ve.** | *María sees you.* |
| **El policía nos habla.** | *The policeman speaks to us.* |

10. Answer the following questions using the correct object pronoun according to the model.

modelo:   **¿Te habla la estudiante?**
**La estudiante me habla.**

1. ¿A quién busca la maestra?

   _____

2. ¿Te llamaron ellos?

   _____

3. ¿Te escribió mamá?

   _____

4. ¿Quién te busca?

   _____

5. ¿Los buscan a ustedes?

   _____

11. Complete the following sentences with the appropriate object pronoun.

1. ¿Por qué _____ (us) molestan ?

2. El _____ (you) busca.

3. ¿Cuánto _____ (me) cuesta?

4. Carmelita _____ (us) hace reír.

5. Mi abuela _____ (you) cose el vestido.

6. El panadero _____ (me) conoce.

7. Uds. _____ (us) buscan

8. ¿Quién _____ (me) llama?

9. Andrés _____ (you) busca.

10. Ellos _____ (us) llaman.

# VERBS COMMONLY USED WITH INDIRECT OBJECT PRONOUNS

**Aquella bailarina me encanta.**
*That ballerina enchants me.*

**¿Te sorprenden mis ideas políticas?**
*Do my political ideas surprise you?*

**Los ruidos de la noche lo asustaron.**
*The night sounds scared him.*

**Nos sorprendieron la cantidad de estudiantes.**
*The number of students surprised us.*

**A Marisol la enoja la humedad.**
*The humidity annoys Marisol.*

The verbs **encantar** *(to enchant)*, **enfurecer** *(to infuriate)*, **asustar** *(to scare)*, **sorprender** *(to surprise)*, **gustar** *(to like)*, **doler** *(to hurt)*, **faltar** *(to lack)* and **enojar** *(to annoy)* are always used with the indirect object.

| | |
|---|---|
| **A José le gusta jugar.** | *Joseph likes to play.* |
| **A José le gustan los juegos.** | *Joseph likes games.* |
| **Me hace falta la sopa.** | *I'm missing the soup.* |
| **Me faltan los condimentos.** | *I'm lacking the spices.* |
| **Nos gusta la ropa.** | *We like the clothes.* |
| **Nos gustan las prendas.** | *We like the jewlery.* |
| **Les falta el cepillo.** | *They are laking the brush.* |
| **Les faltan los peines.** | *They are lacking the combs.* |

**Gustar** and **faltar** (**hacer falta**) are two more special verbs commonly used with indirect object pronouns. **Gustar** can be translated in English as *"to like,"* but actually means *"to be pleasing to"*. **Faltar** (**hacer falta**) can be translated in English as *"to need"* but it actually means *"to be lacking."*

12. Fill in the following sentences with the appropriate indirect object pronoun and verb ending according to the model.

modelo:          **A Máximo le gusta bailar.**

1. A mí _____ asust____ los aviones.

2. A ellas _____ sorprend____ la música.

3. A Juan _____ encant____ las flores.

4. A ti _____ hace falt____ aquel maestro.

5. A nosotros _____ enfurec____ el noticiero.

6. A ellos no _____ enoj____ nada.

7. A mí _____ hacen falt____ los retratos.

8. A Olga _____ gust____ aquel carro.

9. A nosotros _____ encant____ la película.

10. A ti no _____ asust____ los gritos.

13. Rewrite the following sentences using the verbs **encantar, asustar, enfurecer, sorprender, enojar, gustar,** or **faltar.**

1. A Uds. / asustar / los tiburones.

_____

2. A mí / gustar / la leche.

_____

3. A Raúl / faltar / las medicinas.

_____

4. A nosotros / enojar / el profesor.

_____

5. A ti / sorprender / las campanas.

_____

6. A Carmen / hacer / faltar / la secadora.

_____

7. A ellos no / enfurecer / el error.

_____

8. A usted / gustar / mariscos.

_____

9. A mí / faltar / pan.

_____

10. A nosotros / enojar / las abejas.

_____

# DOUBLE OBJECT PRONOUNS

**Fernando me los dio.**     *Fernando gave them to me.*

**La maestra te lo enseñó.**     *The teacher taught it to you.*

**María nos lo dio.**     *Mary gave it to us.*

Many times, both a direct and an indirect object pronoun will appear in the same sentence. This is term as a double object pronoun, with the indirect pronoun always preceeding the direct object pronoun.

| | | | |
|---|---|---|---|
| **Me lo** | **Te lo** | **Nos lo** | masculine, singular |
| **Me los** | **Te los** | **Nos los** | masculine, plural |
| **Me la** | **Te la** | **Nos la** | feminine, singular |
| **Me las** | **Te las** | **Nos las** | feminine, plural |

14. Rewrite the following sentences, substituting the direct object with an object pronoun according to the model.

modelo:        **Carmen me vendió las flores.**
             **Carmen me las vendió.**

1. El nos enseñó la lectura. _____
2. ¿Quién te compró las medias? _____
3. Luis me dio el regalo. _____
4. Ellos te devolvieron los billetes. _____
5. ¿No me dieron las respuestas? _____
6. Ella nos regaló el reloj. _____
7. Usted me explicó bien la pregunta. _____
8. Patricia nos mandó las cartas. _____
9. Miguel te comió la comida. _____
10. Ellas me cambiaron los paquetes. _____

15. Answer the following questions.

1. ¿Quién te compró la máquina? _____
2. ¿Quién me regaló los zapatos? _____
3. ¿Quién nos vendió el maletín? _____
4. ¿Quién me mostró las películas? _____
5. ¿Quién te explicó el problema? _____
6. ¿Quién nos enseña el planeta? _____

16. Complete the following exercise with the appropriate object pronouns.

modelo:        **Lorena busca la pintura y me la regala.**

1. Si yo te compro las camisas. ¿Tú _____ pones?
2. Nosotros compramos el juego. El _____ vendió.
3. ¿Quién manda la licencia? Luis _____ manda.
4. Tú no distes los boletos. Yo _____ quité.
5. A nosotros _____ mandan las cartas. No mandes más.

**Juan se lo manda a Carmen.**    *Juan sends it to Carmen.*
**Nosotros se lo explicamos a Ud.** *We explain it to you.*

The indirect object pronouns **le** and **les** become **se** when they are placed in front of the direct object pronouns **lo, los, la, las.** The pronoun **se** can imply many different meanings and is therefore often classified by the use of a prepositional phrase.

17. Substitute the following direct and indirect objects for the appropriate object pronouns according to the model.

modelo:     **Nosotros les pagamos el dinero.**
            **Nosotros se lo pagamos.**

1. Pepe le pidió las respuestas a Patricia.

_____

2. El jefe les dio la orden a sus empleados.

_____

3. La lavandera le lavó la ropa al marido.

_____

4. Yo le compré el pantalón a Luis.

_____

5. Carmen le enseñó las cartas a Pilar.

_____

6. El maestro les explicó la clase a sus estudiantes.

_____

7. La madre mandó el regalo para Isabel.

_____

8. Nosotros les regalamos la pintura a nuestros hijos.

_____

9. Marcos le cuenta la historia a Marta.

_____

10. La costurera les cosió los pantalones a los jugadores.

_____

11. Ella le vendió el terreno a sus abuelos.

_____

12. Olga les pintó el cuadro a las niñas.

_____

# POSITION OF OBJECT PRONOUNS

**La cocinera me enseñó la receta.**
**Ellas no te lo ha explicado bien.**
**Usted nos lo compró.**

## With conjugated verbs

Object pronouns always precede the conjugated form of the verb. If a sentence is negative, the negative word precedes the object pronouns. In the case of compound tenses, the object pronouns precede the auxiliary verb.

negative + indirect obj. pron. + direct obj. pron. + verb

18. Substitute the direct and indirect objects with the appropriate object pronouns according to the model.

modelo:     **Rosa no nos dio las respuetas. Rosa no nos la dió.**

1. Marta ha vestido las muñecas. _____
2. Yo vi a mi vecino ayer. _____
3. Ella contó la historia. _____
4. Tú no has leído el manual. _____
5. Usted dio las respuestas a Lázaro. _____
6. Rodolfo conoce a la maestra. _____
7. El ha terminado el examen. _____
8. Ellos no nos aceptaron la solicitud. _____
9. Pilar me dio la solución. _____
10. Ustedes me mandaron el dinero. _____

**Ellas te lo quieren mandar. Ellas quieren mandártelo.**
*They want to send it to you.*

**Elena nos va a despertar. Elena va a despertarnos.**
*Elena is going to wake us.*

**Yo te quiero escribir una carta. Yo quiero escribírtela.**
*I want to write you a letter.*

**Martín nos lo prefiere pagar por cheque.**
**Martín prefiere pagárnoslo por cheque.**
*Martin prefers to pay it to us by check.*

## With infinitives

Object pronouns can be attached to the infinitive or precede the auxiliary verb. Often two pronouns can be attached to the infinitive.

**Roberto me lo quiere regalar. Roberto quiere regalármelo.**
*Roberto wants to give it to me (a gift).*

19. Rewrite the following sentences placing the object pronouns before the auxiliary verb.

1. Marisa va a decírtelo. _____
2. Yo quiero mandársela a usted. _____
3. Ellos prefieren comprárnoslas. _____
4. El pintor desea mostrarlos. _____
5. Felipe quería explicármelo. _____
6. Mi abuela va a enviárnosla. _____

20. Rewrite the following sentences adding the pronouns to the infinitive.

1. La cantante me quiso dedicar la canción.

_____

2. Máximo no te deseó explicar el problema.

_____

3. Ellos me van a regalar los camarones.

_____

4. Ustedes nos quieren enviar las blusas.

_____

5. Yo te deseo mandar los juguetes.

_____

6. El carnicero me quería picar la carne.

_____

21. Rewrite the following sentences according to the model.

modelo:      **Carmen quiere escribir la carta a Luis.**
             **Carmen se la quiere escribir.**
             **Carmen quiere escríbirsela.**

1. Yo quiero enseñarle el cuarto.

_____

_____

2. Ustedes desean regalar los caramelos.

_____

_____

3. Patricia quiere pedirnos el dinero.

_____

_____

4. Ellos pueden darnos la muestra.

_____

_____

5. Adolfo quiere mostrarle las maletas.

_____

_____

6. Deseamos renovar el edificio.

_____

_____

7. La maestra prefiere enseñarnos los verbos.

_____

_____

8. Van a pedirle el mensaje a la secretaria.

_____

_____

9. Ustedes van a devolverme los calcetines.

_____

_____

10. El jefe quiere dar las órdenes.

_____

_____

**Rocío sigue arreglando la computadora.**
**Rocío la sigue arreglando.**
**Rocío sigue arreglándola.**

**Usted está respondiendo las preguntas a las madres.**
**Usted se las está respondiendo.**
**Usted está respondiéndoselas.**

## With present participles

In the case of progressive tenses, object pronouns can either precede the auxiliary verb **estar** (**seguir**, **ir**, **andar**) or be attached to the present participle.

22. Replace the direct and/or indirect object with the appropriate object pronouns.

1. La maestra está buscando su licencia.

_____

2. Uds. van a devolver el automóvil al propietario.

_____

3. Luis está atendiendo al paciente.

_____

4. Los empleados le garantizan el precio.

_____

5. El padre está regañando a los niños.

_____

6. La operadora quiere saber su número de teléfono.

_____

7. Olga está apuntando la dirección.

_____

8. El quiere comprar los boletos.

_____

9. Ellos están discutiendo los planes.

_____

10. El acaba de pedir la respuesta a la maestra.

_____

11. Carlos está mandando los paquetes.

_____

12. Yo quiero vender la plancha.

_____

23. Rewrite the following sentences according to the model.

modelo:    **Andrés está devolviéndonos los documentos.**
           **Andrés nos los está devolviendo.**

1. Patricia sigue mandándote dinero.

_____

2. Yo prefiero comprarme una prenda.

_____

3. Ellos quieren enviarle a Ud. las cartas.

_____

4. El cantante acaba de terminarte la canción.

_____

5. Los muchachos quieren pedirnos los juegos.

_____

24. Complete the following exercise by attaching the object pronouns to the present participle.

1. Ella nos lo está preguntando ahora.

_____

2. Carmen-María te la estaba cantando.

_____

3. Yo los estaba ayudando.

_____

4. Nosotros lo estábamos explicando.

_____

5. Fernando te las estaba comprando.

_____

6. Elena le estaba molestando.

_____

| | |
|---|---|
| **Cómpramelo tú.** | *You buy it for me.* |
| **No me lo compres tú.** | *Don't you buy it for me.* |
| **Cómpralo tú.** | *You buy it.* |
| **No lo compres tú.** | *Don't you buy it.* |

**With commands**

Object pronouns are always placed after and attached to affirmative commands, and always precede the negative commands.

25. Rewrite the following sentences in the negative form.

1. Comprámelos. _____
2. Cómalo Ud. _____
3. Pásamelo tú. _____
4. Dámelas. _____
5. Enséñenmelo Uds. _____

6. Sírvamelos, señora Lorca. _____

7. Llévamela. _____

8. Pregúnteselo a ella. _____

9. Póngalos Ud. dondequiera. _____

10. Ayúdenme Uds. _____

26. Rewrite the following commands in the affirmative form.

1. No me lo pidan Uds. _____

2. No nos ayudes. _____

3. No lo prepare Ud. _____

4. No se la compres. _____

5. No me lo manden Uds. _____

6. No se lo digas. _____

7. No nos la compre Ud. _____

8. No nos los sirvas tú. _____

9. No lo deje Ud. _____

10. No la ofrezcas tú. _____

27. Substitute the following direct or indirect objects with the appropriate object pronouns according to the model.

modelo:        **Préstenme Uds. el manual.**
               **Préstenmelo Uds.**

1. Llama el gato. _____

2. No comas caramelos en la clase. _____

3. Cánteme Ud. la canción. _____

4. No venda Ud. el perfume. _____

5. Sube tú el piano eléctrico. _____

6. No pague Ud. la cuenta al muchacho. _____

7. Prepárame el desayuno. _____

8. No quite Ud. las sillas. _____

9. Ponga Ud. los platos. _____

10. Véndeme la computadora. _____

| | |
|---|---|
| **Arrastrémosla.** | *Let's drag her.* |
| **Llevémosla.** | *Let's take her.* |
| **No los arrastremos.** | *Let's not drag them.* |
| **No los llevemos.** | *Let's not take them.* |

### First person plural (let's)

The object pronoun is attached, in affirmative expressions, to the participle and precedes the verb when the sentence is negative.

In the case of reflexive verbs, the final **-s** of the verb is dropped with the pronoun **nos** and **se.**

| | |
|---|---|
| **Levantémonos.** | *Let's get up.* |
| **Vistámonos.** | *Let's get dressed.* |
| **Acostémonos.** | *Let's lay down.* |
| **Sentémonos.** | *Let's sit down.* |

28. Rewrite the following sentences in the affirmative according to the model.

modelo:  **No lo hagamos.**
**Hagámoslo.**

1. No lo llevemos. _____
2. No se los mandemos. _____
3. No la vendamos. _____
4. No lo digamos. _____
5. No las ayudemos. _____

29. Rewrite the following sentences in the negative according to the model.

modelo:  **Arreglémoslo.**
**No lo arreglemos.**

1. Mandémosla. _____
2. Borrémoslo. _____
3. Acostémonos. _____
4. Vistémosla. _____
5. Comprémoslos. _____

## Reflexive pronouns

| | |
|---|---|
| **No me llames.** | *Do not call me.* |
| **Ella nos llama.** | *She calls us.* |
| **El se lava las manos.** | *He washes his hands.* |
| **Ellos se lavan las manos.** | *They wash their hands.* |

Reflexive pronouns are used when the action in the sentence is both executed and received by the subject.

In Spanish, the reflexive pronouns are:

| singular | plural |
|---|---|
| me | nos |
| te | os |
| se | se |

30. Fill in the blanks with the appropriate reflexive pronoun.

1. _____ baño primero.

2. ¿Por qué no _____ acuesta ella?

3. _____ levantamos temprano.

4. Yo _____ peino el pelo.

5. Ellos _____ visten para salir esta noche.

6. El _____ lava el cabello.

7. Nosotros _____ marchamos en seguida.

8. Ella _____ levanta tarde.

9. ¿A qué hora _____ vas a vestir?

10. Ellos _____ preparan con tiempo.

## With an indirect object pronoun

**A Pedro se le perdió el dinero.**
*Peter lost the money.*

**A Maribel se le perdieron los zapatos.**
*Maribel lost her shoes.*

**Se te perdió la cartera.**
*You lost your wallet.*

**Se me perdieron las entradas.**
*I lost the tickets.*

In Spanish, involuntary or unexpected actions are expressed in a sentence by using the reflexive pronoun along with the indirect object pronoun.

31. Complete the following sentences with the appropriate reflexive and indirect object pronouns.

1. A Fernando _____ _____ cayó el vaso.

2. A mí _____ _____ olvidaron las flores.

3. A Uds. _____ _____ perdieron las llaves.

4. A papá _____ _____ fue el conocimiento.

5. A tí _____ _____ rompió el cuadro.

6. A las muchachas _____ _____ escaparon los perros.

7. Al niño _____ _____ cayó el reloj.

8. A nosotros _____ _____ salían las lágrimas.

9. A María _____ _____ olvidó la respuesta.

10. A ellos _____ _____ notó cierta curiosidad.

## Prepositional pronouns

Patricia y Jorge están pensando en mí.
Ella quiere hablar con Ignacio.
Yo vivo cerca de ellos.
Pablo está hablando de nosotros.

Prepositional pronouns are pronouns which follow a preposition. Prepositional pronouns are the same as subject pronouns with the exception of **yo** and **tú** which change to **mí** and **ti**.

The prepositional pronoun **mí** takes an accent (**ti** does not) to distinguish it from the possesive adjective **mi** which does not carry an accent.

In Spanish, the prepositional pronouns are:

| singular | | plural | |
|---|---|---|---|
| **mí** | *me* | **nosotros (as)** | *us* |
| **ti** | *you* | **vosotros (as)** | *you* |
| **Ud.** | *you* | **Uds.** | *you* |
| **él** | *him, it* | **ellos** | *them* |
| **ella** | *her, it* | **ellas** | *them* |
| **sí** | *yourself, himself* | | |
| **sí** | *yourselves, herself, itself, themselves* | | |

**El quiere salir conmigo.**          *He wants to go out with me.*
**Nosotros queremos salir contigo.**  *We want to go out with you.*

Prepositional pronouns **mí**, **ti** and **sí** are the only prepositional pronouns which can be added to the word **con** (with) forming a contraction. The ending **-go** must always be added.

**conmigo**          **contigo**          **consigo**

32. Complete the following sentences with the appropriate prepositional pronoun according to the model.

modelo:          **Ellos quieren ir con ustedes.** (you, pl.)

1. Ella está pensando en _____.          (them,m.)
2. Juan vive cerca de _____.          (me)
3. ¿Por qué no se ríe Marta con_____?          (you,resp.)
4. Nosotros no hablamos de _____.          (her)
5. Para _____ no era importante.          (us,f.)
6. El maestro quiere hablar con _____.          (him)
7. ¿Fuistes sin _____?          (them, f.)
8. El carro es para _____.          (you)
9. Los niños quieren salir sin _____.          (you, pl.)
10. ¿Quién quiere salir con_____ ?          (us, m.)

33. Complete the following exercise according to the model.

modelo:    **Tú llegaste con ellas.**
            **Ellas llegaron contigo.**

1. Yo me fui con el carnicero.          _____
2. Tú te perdiste con Marta.            _____
3. Tú lloraste con él.                  _____
4. Tú volviste con ellas.               _____
5. Yo me mudé con Luis.                 _____
6. Yo lo discutí con mis padres.        _____
7. Tú saliste con el muchacho.          _____
8. Yo me fui con mis amigos.            _____
9. Yo hablé con los maestros.           _____
10. Yo salí con mi padre.               _____

## Possessive pronouns

**Tú tienes tu libro, no el suyo.**
*You have your book, not his/hers/yours (Ud.).*

**Carmen tiene su silla y la mía.**
*Carmen has her chair and mine.*

**Aquí tienes tus libros. ¿Dónde están los nuestros?**
*Here are your books. Where are ours?*

**Yo tengo mi carta pero no la suya.**
*I have my letter, but not his/hers/yours (Ud.).*

Possessive pronouns are used to replace a noun modified by a possessive adjective. The possessive pronoun must agree with the noun it replaces, and is accompanied by the appropriate definite article.

| Possessive Adjective | Possessive Pronouns |
|---|---|
| **mi, mis** | **el mío, la mía, los míos, las mías** |
| **tu, tus** | **el tuyo, la tuya, los tuyos, las tuyas** |
| **su, sus** | **el suyo, la suya, los suyos, las suyas** |
| **nuestro, nuestra** | **el nuestro, la nuestra, los nuestros** |
| **nuestros, nuestras** | **las nuestras** |
| **vuestro, vuestra** | **el vuestro, la vuestra, los vuestros** |
| **vuestros, vuestras** | **las vuestras** |
| **su, sus** | **el suyo, la suyo, los suyos, las suyas** |

In sentences in which the verb **ser** is used, the definite article is omitted.

**Aquella maleta es tuya.**       **Aquellos libros son nuestros.**
**Esas sillas son suyas.**        **Aquel boleto es mío.**

Often, the definite article is used with the verb **ser** to add emphasis.

¿Esa casa? Es la mía, no la tuya.
*That house? It's mine, not yours.*

Prepositional phrases are often used with pronouns like **el suyo, la suya,** etc., to clarify the meaning of the pronoun.

| | | | |
|---|---|---|---|
| **el de él** | **la de él** | **los de él** | **las de él** |
| **el de ella** | **la de ella** | **los de ella** | **las de ella** |
| **el de Ud.** | **la de Ud.** | **los de Ud.** | **las de Ud.** |

34. Rewrite the following sentences with the appropriate possessive pronoun.

**Patricia busca sus zapatos y mis zapatos.**

**Patricia busca los suyos y los míos.**

**Patricia busca los nuestros.**

1. ¿Dónde está mi calcetín? Tu calcetín está en mi gaveta.

_____

2. Nuestras primas no están con tus primas.

_____

3. He vendido mis entradas y tu entrada.

_____

4. Tu ropa es más elegante que mi ropa.

_____

5. Estos son mis cuadros. ¿Dónde están tus cuadros?

_____

6. Pablo prefiere nuestra casa.

_____

7. ¿Tiene Ud. su cartera o mi cartera?

_____

8. Tengo tu pasaporte.

_____

9. Yo tengo mis medias, pero Sara no encuentra sus medias.

_____

10. Tu radio es mejor que mi radio.

_____

# DEMONSTRATIVE PRONOUNS

**Yo quiero ése.**
*I want that one there.*

**Pero me queda mejor éste (que tienes tú).**
**Aunque aquél es el más cómodo.**
*But this one here (that you have) fits me better.*
*Even though that one (over there) is the most comfortable.*

Demonstrative adjectives with its accompanying noun can be substituted by demonstrative pronouns. These pronouns are differentiated from demonstrative adjectives by the accent marks placed on it.

The demonstrative pronouns are:

singular

| | | |
|---|---|---|
| **éste** | **ésta** | *this one (here)* |
| **ése** | **ésa** | *that one (there)* |
| **aquel** | **aquella** | *that one (over there)* |

plural

| | | |
|---|---|---|
| **éstos** | **éstas** | *these (here)* |
| **ésos** | **ésas** | *those (there)* |
| **aquellos** | **aquellas** | *those (over there)* |

35. Complete the following sentences with the appropriate demonstrative pronoun according to the model.

modelo:          **El otro vestido tiene más brillo que éste (aquí).**

1. Estas casas son tan bonitas como _____ (allá).

2. Estos calamares son mejores que _____ (en la nevera).

3. De las tiendas donde he comprado prefiero _____ (donde compro ahora).

4. ¿Cuántos zapatos ? Me he puesto _____ (aquí),  (que tiene Lorena) y _____ (que están allí).

5. Esta película es interesante pero prefiero _____ (que mira usted).

6. Esta computadora cuesta más que _____ (aquí).

7. Estas revistas son mejores que _____(en la otra tienda).

8. El otro edificio tiene más apartamentos que _____ (aquí).

# RELATIVE PRONOUNS

**La señora que habla ahora es cubana.**
*The lady that speaks now is Cuban.*

**El periódico que está en la cocina es el de la semana.**
*The newspaper that is in the kitchen is the weekly one.*

**Los muchachos que se van son de Bogotá.**
*The boys that are leaving are from Bogota.*

**La gente que visitamos el otro día son los dirigentes del partido.**
*The people that we visited the other day are the leaders of the party.*

*Que*

**Que** is the relative pronoun used to introduce a clause which modifies a noun. **Que** can be used to replace either a person or a thing. It can also function as either the subject or the object of the clause.

The pronoun, **que**, can also be used as a preposition but only when it refers to a thing.

**Las muchachas de que hablas son estudiantes.**
*The girls that you were talking about are students.*

**El libro con que estudian es nuevo.**
*The book with which you study is new.*

36. Write sentences with the following words according to the model.

modelo:    **La manzana / comer / tú / está verde.**
           **La manzana que comes está verde.**

1. El avión / montar / nosotros / se atrasó.

_____

2. Las películas / de / hablar / tú / son interesantes.

_____

3. Yo / no se / nada / de / pelea / hablar / tú.

_____

4. Los muchachos / tú / conocer / son mis amigos.

_____

5. La blusa /con / ir / ella / era roja.

_____

6. La maestra / saber / nosotros / está aquí.

_____

7. Los chicos/ con / yo / discutir / son inteligentes.

_____

8. Las flores / me / dar / tú / eran bonitas.

_____

9. El dinero / con / contar / nosotros / se perdió.

_____

10. La chica / acabar / de entrar / es mi prima.

_____

37. Combine both sentences into one single sentence using the conjunction **que** according to the model.

modelo:          **El profesor terminó la lección. Era difícil.**
                 **La lección que terminó el profesor era difícil.**

1. Tú tienes las respuestas. Las respuestas son largas.

_____

2. Ella escribió la carta. La carta es interesante.

_____

3. El señor entró. El señor es médico.

_____

4. Olga compró los aretes. Los aretes eran largos.

_____

5. El avión es nuevo. Hicimos el viaje en el avión.

_____

6. Vimos los animales. Los animales eran raros.

_____

7. La maestra es de Argentina. La maestra habla español.

_____

8. Veo la película. La película es cómica.

_____

9. Tú acabastes la tarea. La tarea era fácil.

_____

10. Los empleados son rubios. Los rubios son inteligentes.

_____

## A quien, a quienes

**La maestra que conocí tiene un doctorado.**
**La maestra a quien conocí tiene un doctorado.**

**Los muchachos que recojimos eran pobres.**
**Los muchachos a quienes recojimos eran pobres.**

When there is a person functioning as the direct object of a clause, the relative pronoun **a quien** (**a quienes**) can replace the relative pronoun que.

The pronoun **quien** replaces **que** after a preposition when it refers to a person. **Que** is only used to refer to things.

**Las flores en que estoy pensando eran rosas.**
**El médico con quien salí era colombiano.**

38. Rewrite the following sentences replacing **que** with the conjunction **a quien** or **a quienes**.

1. La señora que viste esta mañana es mi madre.

   _____

2. El amigo que invité no viene.

   _____

3. Los estudiantes que visitamos eran muy inteligentes.

   _____

4. Las chicas que esperábamos no llegaron.

   _____

5. El médico que llamas no trabaja aquí.

   _____

6. Las maestras que espero no han llegado.

   _____

39. Complete the following sentences with the appropriate pronoun using **que, quien** or **quienes**.

**El chico con quien hablo es de mi escuela.**

1. La botella _____ está en el suelo es mía.
2. El profesor de _____ hablamos es español.
3. Los chicos con _____ bailé eran guapos.
4. La mesa en _____ comimos estaba sucia.
5. La maestra para _____ compré la blusa es buena.
6. Es un problema _____ no tiene solución.
7. La respuesta _____ tiene solución.
8. El muchacho con _____ diste era complicado.
9. Las chicas con _____ te fuiste era inteligente.
10. Los pantalones _____ te probaste te quedan bien.

## *El que, la que, los que, las que*

**El que llama no es mi hermano.**
*The one who calls is not my brother.*

**La que llamará es mi prima.**
*The one who will call is my cousin.*

**Los que llamaron fueron mis amigos.**
*The ones who called were my friends.*

**Las que llamaron fueron mis tías.**
*The ones who called were my aunts.*

The pronouns **el que**, **la que**, **los que**, and **las que** can also be used as the subject or object of a clause, replacing either people or things. They can also replace **a quien** (**a quienes**) or **que** when the speaker wishes to be extremely specific or for emphasis.

It is important to notice the agreement of the verb **ser**. In the case where present or future are used in the clause, the present form of **ser** is used. When the preterite is used in the clause, the preterite of **ser** is used also.

The pronouns **el cual**, **la cual**, **los cuales**, and **las cuales**, can also be used to replace **el que**, **la que**, **los que**, and **las que**. However, they are not used frequently in every day speech and is of more oratorical style.

40. Rewrite the following sentences according to the model.

modelo:    **Mi tía llamó anoche.**
           **La que llamó anoche fue mi tia.**

1. Federico me invitó a cenar en su casa.

   _____

2. La señora Gómez ganará el premio.

   _____

3. Mi hermano aprende a bailar.

   _____

4. Los médicos resolvieron el problema.

   _____

5. Don Juan habla con la señorita.

   _____

6. El maestro pagará sus deudas.

   _____

7. Mis abuelos estuvieron aquí.

   _____

8. Mis primos llegan por avión.

   _____

9. Las chicas irán al baile.

   _____

10. El dueño llamó al inspector.

   _____

## With prepositions

**Los edificios alrededor de los cuales vimos a los estudiantes son de la cuidad.**
*The buildings around which we saw the students are owned by the city.*

**La isla de la cual hablaba Enrique está lejos.**
*The island of which Enrique was talking about is far.*

**El monumento encima del cual dejaron la maleta está en el Parque Central.**
*The monument on top of which they left the suitcase is in Central Park.*

**Las noches durante las cuales no había calefacción eran muy frías.**
*The nights during which there was no heat were very cold.*

The pronouns **que** and **quien** are generally used after prepositions such as **de, con, por, a**, etc.

However, the relative pronoun (**el que, la que, los que, las que**) are used after less commonly used prepositions, such as **alrededor de, tras, hacia, durante, cerca de, a través de, lejos de**. Since these are of more elegant style, the pronouns **el cual, la cual, los cuales** and **las cuales** are many times used instead of **el que**.

41. Complete the following sentences with the appropriate relative pronoun.
1. El río hacia _____ nos dirigimos es una belleza.
2. Las estigmas contra _____ luchamos eran ridículas.
3. La universidad detrás de _____ estudiamos es la mía.
4. Aquellos edificios alrededor de _____ estacionamos los coches son modernos.
5. La tienda enfrente de _____ está el museo es viejísima.
6. La casa detrás de _____ hicieron una piscina era moderna.

## Lo que

**No se lo que quiere la niña.**
*I don't know what the little girl wants.*

**Lo que pensamos no importa.**
*What we think does not matter.*

**Lo** que is a neuter relative pronoun which is used to replace a general or abstract idea. Its function is similar to that of *what*.

42. Arrange the following sentences so that they are introduced by **lo que**.

modelo:     **Queremos otro carro.**
            **Lo que queremos es otro carro.**

1. Me molesta su insolencia.

_____

2. Dicen una mentira.

_____

3. Necesitamos una mesa más grande.

_____

4. Voy a comer la ensalada.

_____

5. Quieren más comida.

_____

6. Logramos ganar el partido.

_____

7. Me sorprende su reacción.

_____

8. Hace una injusticia.

_____

9. Quiero escribir el libro.

_____

10. Queremos cenar en nuestra casa.

_____

## Cuyo, cuya, cuyos, cuyas

**El maestro cuya hija cenó conmigo es Argentino.**
*The teacher whose daughter dined with me is Argentinian.*

**La pasajera cuyos boletos están aquí ya se fue.**
*The passenger whose tickets are here left already.*

The relative pronouns **cuyo, cuya, cuyos,** and **cuyas** are equivalent to the English whose, and agrees in gender and number with the noun it modifies.

43. Complete the following sentences with the appropriate relative pronoun **cuyo, cuya, cuyos, cuyas**.

1. La señora _____ maleta está en la puerta se va de viaje.
2. El muchacho _____ abuelo ganó la lotería es mi primo.
3. Me acuerdo de aquella casa _____ jardines eran tan bellos.
4. El edificio _____ portal era de piedra es muy antiguo.
5. Es una enfermera _____ reputación es buenísima.
6. Los señores _____ cartas recibimos son doctores.
7. El gobernador _____ pensamientos están escritos en el libro murió en 1908.

# INTERROGATIVES

**Common interrogative words**

| | | | |
|---|---|---|---|
| **¿Qué?** | *What?* | **¿Quién?** | *Who?* |
| **¿Cuándo?** | *When?* | **¿Quiénes?** | *Who?* |
| **¿Dónde?** | *Where?* | **¿A quién?** | *Whom?* |
| **¿Adónde?** | *To where?* | **¿A quiénes?** | *Whom?* |
| **¿Cuánto?** | *How much?* | **¿Cómo?** | *How?* |

These are the most commonly used interrogative words used to introduce a question. All interrogative words carry an accent.

| | |
|---|---|
| **¿Qué quiere tu madre?** | *What does your mother want?* |
| **¿Cuándo se van?** | *When are you leaving?* |
| **¿Dónde está mi revista?** | *Where is my magazine?* |
| **¿Adónde fue mi amiga?** | *Where did my friend go to?* |
| **¿Cuánto cuesta el auto?** | *How much does the car cost?* |
| **¿Quién fue al baño?** | *Who went to the bathroom?* |
| **¿A quién visita usted?** | *Whom do you visit?* |
| **¿Cómo estaba el agua?** | *How was the water?* |

In Spanish the subject and the verbs are inverted in interrogative sentences.

44. Rewrite the following sentences using interrogative pronouns according to the model. Do not repeat an interrogative pronoun twice in the same sentence.

modelo: **El médico no trabaja mañana.**
**¿Quién no trabaja mañana?**

1. Yo iré a Francia mañana en avión.

_____

2. Yo iré a Francia mañana en avión.

_____

3. Yo iré a Francia mañana en avión.

_____

4. El pan está caliente.

_____

5. El pan está caliente.

_____

6. Ayer estaba María en mi casa.

_____

7. Ayer estaba María en mi casa.

_____

8. La escuela va a una excursión en octubre.

_____

9. La escuela va a una excursión en octubre.

_____

10. La escuela va a una excursión en octubre en autobús.

_____

11. El vestido cuesta treinta dólares.

_____

12. El vestido cuesta treinta dólares.

_____

45. Complete the following sentences with the appropriate interrogative pronoun.

1. Yo veo la película. ¿_____ ves tú?
2. Ellas van a la ciudad a comprar. ¿_____ van ellas a comprar?
3. Nosotros nos vamos hoy. ¿_____ se van ellos?
4. La maestra habla con el estudiante. ¿Con _____ habla la maestra.
5. Pablo nada en el río. ¿_____ nada Pablo?
6. Uds. hacen un viaje a Nueva York. ¿_____ hacen un  viaje?
7. Ella tiene el libro. ¿_____ tiene ella?
8. El hospital es muy limpio.  ¿_____ es el hospital?
9. El profesor le habla a los estudiantes. ¿_____ le habla el profesor?
10. El gorro me cuesta mil pesetas. ¿_____ te cuesta el gorro?
11. El muchacho me habla.  ¿_____ me habla?
12. Aurora vuelve a las tres. ¿_____ vuelve Aurora ?

## Cual, cuales

**¿Cuál de los colores te queda mejor?**
*Which color looks best on you?*

**¿Cuál te queda mejor?**
*Which one looks best on you?*

**¿Cuáles de los libros son más interesantes?**
*Which of the books are most interesting?*

**¿Cuáles son más interesantes?**
*Which ones are more interesting?*

**Cuál (Cuáles)** is the interrogative word equivalent to the English "which," "which one" (which, which ones).

46. Complete the following sentences with the correct interrogative **cuál** or **cuáles**.

1. ¿_____ son los zapatos que compraron?
2. ¿_____ es la mejor película que has visto?
3. ¿_____ de los maestros es el mejor?
4. Yo tengo tres vestidos. ¿_____ de los tres me pongo?
5. ¿_____ de las chicas es la más bonita?
6. ¿_____ es el peinado más bonito de los tres?

### *Cuál vs. qué*

**¿Qué es el mar?**
*What is the ocean?*

**El mar es un cuerpo de agua.**
*The ocean is a body of water.*

**¿Cuál es el mar Pacífico?**
*Which is the Pacific Ocean?*

**¿Cuáles son los países que tienen acceso al Pacífico?**
*Which countries have access to the Pacific?*

**¿Qué es esto?**
*What is this?*

**Esto es un coche.**
*This is a car.*

Both **cuál** and **qué** mean *"wha"t* in English. Often many English speaking students have difficulty distinguishing between these two interrogative pronouns when asking a question with the verb *"to be."* In Spanish, **ser** is the most commonly used verb with **cuál**. The interrogative pronoun **qué** is only used with **ser** when the speaker is asking for a definition.

47. Complete the following exercise with the interrogative pronoun: **qué**, **cuál** or **cuáles**.

1. ¿_____ es la capital de Perú? Lima.
2. ¿_____ es la respuesta? Falso.
3. ¿_____ es Filadelphia? Una ciudad en Pennsylvania.
4. ¿_____ es la fecha de nacimiento? El día en que uno nace.
5. ¿_____ es la fecha de tu nacimiento? El 4 de noviembre.
6. ¿_____ es una enfermera? Cualquiera que tenga uniforme rosado.
7. ¿_____ es el desayuno? El desayuno es la primera comida del día.

# ANSWERS TO EXERCISES

## 1.

1. Yo
2. Nosotros
3. Ella
4. Ellas
5. tú
6. usted
7. él
8. Nosotras
9. Usted
10. vosotros
11. Yo
12. El
13. Nosotros

## 2.

1. Ella vive en San Juan.
2. Nosotros vamos a cenar.
3. ¿Cómo está usted?
4. Ellos son graduados de la universidad.
5. ¿Dónde juega él tenis?

## 3.

1. Sí, ella es mi madre.
2. Nosotros podemos ir al cine.
3. Yo me llamo Juan.
4. Ellos son mis amigos.
5. Ellas son de Nueva York.
6. El vive en Madrid.
7. Nosotros vamos con ellos (él, ella, vosotros, ellas).

## 4.

1. La maestra los recoje.
2. Juan lo ve.
3. Yo lo compré.
4. Nosotros las tenemos.
5. ¿Usted la quiere?
6. Ellos los miran.
7. La madre la recoje.
8. Tomás lo ve.
9. Yo los quiero.
10. ¿Ustedes lo quieren?

## 5.

1. la
2. lo
3. lo
4. las
5. la
6. las
7. lo
8. lo
9. los
10. la

## 6.

1. Sí, los vi.
2. Sí, las vieron; Sí, las vimos.
3. Sí, la invitamos a cenar.
4. Yo lo pinté.
5. Sí, la voy a ver.
6. Sí, lo ayudé.
7. Sí, los quiero comprar.
8. Sí, la vamos a ver.
9. Sí, las preparan.
10. Sí, lo compraré.

## 7.

1. Cómprala.
2. Cárguenlos.
3. Dámelo.
4. Cuélgala.
5. Abrelo.
6. Míralos.
7. Véndelas.
8. Termínalo.
9. Hazla.
10. No las escribas.

## 8.

1. le
2. le
3. las
4. le
5. les
6. le
7. le
8. les
9. les
10. las

## 9.

1. las
2. le
3. les
4. lo
5. las
6. lo
7. los
8. la
9. lo
10. le

## 10.

1. La maestra me busca.
2. Ellos me llamaron.
3. Mamá me escribió.
4. Ella me busca.
5. A nosotros nos buscan.

## 11.

1. nos
2. te
3. me
4. nos
5. te
6. me
7. nos
8. me
9. te
10. nos

## 12.

1. me; an
2. les; e
3. le; an
4. te; a
5. nos; e
6. les; a
7. me; a
8. le; a
9. nos; a
10. te; an

## 13.

1. A ustedes los asustan los tiburones.
2. A mí me gusta la leche.
3. A Raúl le faltan las medicinas.
4. A nosotros nos enoja el profesor.
5. A ti te sorprenden las campanas.
6. A Carmen le hace falta la secadora.
7. A ellos no los enfurece el error.
8. A usted le gustan los mariscos.
9. A mí me falta el pan.
10. A nosotros nos enojan las abejas.

## 14.

1. El nos la enseñó.
2. ¿Quién te las compró?

3. Luis me lo dio.
4. Ellos te lo devolvieron.
5. ¿No me las dieron?
6. Ella nos lo regaló.
7. Usted me la explicó bien.
8. Patricia nos las mandó.
9. Miguel te la comió.
10. Ellas me los cambiaron.

### 15.

1. Mi hermana me la compró.
2. Mi padre me los regaló.
3. El vendedor nos lo vendió.
4. Ella nos las mostró.
5. Ellos me lo explicaron.
6. Ella nos lo enseña.

### 16.

1. te las
2. nos lo
3. la
4. te los
5. nos

### 17.

1. Pepe se las pidió.
2. El jefe se la dio.
3. La lavandera se la lavó.
4. Yo se lo compré.
5. Carmen se las enseñó.
6. El maestro se la explicó.
7. La madre se lo mandó.
8. Nosotros se la regalamos.
9. Marcos se la cuenta.
10. La costurera se los cosió.
11. Ella se lo vendió.
12. Olga se lo pintó.

### 18.

1. Marta las ha vestido.
2. Yo lo vi ayer.
3. Ella la contó.
4. Tú no lo has leído.
5. Usted se las dio.
6. Rodolfo la conoce.
7. El lo ha terminado.
8. Ellos no nos la aceptaron.
9. Pilar me la dio.
10. Ustedes me lo mandaron.

### 19.

1. Marisa te lo va a decir.
2. Yo se la quiero mandar a usted.
3. Ellos nos las prefieren comprar.
4. El pintor los desea mostrar.
5. Felipe me lo quería explicar.
6. Mi abuela nos la va a enviar.

### 20.

1. La cantante quiso dedicarmela.
2. Máximo no deseó explicarte.
3. Ellos van a regalarmelos.
4. Ustedes quieren enviarnoslas.
5. Yo deseo mandartelos.
6. El carnicero quería picarmela.

### 21.

1. Yo se lo quiero enseñar.
   Yo quiero enseñárselo.
2. Ustedes los desean regalar.
   Ustedes desean regalarlos.
3. Patricia nos lo quiere pedir.
   Patricia quiere pedírnoslo.
4. Ellos nos la pueden dar.
   Ellos pueden dárnosla.
5. Adolfo se las quiere mostrar.
   Adolfo quiere mostrárselas.
6. Lo deseamos renovar.
   Deseamos renovarlo.
7. La maestra nos los prefiere enseñar.
   La maestra prefiere enseñárnoslos.
8. Se lo van a pedir.
   Van a pedírselo.
9. Ustedes me los van a devolver.
   Ustedes van a devolvérmelos.
10. El jefe las quiere dar.
    El jefe quiere darlas.

### 22.

1. La maestra está buscándola.
2. Uds. van a devolvérselo.
3. Luis está atendiéndolo.
4. Los empleados se lo garantizan.
5. El padre está regañándolos.
6. La operadora quiere saberlo.
7. Olga está apuntándola.
8. El quiere comprarlos.
9. Ellos están discutiéndolos.
10. El acaba de pedírsela.
11. Carlos está mandándolos.
12. Yo quiero venderla.

### 23.

1. Patricia te lo sigue mandando.
2. Yo me la prefiero comprar.
3. Ellos se las quieren enviar.
4. El cantante te la acaba de terminar.
5. Los muchachos nos los quieren pedir.

### 24.

1. Ella está preguntándonoslo ahora.
2. Carmen-María estaba cantándotela.
3. Yo estaba ayudándolos.
4. Nosotros estábamos explicándolo.
5. Fernando estaba comprándotelas.
6. Elena estaba molestándole.

### 25.

1. No me los compre.
2. No lo coma Ud.
3. No me lo pases.
4. No me las des.
5. No me lo enseñen Uds.
6. No me los sirva, señora Lorca.
7. No me lleves.
8. No se lo pregunte a ella.
9. No los ponga Ud. dondequiera.
10. No me ayuden Uds.

### 26.

1. Pídanmelo Uds.
2. Ayúdanos.
3. Prepárelo Ud.
4. Cómpresela.
5. Mándenmelo Uds.
6. Dígaselo.
7. Cómprenosla Ud.
8. Sírvemelo tú.
9. Déjelo Ud.
10. Ofrécela tú.

### 27.

1. Llámalo.
2. No los comas en la clase.
3. Cántemela usted.
4. No lo venda Ud.
5. Súbelo tú.
6. No se la pague usted.
7. Prepáramelo.
8. No las quite Ud.

9. Póngalos Ud.
10. Véndemela.

### 28.

1. Llevémoslo.
2. Mandémoselos.
3. Vendámosla.
4. Digámoslo.
5. Ayudémoslas.

### 29.

1. No la mandemos.
2. No lo borremos.
3. No nos acostemos.
4. No la visitemos.
5. No los compremos.

### 30.

1. Me
2. se
3. Nos
4. me
5. nos
6. se
7. nos
8. se
9. te
10. se

### 31.

1. se le
2. se me
3. se les
4. se le
5. se te
6. se les
7. se le
8. se nos
9. se le
10. se les

### 32.

1. ellos
2. mí
3. tigo
4. ella
5. nosotras
6. él
7. ellas
8. ti.
9. vosotros; ustedes
10. nosotros.

### 33.

1. El carnicero se fue conmigo.
2. Marta se perdió contigo.
3. El lloró contigo.
4. Ellas volvieron contigo.
5. Luis se mudó conmigo.
6. Mis padres lo discutieron conmigo.
7. El muchacho salió contigo.
8. Mis amigos se fueron conmigo.
9. Los maestros hablaron conmigo.
10. Mi padre salió conmigo.

### 34.

1. ¿Dónde está el mío? Tu calcetín está en la mía.
2. Nuestras primas no están con las tuyas.
3. He vendido las mías y la tuya. He vendido las nuestras.
4. Tu ropa es más elegante que la mía.
5. Estos son los míos. ¿Dónde están los tuyos?
6. Pablo prefiere la nuestra.
7. ¿Tiene Ud. la suya o la mía?
8. Tengo el tuyo.
9. Yo tengo las mías, pero Sara no encuentra las suyas.
10. El tuyo es mejor que el mío.

### 35.

1. aquellas.
2. ésos.
3. ésta.
4. ése; esos
5. ésa
6. ésta
7. aquellas
8. éste

### 36.

1. El avión que montamos nosotros se atrasó.
2. Las películas de que hablas tú son interesantes.
3. Yo no sé nada de la pelea de que hablas tú.
4. Los muchachos que tú conoces son mis amigos.
5. La blusa con la que ella fue era roja.
6. La maestra sabe que nosotros estamos aquí.

7. Los chicos con que yo discuto son inteligentes.
8. Las flores que me diste tú eran bonitas.
9. El dinero con que contamos nosotros se perdió.
10. La chica que acaba de entrar es mi prima.

### 37.

1. Las respuestas que tú tienes son largas.
2. La carta que ella escribió es interesante.
3. El señor que entró es médico.
4. Los aretes que Olga compró eran largos.
5. El viaje que hicimos es en el avión nuevo.
6. Los animales que vimos eran raros.
7. La maestra que habla español es de Argentina.
8. La película que veo es cómica.
9. La tarea que tú acabaste era fácil.
10. Los rubios que son empleados son inteligentes.

### 38.

1. La señora a quien viste esta mañana es mi madre.
2. El amigo a quien invité no viene.
3. Los estudiantes a quienes visitamos eran más inteligentes.
4. Las chicas a quienes esperábamos no llegaron.
5. El médico a quien llamas no trabaja aquí.
6. Las maestras a quienes espero no han llegado.

### 39.

1. que
2. quien
3. quienes
4. que
5. quien
6. que
7. que
8. quien
9. quienes
10. que

### 40.

1. El que me invitó a cenar en su casa fue Federico.
2. La que ganará el premio es la señora Gómez.
3. El que aprende a bailar es mi hermano.
4. Los que resolvieron el problema fueron los médicos.
5. El que habla con la señorita es don Juan.
6. El que pagará sus deudas es el maestro.
7. Los que estuvieron aquí fueron mis abuelos.
8. Los que llegan en avión son mis primos.
9. Las que irán al baile son las chicas.
10. El que llamó al inspector es el dueño.

### 41.

1. el cual
2. las cuales
3. la cual
4. los cuales
5. la cual
6. la cual

### 42.

1. Lo que me molesta es su insolencia.
2. Lo que dicen es una mentira.
3. Lo que necesitamos es una mesa más grande.
4. Lo que voy a comer es la ensalada.
5. Lo que quieren es más comida.
6. Lo que logramos ganar es el partido.
7. Lo que me sorprende es su reacción.
8. Lo que hace es una injusticia.
9. Lo que quiero escribir es el libro.
10. Lo que queremos es cenar en nuestra casa.

### 43.

1. cuya
2. cuyo
3. cuyos
4. cuyo
5. cuya
6. cuyas
7. cuyos

### 44.

1. ¿Quién irá a Francia mañana en avión?
2. ¿Adónde irá mañana en avión?
3. ¿Cómo irá a Francia mañana?
4. ¿Cómo está el pan?
5. ¿Qué está caliente?
6. ¿Cómo ayer estaba María en mi casa?
7. ¿Quién estaba María en mi casa ayer?
8. ¿Adónde va la escuela en octubre?
9. ¿Cuándo va la escuela a una excursión?
10. ¿Cómo va la escuela a una excursión en octubre?
11. ¿Qué cuesta treinta dólares?
12. ¿Cuánto cuesta el vestido?

### 45.

1. Qué
2. Qué
3. Cuándo
4. quién
5. Dónde
6. Adónde
7. Qué
8. Cómo
9. A quiénes
10. Cuánto
11. Quién
12. Cuándo

### 46.

1. Cuáles
2. Cuál
3. Cuál
4. Cuál
5. Cuál
6. Cuál

### 47.

1. Cuál
2. Cuál
3. Qué
4. Qué
5. Cuál
6. Qué
7. Qué

# 5

# *Adverbs*

**David se vistió rápidamente.**
*David dressed quickly.*

**Ludmila abrazó dulcemente a su mejor amiga.**
*Ludmila gently embraced her best friend.*

**Felipe ama profundamente a su novia.**
*Philip deeply loves his girlfriend .*

**Paco fue llevado inmediatamente al hospital.**
*Paco was taken immediately to the hospital.*

**Miguel condujo lentamente el coche.**
*Michael slowly drove the car.*

To form adverbs in Spanish, the suffix **-mente** is added to the feminine singular form of the adjective:

| Adjective | Adverb |
|---|---|
| **adecuado** | **adecuadamente** (*adequately*) |
| **cariñoso** | **cariñosamente** (*dearly*) |
| **constante** | **constantemente** (*constantly*) |
| **dulce** | **dulcemente** (*sweetly*) |
| **feliz** | **felizmente** (*happily*) |
| **inteligente** | **inteligentemente** (*intelligently*) |
| **intencional** | **intencionalmente** (*intentionally*) |
| **precioso** | **preciosamente** (*preciously*) |
| **rápido** | **rápidamente** (*quickly*) |
| **verdad** | **verdaderamente** (*truly*) |

1. Change the following adjectives into adverbs.

1. intencional _____      11. libre _____
2. tradicional _____      12. habitual _____
3. natural _____        13. cortés _____
4. normal _____         14. diario _____
5. estupendo _____        15. llano _____
6. fabuloso _____         16. astuto _____
7. honorable _____        17. bello _____
8. terrible _____        18. inmediato _____
9. concreto _____         19. superficial _____
10. sincero _____        20. lento _____

To form an adverbial phrase place the word **con** (with) before a noun:

**fácilmente** *easily*                **con facilidad** *with ease*

**rápidamente** *quickly*              **con rapidez** *rapidly*

**cuidadosamente** *carefully*         **con cuidado** *with care*

**claramente** *clearly*               **con claridad** *with clarity*

**violentamente** *violently*          **con violencia** *with violence*

**hospitalariamente** *hospitality*    **con hospitalidad** *with hospitality*

**desesperadamente** *desperately*     **con desesperación** *with desperation*

**curiosamente** *curiously*           **con curiosidad** *with curiosity*

**frecuentemente** *frequently*        **con frecuencia** *with frequency*

**cortésmente** *courteously*          **con cortesía** *with courtesy*

2. Complete the following sentences with the correct adverbial phrase of the given adverbs:

1. Elena habla por teléfono _____ (frecuentemente)
2. Pablo abrió la puerta _____ (cortésmente)
3. Mónica se fijó en el pelo de su amiga _____ (envidiosamente)
4. Verónica miró la cara de su novio _____ (desesperadamente)
5. Vivian escuchó la conversación _____ (atentamente)
6. Mauricio se asusta _____ (fácilmente)
7. Lucía levantó el cristal _____ (cuidadosamente)
8. Los boxeadores se peleaban _____ (violentamente)
9. Cuando tengo prisa hago las cosas _____ (rápidamente)
10. Ignacio cree que le pegaste _____ (intencionalmente)

By combining nouns, adjectives, verbs, and adverbs with prepositions, adverbial expressions can be formed.

The following is a list of commonly used adverbial expressions:

a menudo *often*  
a pesar de *in spite of*  
a solas *alone*  
al amanecer *at daybreak*  
al cabo *in the end*  
al menos *at least*  
al fin *finally*  
de noche *at night*  
de memoria *by heart*  
de ninguna manera *not in any way*  
de repente *suddenly*  
de veras *really*  
dentro de poco *in a little while*  
en cualquier caso *in any case*  
en la vida *in life*  

en modo alguno *in any way*  
en todas partes *everywhere*  
en otra parte *elsewhere*  
la menor duda *the slightest doubt*  
mientras tanto *meanwhile*  
ni mucho menos *nor any less*  
nunca jamás *never again*  
por lo visto *apparently*  
por escrito *in writing*  
por desgracia *unfortunately*  
sano y salvo *safe and sound*  
sin embargo *nevertheless*  
sin duda *undoubtedly*  
tan pronto como *as soon as*  
ya no *no longer*  

3. Form sentences with the following adverbial expressions:

1. dentro de poco: _____
2. en cualquier caso: _____
3. a pesar de: _____
4. en todas partes: _____
5. al fin: _____
6. por desgracia: _____
7. sin embargo: _____
8. nunca jamás: _____
9. sano y salvo: _____
10. de noche: _____

There are certain words which may be used as adjectives or as adverbs. These words are **más, menos, poco, mucho, mejor, peor** and **demasiado**:

Adjective

**Mari Carmen ha cambiado mucho dinero.**
*Mari Carmen has changed a lot of money.*

Adverb

**Ultimamente Mari Carmen ha cambiado mucho.**
*Lately Mari Carmen has changed a lot.*

Adjective

**Juan tiene demasiado automóviles caros.**
*John has too many expensive cars.*

Adverb

**Juan es demasiado rico.**
*John is very rich.*

Adjective

**No han salido demasiadas estrellas esta noche.**
*Not too many starts have come out tonight.*

Adverb

**Está demasiado oscuro esta noche.**
*It is too dark tonight.*

Adjective

**Milagros tiene menos ganas de ir a la fiesta que Elvira.**
*Milagros has less of a desire to go to the party than Elvira.*

Adverb

**Ella está más interesada en ir al concierto.**
*She is more interested in going to the concert.*

4. Conteste las siguientes preguntas:

1. ¿Te gusta más el flamenco o la danza moderna?

_____

2. ¿Hace poco o mucho frío afuera?

_____

3. ¿Cuál encuentras mejor, el verano o el invierno?

_____

4. ¿Cuál es la asignatura que más te gusta?

_____

5. ¿Tienes demasiado trabajo durante los fines de semana?

_____

6. ¿Te sientes peor o mejor que la semana pasada?

_____

5. Complete the following sentences by converting the words in parentheses into adverbs:

1. El sol salió _____. (lento)

2. Leah se marchó a España _____. (alegre)

3. El barco se hundía _____. (rápido)

4. Las amigas fueron a la playa _____. (ansiosa)

5. Miguel Angel se emborrachó, _____. (desafortunado)

6. El anillo desapareció _____. (misterioso)

7. La casa estaba adornada _____. (rica)

8. Pedro siempre hace sus diseños _____. (hábil)

6. Substitute the adverbial phrase with adverbs:

1. Siempre hay que tratar a los amigos con hospitalidad.

_____

2. Sacó las cuentas con error.

_____

3. Bernarda Alba no miró a la mendiga con piedad.

_____

4. Las madres cuidan a los hijos con cariño.

_____

5. Un maestro tiene que explicar los temas con claridad.

_____

6. Para ser amigos tenemos que comunicarnos con sinceridad.

_____

7. Cecilia miró al asesino con curiosidad.

_____

8. Sergia aceptó el regalo con alegría.

_____

7. Complete the following paragraph with the appropriate Spanish adverbial expressions:

¡_____ 1. (Never again) iré al cine _____ 2. (alone)! _____ 3. (As soon as) llegué a mi asiento vino un hombre alto, flaco, calvo, y muy extraño que empezó a hablar conmigo. _____ 4. (In a little while) decidí cambiarme de asiento. No quería perderme la película _____ 5. (In any way)? _____, 6. (Nevertheless) cuando giré para ver si el hombre me había seguido me di cuenta de que _____ 7. (everywhere) habían hombres altos, flacos, y calvos. _____ 8. (In spite of) mi deseo de ver la película, empecé a correr hacia la puerta de salida. _____, 9. (Meanwhile) todos los hombres extraños me seguían. _____ 10. (Unfortunately) cuando salí a la calle ya era _____ 11. (at night) y había poca gente. _____ 12. (Finally) llegué a mi casa _____ 13. (safe and sound) _____. 14. (At daybreak) me di cuenta de que todo había sido una pesadilla. _____, 15. (In any case) _____ 16. ( no longer) volveré al cine sin buena compañía.

8. Identify the adverbial expressions in the following sentences.

1. No salgan de ninguna manera.

   _____

2. Sin duda alguna, sé que te gustará el chocolate.

   _____

3. Mañana, a primera hora iremos al médico.

   _____

4. Por lo visto, Pepita está preparada para el viaje.

   _____

5. En la vida, he visto otra cosa semejante.

   _____

6. Al fin y al cabo sólo me quedan dos centavos.

   _____

7. Me sé todo el libro de memoria.

   _____

8. En cualquier caso estoy contento.

   _____

9. De repente Julio gritó.

   _____

10. Mientras tanto, yo prepararé la comida.

    _____

# ANSWERS TO EXERCISES

### 1.

1. **intencionalmente** intentionally
2. **tradicionalmente** traditionally
3. **naturalmente** naturally
4. **normalmente** normally
5. **estupendamente** stupendously
6. **fabulosamente** fabulously
7. **honorablemente** honorably
8. **terriblemente** terribly
9. **concretamente** concretely
10. **sinceramente** sincerely
11. **libremente** freely
12. **habitualmente** habitually
13. **cortésmente** courteously
14. **diariamente** daily
15. **llanamente** plainly
16. **astutamente** wisely
17. **bellamente** beautifully
18. **inmediatamente** immediately
19. **superficialmente** superficially
20. **lentamente** slowly

### 2.

1. con frecuencia
2. con cortesía
3. con envidia
4. con desesperación
5. con atención
6. con facilidad
7. con cuidado
8. con violencia
9. con rapidez
10. con intención

### 3.

1. Dentro de poco será de noche.
2. En cualquier caso estudiaré mucho para el examen.
3. A pesar de tus notas pasarás el curso.
4. ¡Hay hormigas en todas partes de la cocina!
5. Al fin iremos a Suramérica de vacaciones.
6. Por escrito mi profesor no puede ayudarme en el examen.
7. Sin embargo, iremos a la fiesta.
8. No volveré a hablarte nunca jamás.
9. Menos mal que estás sano y salvo.
10. De noche salen muchas estrellas.

### 4.

1. Me gusta más el flamenco.
2. Hace mucho frío afuera.
3. Encuentro el verano mejor.
4. La asignatura que más me gusta es el español.
5. Sí, tengo demasiado trabajo durante los fines de semana.
6. Me siento mejor que la semana pasada.

### 5.

1. lentamente
2. alegremente
3. rápidamente
4. ansiosamente
5. desafortunadamente
6. misteriosamente
7. ricamente
8. hábilmente

### 6.

1. hospitalariamente
2. erróneamente
3. piadosamente
4. cariñosamente
5. claramente
6. sinceramente
7. curiosamente
8. alegremente

### 7.

1. Nunca jamás
2. a solas
3. Tan pronto como
4. Dentro de poco
5. en modo alguno
6. Sin embargo
7. en todas partes
8. A pesar de
9. Mientras tanto
10. Por desgracia
11. de noche
12. Al fin
13. sano y salvo
14. Al amanecer
15. En cualquier caso
16. ya no

### 8.

1. De ninguna manera
2. Sin duda alguna
3. a primera hora
4. Por lo visto
5. En la vida
6. Al fin y al cabo
7. de memoria
8. En cualquier caso
9. De repente
10. Mientras tanto.

# 6

## Negatives

**Pepe no desea ir a la escuela.**
*Joseph does not want to go to school.*

**Yo no dormí bien anoche.**
*I did not sleep well last night.*

**Nosotros no tenemos dinero.**
*We do not have money.*

**La función no empezó a tiempo.**
*The show did not start on time.*

In Spanish, sentences can usually be negated with the word **no**. This word is placed before the conjugated verb that is being negated.

**Trabajé mucho ayer.**
*I worked a lot yesterday.*

**No trabajé mucho ayer.**
*I did not work a lot yesterday.*

**Quiero ir de compras.**
*I want to go shopping.*

**No quiero ir de compras.**
*I do not want to go shopping.*

Whenever object pronouns are involved in a sentence, the negative word **no** will be placed immediately before them.

| | |
|---|---|
| **María lo tiene.** | *Mary has it.* |
| **María no lo tiene.** | *Mary does not have it.* |
| **Ellos se lo dieron.** | *They gave it to him.* |
| **Ellos no se lo dieron.** | *They didn't give it to him.* |

1. Rewrite the following sentences in the negative.

    1. Ricardo es simpático.

    _____

    2. Tengo que ir a Guadalajara.

    _____

    3. Me gusta el color de tu chaqueta.

    _____

    4. Ella llegó temprano.

    _____

    5. Se lo bebe con su desayuno.

    _____

    6. Los niños están jugando.

    _____

    7. Le gusta charlar por teléfono.

    _____

    8. El profesor nos enseñó mucho.

    _____

    9. Hemos estudiado para el examen de mañana.

    _____

    10. Lo han traído para ella.

    _____

Major Negative:

| | |
|---|---|
| **no** | *no, not* |
| **nada** | *nothing, not anything* |
| **nadie** | *no one, nobody, not anyone* |
| **nunca** | *never, not ever* |
| **jamás** | *never, not ever* |
| **ninguno** | *no, none, not any* |
| **ni...ni** | *neither...nor, not...nor* |
| **tampoco** | *neither, not either* |

The negative word **nadie** must be preceded with a personal **a** when it is the object in a sentence.

Sentences in Spanish may contain more than one negative. When used alone, the negative simply precedes the verb, but when used with **no**, it follows the verb, while the **no** comes before.

| | |
|---|---|
| **Nada comió.** | *He ate nothing.* |
| **No comió nada.** | *He didn't eat anything.* |
| **Ana nunca lo ha visto.** | *Ana has never seen it.* |
| **Ana no lo ha visto nunca.** | *Ana has not ever seen it.* |

Note that **no** can thus be combined with other negatives (such as **nada, ni, ninguno, nunca,** or **jamás**) which follow it, and work to strengthen the negation.

> **Pablo no quiso ayuda.**
> *Paul didn't want help.*

> **Pablo no quiso nunca ninguna ayuda de nadie.**
> *Paul never wanted any help from anyone.*

These negatives are also used in questions expecting negative answers.

> **¿Has estado jamás más sorprendida?**
> *Have you ever been more surprised?*

> **¿Has visto jamás esa película?**
> *Have you ever seen that film?*

When used alone, **ni** means *nor*, and can be used to join negative sentences, just as y joins affirmative ones. When repeated, it means *"neither...nor"* or *"not...nor,"* and like the other negatives, needs a **no** to come before the verb whenever its phrase follows the verb.

> **Ellos no han llegado, ni vendrá nadie.**
> *They have not arrived, nor will anyone come.*

> **No necesito ni dinero ni fama.**
> *I need neither money nor fame.*

Also, note that **alguno** can take the place of its opposite negative **ninguno**, when in connection with a noun, such that the new construction is still negative, and even more forceful. **Alguno** will follow the noun, unlike **ninguno**, which will precede it.

> **No he recibido ninguna carta de ellos.**
> **No he recibido carta alguna de ellos.**
> *I have not received any letters from them.*

Realize that **ninguno** has both masculine (**ninguno**) and feminine (**ninguna**) forms, and that it becomes '**ningún**' when it is an adjective modifying a masculine noun coming right after it.

> **Ramón no oyó ningún ruido.**
> *Raymond didn't hear any noise.*

2. Use one of the following negatives to complete the sentences. More than one answer might be possible.

| | | | |
|---|---|---|---|
| **no** | **nada** | **nunca** | **ninguno** |
| **ni** | **nadie** | **jamás** | |

1. _____ lo conoce como yo.
2. _____ recibió _____ regalo hoy, aunque recibió muchos ayer.
3. No tengo _____ para darte.
4. _____ en nuestra familia ha tenido que llevar anteojos.
5. El ciego no pudo ver a _____.
6. No le gustan _____ helado _____ torta.
7. ¿Has visto _____ un vestido más feo?
8. Víctor _____ tiene _____ dinero.
9. ¿ _____ ha escuchado esa canción?
10. En la clase, _____ estudiante hizo su tarea.

3. Write alternative forms of the following sentences, making them even more emphatic.

1. Nada veo.

_____

2. José nunca estuvo allí.

_____

3. Ni lápiz ni pluma tuvo.

_____

4. ¿Se ha encontrado con un hombre más codicioso?

_____

5. Anita jamás bebió una taza de café.

_____

6. Desafortunadamente, ninguna palabra comprendí.

_____

7. Nadie ha llegado.

_____

8. Ni cantar ni bailar me gusta.

_____

9. Aunque tenía mucha hambre, nada comí.

_____

10. A ninguna persona conozco en la habitación.

_____

**Tampoco** is the opposite negative of **también**, and can either precede the verb alone, or else follow it, thereby needing **no** or **ni** to come before the verb.

**La actriz, como el actor de la película, tampoco ganó.**
*The actress, like the actor of the film, didn't win either.*

**Cuando yo no caminaba, el perro no caminó tampoco.**
*When I didn't walk, the dog didn't walk either.*

4. Use **tampoco** to negate the following sentences.

1. Miguel también recibe un cien para el examen.

_____

_____

2. Queremos ir también.

_____

_____

3. Caterina también tiene un gato.

_____

_____

4. La conozco a ella también.

_____

_____

5. Y yo estudio también.

_____

_____

Now, while both **pero** and **sino** mean *"but,"* **sino** is only used after negative statements, and can basically be interpreted as *"however."* **Sino** works to signal a contrast or contradiction between the components of a sentence.

> **Juan está cansado, pero todavía va a asistir a la fiesta.**
> *John is tired, but is still going to attend the party.*

> **El no es de Chile, sino de Argentina.**
> *He is not from Chile, but Argentina.*

Keep in mind that the two components being contrasted by **sino** must be equivalent parts of speech, and that comparisons of conjugated verbs (not in their infinitive form) are used with '**sino que**'.

> **Margarita no compró el coche, sino que lo alquiló.**
> *Margarita didn't buy the car, but rather rented it.*

5. Complete the following exercise with either **pero**, **sino**, or **sino que**.

1. La chica no tiene dieciocho años, _____ dieciseis.
2. No es tarde, _____ va a acostarse.
3. Ahora no quiero comer, _____ dormir.
4. El bebé no habla, _____ llora.
5. Su nombre no es Martín, _____ Luis.
6. Los dos están enamorados, _____ no van a casarse.
7. No estoy triste, _____ aburrido.
8. No miraré la televisión, _____ haré mi tarea.
9. Ella no es gorda, _____ no es flaca tampoco.
10. Carlos no lo trajo, _____ lo dejó en casa.

When placed after comparatives, negatives such as **nada, ni, ninguno, nunca,** and **jamás** can be used to express affirmative ideas.

**Tú cantas mejor que nadie.**
*You sing better than anyone.*

**El niño quiso tener un perro más que nada.**
*The boy wanted to have a dog more than anything.*

Special negative expressions:

| | |
|---|---|
| **ya no** | *no longer* |
| **todavía no** | *not yet* |
| **de ninguna manera** | *by no means* |
| **de ningún modo** | *by no means* |
| **ni siquiera** | *not even* |
| **no importa** | *it does not matter* |

Finally, in using any negatives, remember that their placement is very important, and a misplaced **no** can easily change the meaning of a sentence.

**Adela no sabe que Elena está en Europa.**
*Adela doesn't know that Elena is in Europe.*

**Adela sabe que Elena no está en Europa.**
*Adela knows that Elena is not in Europe.*

6. Answer the following questions in the negative.

1. ¿Conoció a la familia de Isabel?

   _____

2. ¿Puede recordar el título del libro?

   _____

3. ¿Se ha divertido con Leonardo?

   _____

4. ¿Lo perdió?

   _____

5. ¿La han traído?

   _____

6. ¿Le gusta despertarse temprano?

   _____

7. ¿Está alguien en la casa?

   _____

8. ¿Los ha lavado?

   _____

9. ¿Quiere comprar algo?

   _____

10. ¿Se le da la muñeca a la niña?

    _____

7. Translate the following into Spanish.

1. We are not ready for the test.

_____

2. Do not give it to her.

_____

3. Can you not do it for me?

_____

4. I did not bring anything.

_____

5. That dog never barks at anyone.

_____

6. There was no furniture in the room.

_____

7. Her boyfriend brought neither candy nor flowers—only himself.

_____

8. She wanted fame more than anything.

_____

9. Have you ever seen a more stupid movie?

_____

10. The weather is not good today either.

_____

11. I do not have money, and do not need any.

_____

12. That artist paints better than anyone.

_____

13. Mary does not like to swim either.

_____

14. I cannot see, but I can guess what is happening.

_____

15. He never really liked her, but tolerated her.

_____

8. Complete the following sentences using either **pero**, **sino** or **sino que**.

1. Mi color favorito no es el azul, _____ el verde.

2. Quiero ir contigo, _____ tengo que hacer este trabajo.

3. El gato no se queda en la casa, _____ sale por la ventana.

4. El marzipán no es una forma de pan, _____ un dulce.

5. El maestro no está castigando a un estudiante, _____ a todos en general.

6. Nosotros no cantaríamos, _____ bailaríamos.

7. A mí, no me gusta limpiar mi cuarto, _____ dormir en el.

8. No le gusta viajar por autobús, _____ por subterráneo.

9. Los niños no durmieron, _____ corrieron por todos lados.

10. Tú lo has perdonado, _____ no has olvidado lo que pasó.

9. Match the following expressions with their meanings.

| | |
|---|---|
| 1. de ninguna manera | a. it doesn't matter |
| 2. todavía no | b. no longer |
| 3. ni siquiera | c. not yet |
| 4. no importa | d. by no means |
| 5. ya no | e. not now |
| | f. not even |

10. Answer the following questions using one of the negative expressions.

1. ¿Todavía deseas coger prestado algún libro?

_____

2. ¿Has hablado con ella?

_____

3. ¿Vas a reírte de mí?

_____

4. ¿Te importa mucho las notas a ti?

_____

5. ¿Vas a reprenderme también a mí?

_____

# ANSWERS TO EXERCISES

## 1.

1. Ricardo no es simpático.
2. No tengo que ir a Guadalajara.
3. No me gusta el color de tu chaqueta.
4. Ella no llegó temprano.
5. No se lo bebe con su desayuno.
6. Los niños no están jugando.
7. No le gusta charlar por teléfono.
8. El profesor no nos enseñó mucho.
9. No hemos estudiado para el examen de mañana.
10. No lo han traído para ella.

## 2.

1. No
2. No; ningún
3. nada
4. Nadie
5. nadie
6. ni; ni
7. jamás
8. no; ningún
9. Nunca
10. ningún

## 3.

1. No veo nada.
2. José no estuvo nunca allí.
3. No tuvo ni lápiz ni pluma.
4. ¿No se han encontrado con ningún hombre más codicioso?
5. Anita no bebió jamás una taza de café.
6. Desafortunadamente, no comprendí ninguna palabra.
7. No ha llegado nadie.
8. No me gusta ni cantar ni bailar.
9. Aunque tenía mucha hambre, no comí nada.
10. No conozco a ninguna persona en la habitación.

## 4.

1. Miguel tampoco recibe un cien para el examen.
2. Tampoco queremos ir.
No queremos ir tampoco.
3. Caterina tampoco tiene un gato.
Caterina no tiene tampoco un gato.
4. Tampoco la conozco a ella.
No la conozco tampoco a ella.
5. Y tampoco yo estudio.
Y no estudio tampoco.

## 5.

1. sino
2. pero
3. sino
4. sino que
5. sino
6. pero
7. sino
8. sino que
9. pero
10. sino que

## 6.

1. No conocí a la familia de Isabel.
2. No puedo recordar el título del libro.
3. No me he divertido con Leonardo.
4. No lo perdí.
5. No lo han traído.
6. No me gusta despertarme temprano.
7. No está nadie en la casa.
8. No los ha lavado.
9. No quiere comprar nada.
10. No se le da la muñeca a la niña.

## 7.

1. No estamos listos para el examen.
2. No se lo des a ella.
3. ¿No lo puedes hacer por mí?
4. No traje nada.
5. Ese perro nunca ladra a nadie.

6. No había ningunos muebles en la habitación.
7. Su novio no trajo ni dulces ni flores–solamente él.
8. Ella deseaba sobretodo fama.
9. ¿Has visto jamás una película tan estúpida?
10. No hace tampoco buen tiempo hoy.
11. No tengo dinero, y no necesito ninguno.
12. Ese artista pinta mejor que nadie.
13. A María tampoco le gusta nadar.
14. No puedo ver, pero puedo adivinar lo que está pasando.
15. A él nunca le gustó ella, pero la toleraba.

## 8.

1. sino
2. pero
3. sino que
4. sino
5. sino
6. pero
7. sino
8. sino
9. sino que
10. pero

## 9.

1. d
2. c
3. f
4. a
5. b

## 10.

1. No deseo coger prestado ningún libro.
2. No he hablado todavía con ella.
3. No voy a reírme de ti.
4. No me importan nada las notas a mí.
5. No voy a reprenderte a ti tampoco.

# 7

## *Prepositions*

**María va con su madre al mercado.**
*Mary goes with her mother to the market.*

**La motocicleta negra es de él.**
*The black motorcycle is his.*

**Los estudiantes deben tomar el examen sin hablar.**
*The students should take the test without talking.*

**Mi profesor me amenazó con no graduarme.**
*My professor threatened to not allow me to graduate.*

**Voy contra la corriente.**
*I go against the current.*

A preposition is a word that connects words, and according to the thought expressed in the sentence, it serves to indicate the relation between these words.

In general, prepositions in Spanish are used in the following categories:

1) preposition + noun: **con Julio**

   **Marta va al parque con Juan.**   *Martha goes to the park with Juan.*

2) preposition + pronoun: **de él**

   **Este libro es de él.**   *This book is his.*

3) preposition + infinitive verb: **sin hablar**

   **Ellos trabajan sin hablar.**   *They work without talking.*

4) verb + preposition: **amenaza con**

   **El huracán amenaza con pasar por la ciudad.**
   *The hurricane threatens to pass by the city.*

### PREPOSITIONAL MODIFIERS

1. Prepositional adjective: the union of a preposition and a noun which modifies another noun.

| | | |
|---|---|---|
| **una camisa** | **de** | **algodón.** |
| noun | preposition + noun = adjective | |
| *a shirt* | *of* | *cotton.* |

| | |
|---|---|
| **una silla de madera.** | *a wooden chair.* |
| **un reloj de oro.** | *a gold watch.* |
| **una estrella de papel.** | *a paper star.* |

2. Prepositional adverb: the union of a preposition and a noun which modifies a verb.

| | | |
|---|---|---|
| **corre** | **con** | **rapidez** |
| verb | preposition + noun = adverb | |
| *he runs* | | *fast* |

1. Match the following nouns with the corresponding prepositional adjectives.

| | |
|---|---|
| 1. una taza | a. de perlas |
| 2. una corbata | b. para café |
| 3. un collar | c. de madera |
| 4. una jarra | d. de seda |
| 5. una mesa | e. para agua |

2. Fill in the following sentences with prepositional adverbs.

1. Luis se peina _____
2. El perro corre _____
3. Mis padres van al cine _____
4. Yo visito a mi abuela _____
5. La luna brilla _____

## PREPOSITIONS USED WITH INFINITIVES

In Spanish, the infinitive is the only verb form that can follow a preposition.

| | |
|---|---|
| **Comenzó a llover.** | *It began to rain.* |
| **Acaba de llegar.** | *He has just arrived.* |
| **Regresa de trabajar.** | *She returns from working.* |
| **Debemos pensar antes de actuar.** | *We should think before acting.* |
| **No aprenderá sin estudiar.** | *He will not learn without studying.* |

Some verbs that require the preposition *a* before an infinitive are:

| | |
|---|---|
| **acercarse a** | *to approach* |
| **acostumbrarse a** | *to become accustomed to* |
| **aprender a** | *to learn to* |
| **apresurarse a** | *to hurry to* |
| **aspirar a** | *to aspire to* |

| | |
|---|---|
| **atreverse a** | *to dare to* |
| **ayudar a** | *to help to* |
| **comenzar a** | *to begin to* |
| **decidirse a** | *to decide to* |
| **dedicarse a** | *to devote oneself to* |
| **empezar a** | *to begin to* |
| **enseñar a** | *to teach to* |
| **obligar a** | *to force to* |
| **ponerse a** | *to begin to* |
| **venir a** | *to come to* |
| **volver a** | *to return to* |

**La maestra enseña a leer a sus alumnos.**
*The teacher teaches her students to read.*

**Ellos se dedican a reparar estatuas.**
*They dedicate themselves to repair statues.*

**Tenemos que apresurarnos a terminar el examen.**
*We must hurry to finish the examination.*

**El comendador convidó a comer a Don Juan Tenorio.**
*The commander invited Don Juan Tenorio to eat.*

**Voy a empezar a comer.**
*I am going to begin to eat.*

Other verbs that required the preposition **de** before the infinitive are:

| | |
|---|---|
| **acabar de** | *to finish* |
| **acordarse de** | *to remember to* |
| **alegrarse de** | *to be glad* |
| **cesar de** | *to stop* |
| **dejar de** | *to fail to* |
| **encargarse de** | *to take charge of* |
| **olvidarse de** | *to forget to* |
| **tratar de** | *to try to* |

**Cesó de nevar después de tres días.** *It stopped snowing after three days.*

Some verbs that require the preposition **con** before an infinitive are:

| | |
|---|---|
| **amenazar con** | *to threaten to* |
| **contar con** | *to count on* |
| **soñar con** | *to dream of* |

**María sueña con ser una actriz.**    *Mary dreams of being an actress.*

Other verbs that require the preposition **en** before an infinitive are:

| | |
|---|---|
| **consentir en** | *to consent to* |
| **consistir en** | *to consist of* |
| **convenir en** | *to agree to* |

| | |
|---|---|
| **empeñarse en** | *to insist on* |
| **insistir en** | *to insist on* |
| **tardar en** | *to delay in* |
| **Yo insisto en pagar la cuenta.** | *I insist on paying the bill.* |

Other common prepositions used before an infinitive are:

| | |
|---|---|
| **a** | *to; at* |
| **al** + inf. *verb* | *upon; on* |
| **antes de** | *before* |
| **con** | *with* |
| **de** | *of; to* |
| **después** | *after* |
| **en** | *in; on; of* |
| **en lugar de** | *instead of* |
| **en vez de** | *instead of* |
| **hasta** | *until* |
| **sin** | *without* |
| **Al regresar vio a su esposa.** | *Upon entering, he saw his wife.* |
| **Se fue sin despedirse.** | *He left without saying goodbye.* |

There are verbs that are used without a preposition before the infinitive. Some of these verbs are:

| | |
|---|---|
| **deber** | *to ought to* |
| **dejar** | *to let* |
| **desear** | *to desire* |
| **esperar** | *to expect* |
| **hacer** | *to make* |
| **lograr** | *to succeed in* |
| **necesitar** | *to need* |
| **oír** | *to hear* |
| **poder** | *to be able to* |
| **preferir** | *to prefer* |
| **pretender** | *to pretend; to attempt* |
| **prometer** | *to promise* |
| **querer** | *to want* |
| **saber** | *to know how to* |
| **soler** | *to be used to* |
| **ver** | *to see* |

3. Write full sentences in the future tense of the indicative mood with the word given, and add the respective prepositions according to the model.

modelo:     **El bailarín / alegrarse / visitar / Viena.**
            **El bailarín se alegrará de visitar Viena.**

1. Ella / acabar / dar / concierto / dos ciudades.
2. María / consentir / hacer / quehacer.
3. Su madre / enseñarle / tocar / piano.
4. Después de hombre / él / aspirar / ser / doctor.
5. Juan / olvidar / cerrar / puerta / llave.
6. Avión / tardar / aterrizar.
7. Juan / insistir / ir / biblioteca.
8. Miguel /esperar / ver / actor.
9. Nosotros / contar / él.
10. Tú / encargarse / arreglar / habitación.

4. Complete the following paragraph with the appropriate prepositions when needed.

Unos niños se disponían _____ 1. jugar _____ 2. el parque, cuando un hombre _____ 3. unas pistolas empezó _____ 4. disparar a todas partes. Yo pensaba _____ 5. ayudar pero era demasiado peligroso.  Algunas personas quedaron heridas y el malhechor huyó amenazando _____ 6. la gente.  Este hombre debe _____ 7. ser un loco. Cuando la policía llegó y me iba _____ 8. interrogar, yo traté _____ 9. ayudarlos, pero me desmayé _____ 10. el susto.

5. Match each verb with the prepositions **a**, **con**, **de**, or **en**.

1. acabar _____        6. obligar _____
2. olvidarse _____       7. cesar _____
3. insistir _____       8. tratar _____
4. amenazar _____        9. contar _____
5. empezar _____       10. tardar _____

6. Answer the following questions in full sentences.

1. ¿A quién esperas en el parque?
_____

2. ¿Qué quehaceres debes hacer después de la cena?
_____

3. ¿Cuándo piensas comenzar tu tarea?
_____

4. ¿Qué instrumento musical puedes tocar?
_____

5. ¿Con qué sueñas en ser?
_____

## PERSONAL A

In Spanish, the preposition **a** is used before the direct object of a verb if the direct object is:

1) a definite person or persons:

**Conozco a su tía Elena.**     *I know his aunt Helen.*

When the direct object is a person not specified by name or noun, the personal **a** is not generally used.

**Llamo un doctor.**     *I am calling a doctor.*

2) a domesticated animal when personified:

**Yo quiero a mi gatito.**     *I love my kitten.*

3) a geographical location.

**Mis padres desean visitar a España.**
*My parents want to visit Spain.*

When the geographical location is preceded by the definite article the personal **a** is not used.

**Mis padres visitan los Estados Unidos.**
*My parents visit the United States.*

4) A pronoun when it refers to a person.

**Laura está visitando a alguien.**     *Laura is visiting someone.*

Other pronouns commonly used are:

| | | | |
|---|---|---|---|
| **alguien** | *someone* | **quien** | *whom* |
| **él** | *he* | **nadie** | *no one* |
| **ella** | *she* | **ninguno** | *none* |

5) The personal **a** is not generally used with the verb **tener** when it means to have.

**Tengo dos hermanas.**     *I have two sisters.*

However, when tener means to hold, the personal a is used.

**La enfermera tiene a un niño en sus brazos.**
*The nurse has a child in her arms.*

7. Complete the following exercise with the personal **a** where it is appropriate.

Mis padres compraron _____ 1. un perrito. Me lo dieron _____ 2. mí como regalo de navidad. Hace solamente unos días que lo he tenido, pero ya quiero mucho _____ 3. mi perrito. El primer día, yo tuve _____ 4. mi perrito en los brazos constantemente. Mi perrito no quiere _____ 5. nadie más que a mí. Yo le dí _____ 6. mis padres un gran abrazo. Este es posiblemente el mejor regalo que me han dado _____ 7. mí.

8. Complete the sentences with the preposition **a** if necessary.

1. Mis padres van a visitar _____ la Argentina y _____ Colombia.
2. Juan tiene _____ muchos amigos.
3. Mi hermano llama _____ casa una vez a la semana.
4. Muchos jóvenes en la calle piensan que _____ nadie le importa su bienestar.
5. Mi primo conoce _____ la presidenta de las Filipinas.
6. Vamos _____ Santo Domingo.
7. Veo _____ un tigre.
8. Tenemos _____ cinco perros en mi casa.
9. Marta tiene _____ un gatito en sus brazos.
10. Conozco _____ Luis.

## PREPOSITIONS PARA AND POR

These two prepositions are generally translated as *for*. Observe the variations in translation and the differences between the two.

**Para** expresses:

1) destination.

**Mañana salgo para Japón.**     *Tomorrow I am leaving for Japan.*

2) purpose or goal.

**Estudio para ser científico.**     *I am studying to be a scientist.*

3) the special use of an object.

**Este vaso es para café.**     *This glass is for coffee.*

4) a time or date in the future.

**Esta lección es para mañana.**     *This lesson is for tomorrow.*

5) a comparison of some sort.

**Para ser norteamericano, habla español muy bien.**
*For an american, he speaks Spanish well.*

6) to mean *to* or *for himself* (herself, themselves...) when used with the reflexive pronoun **sí**.

**Lo quieren todo para sí.**     *They want everything for themselves.*

7) in order to, when followed by an infinitive.

**Necesito gafas para leer.**     *I need glasses in order to read.*

**Por** is used to:

1) express in exchange for.

**¿Cuánto dinero me dará por mi trabajo?**

2) indicate a length of time or the duration of an action.

**Me quedé en casa por tres días.**
*I stayed home for three days.*

3) introduce the agent in a passive construction (by).

**Este libro fue escrito por García Lorca.**
*This book was written by García Lorca.*

4) to mean: along, through, by, and around after a verb of motion.

**Pasaron por el parque.**     *They passed through the park.*

5) to indicate an indefinite time.

**Por la noche estudio.**     *I study at night.*

6) mean for the sake of and on behalf of.

**La madre habló por la asociación de padres.**
*The mother spoke on behalf of the Parent's Association.*

7) mean for, as used after the verbs **enviar, ir, luchar, regresar**, etc.

**Yolanda regresó por su muñeca.**
*Yolanda returned for her doll.*

8) express manner or means.

**Llegaron por barco.**     *They arrived by boat.*

9) express frequency (**per**).

**Los alumnos asisten a la escuela cinco veces por semana.**
*The students attend school five times per week.*

10) express a reason or motive.

**Lo castigaron por robarse el dinero.**
*They punished him for stealing the money.*

11) express opinion or estimation. This is equivalent to the English for/or as.

**Se le conocía por Pepe Menteseca.**
*He was known as Pepe Menteseca.*

12) express certain adverbial expressions.

| | |
|---|---|
| **por eso** | *that is why* |
| **por supuesto** | *naturally* |
| **por lo común** | *generally* |
| **por lo general** | *generally* |
| **por lo visto** | *apparently* |

13) the meaning of **por** when it is followed by an infinitive. It expresses what remains to be done.

**Queda mucho por hacer.**     *There remains much to be done.*

**Queda mucho por hacer.**        *There remains much to be done.*

9. Complete the following sentences with **por** or **para**.

1. Carlos trabaja _____ sostener a su familia.
2. Las entradas son _____ la obra teatral.
3. El tren de juguete es _____ el niño huérfano.
4. Mis amigos salieron _____ el campo.
5. García Lorca es famoso _____ su triología dramática.
6. Nuestra clase de español quiere viajar _____ Cancún.
7. Los árabes vinieron a España _____ conquistarla.
8. ¿ _____ quién es la pluma de oro?
9. Vamos a pagar trescientos dólares _____ el viaje a la Florida.
10. El barco va _____ las orillas del mar del Norte.
11. Ellos van _____ Guatemala.
12. Esto es _____ ti.
13. El regalo es _____ mi madre.
14. Hago estas cosas _____ ti.
15. _____ lo visto, ellos no llevarán a tiempo.
16. Trabajo sesenta horas _____ semana.
17. Obtuvo el empleo _____ sus excelentes calificaciones.
18. Marta llegó _____ taxi.
19. Necesito mis gafas _____ leer.
20. La tarea es _____ mañana.

10. Write sentences according to the rules which apply to the usage of the prepositions **para** or **por**.

1. It is used to express a comparison.

_____

2. It is used to mean in exchange for.

_____

3. It is used to mean in order to.

_____

4. It indicates destination or purpose.

_____

5. It is used to express a definite time or place.

_____

11. Complete the following paragraph by using the prepositions **por** or **para**.

Yo tuve que salir _____ 1. comprar un libro que necesito _____ 2. el examen mañana. Tengo que comprar también verduras _____ 3. la cena. Estaré fuera _____ 4. una hora aproximadamente, pues debo tomar el omnibus al centro del pueblo.

Common prepositions are:

| | |
|---|---|
| **a** | *at; to* |
| **ante** | *before; in the presence of* |
| **bajo** | *underneath* |
| **cabe** | *near; next to* |
| **con** | *with* |
| **contra** | *against* |
| **de** | *of; from* |
| **delante** | *in front of* |
| **desde** | *after; from; since* |
| **durante** | *during* |
| **en** | *in* |
| **entre** | *among; between* |
| **hacia** | *toward* |
| **hasta** | *until* |
| **para** | *for; in order to* |
| **por** | *by; for* |
| **según** | *according to* |
| **sin** | *without* |
| **sobre** | *on; upon; above* |
| **tras** | *after; behind* |

## PREPOSITIONAL PHRASES

The preposition **de**, with certain words (most of them adverbs), generally changes that part of speech to a preposition.

| | |
|---|---|
| **además de** | *in addition to; besides* |
| **alrededor de** | *around* |
| **antes de** | *before* |
| **cerca de** | *near* |
| **con rumbo a** | *in the direction of* |
| **debajo de** | *underneath* |
| **delante de** | *in front of* |
| **dentro de** | *within; inside of* |
| **después de** | *after* |
| **detrás de** | *after* |
| **en contra de** | *against* |
| **en cuanto a** | *as far as* |
| **en lugar de** | *instead of* |
| **en medio de** | *in the middle of* |
| **en vez de** | *instead of* |
| **encima de** | *on top of; upon* |
| **enfrente de** | *opposite to* |

| | |
|---|---|
| **encima de** | *on top of; upon* |
| **enfrente de** | *opposite to* |
| **fuera de** | *outside of* |
| **junto a** | *next to* |
| **lejos de** | *far from* |
| **por valor de** | *worth* |

12. Answer the following sentences using the indicated prepositional expressions.

1. ¿Cuándo empezó a llover anoche? (a eso de)

_____

2. ¿Por qué no fueron ustedes al circo? (a causa de)

_____

3. ¿Cuándo comienzan las clases? (a fines de)

_____

4. ¿Cómo lograste comprar un coche nuevo? (a fuerza de)

_____

5. ¿Piensas trabajar este verano? (desde luego)

_____

6. ¿Dónde están las llaves? (alrededor de)

_____

7. ¿Cuándo regresan tus padres de sus vacaciones? (dentro de)

_____

8. ¿Dónde te sentaste en el teatro? (detrás de)

_____

9. ¿Qué haces en tu nuevo trabajo? (en vez de)

_____

10. ¿Dónde estacionaste tu coche? (frente a)

_____

# ANSWERS TO EXERCISES

### 1.

1. b
2. d
3. a
4. e
5. c

### 2.

1. con cepillo
2. con rapidez
3. por necesidad
4. con frecuencia
5. con intensidad

### 3.

1. Ella acabará de dar conciertos en dos ciudades.
2. María consentirá en hacer los quehaceres.
3. Su madre le enseñará a tocar el piano.
4. Después de hombre, él aspirará a ser doctor.
5. Juan olvidará cerrar la puerta con llave.
6. El avión tardará en aterrizar.
7. Juan insitirá en ir a la biblioteca.
8. Miguel esperará ver un actor.
9. Nosotros contaremos con él.
10. Tú te encargarás de arreglar la habitación.

### 4.

1. a
2. en
3. con
4. a
5. ---
6. a
7. ---
8. a
9. de
10. por

### 5.

1. de
2. de
3. en
4. a
5. a
6. a
7. de
8. de
9. con
10. en

### 6.

1. Yo espero a Luis.
2. Yo debo lavar los platos después de la cena.
3. Pienso comenzar mi tarea en la tarde.
4. Puedo tocar el violoncelo.
5. Sueño con ser un agrónomo.

### 7.

1. ---
2. a
3. a
4. a
5. a
6. a
7. a

### 8.

1. ---; a
2. ---
3. a
4. a
5. ---
6. a
7. ---
8. ---
9. a
10. a

### 9.

1. para
2. para
3. para
4. para
5. por
6. para
7. para
8. Para
9. por
10. por
11. para
12. para
13. para
14. por
15. Por
16. por
17. por
18. por
19. para
20. para

### 10.

1. Es muy inteligente para ser tan joven.
2. Yo pagué treinta dólares por este libro.
3. Estudio para aprender.
4. Ellos salieron para la universidad.
5. Para las tres habrán llegado.

### 11.

1. para
2. para
3. para
4. por
5. por
6. para

### 12.

1. Empezó a llover a eso de las diez.
2. No fuimos al circo a causa de la lluvia.
3. Las clases comienzan a fines de agosto.
4. Logré comprar un coche nuevo a fuerza de ahorrar dinero.
5. Desde luego que pienso trabajar este verano.
6. Las llaves están alrededor de la mesa.
7. Mis padres regresan de sus vacaciones dentro de dos días.
8. Me senté detrás de la tercera fila.
9. En vez de programar computadoras, administro la base de información de la compañía.
10. Estacioné mi coche frente al supermercado.

# 8

## Idioms and Proverbs

### IDIOMS

*Idiomatic expressions are an important part of learning the intricate ways a language is used. In Spanish, verbs and nouns are the most commonly used form of these expressions. The following is a list of some of these idiomatic expressions:*

**With nouns**

| | |
|---|---|
| a causa de | on account of |
| a cuestas | on one's back |
| a eso de | at about |
| a fines de | at the end of |
| a fondo | thoroughly |
| a hurtadillas | furtively |
| a la vista | at sight |
| a lo alto | at the top |
| a lo lejos | at the distance |
| a lo menos | at least |
| a manos llenas | abundantly |
| a media voz | in a whisper |
| a menudo | often |
| a pesar de | in spite of |
| a pie | on foot |
| a poco | soon after |
| a principios de | at the beginning of |
| a sabiendas | knowingly |
| a solas | alone |
| a su vez | in one's turn |
| a tientas | gropingly |
| a veces | sometimes |

| | |
|---|---|
| ¿a qué hora? | *at what time?* |
| a tiempo | *on time* |
| ahora mismo | *right now* |
| al alcance de | *within reach* |
| al aire libre | *in the open air* |
| al amanecer | *at dawn* |
| al anochecer | *at nightfall* |
| al azar | *at random* |
| al cabo | *at last* |
| al día siguiente | *on the next day* |
| al encuentro de | *to meet* |
| al fiado | *on credit* |
| al fin | *at last* |
| al fin y al cabo | *at last* |
| al menos | *at least* |
| al principio | *at the beginning* |
| al punto | *immediately* |
| al lado de | *beside* |
| al parecer | *apparently* |
| al por mayor | *wholesale* |
| al por menor | *retail* |
| alguna vez | *sometime* |
| ¡anda! | *go ahead!* |
| andando el tiempo | *in the course of time* |
| ante todo | *above all* |
| antes bien | *on the contrary* |
| buenas noches | *good night* |
| buenos días | *good morning* |
| calle abajo | *down (up) the street* |
| cosa de | *a matter of* |
| ¿cómo se dice...? | *how do you say...?* |
| ¡cómo no! | *certainly!* |
| con ahinco | *earnestly* |
| con excepción de | *except* |
| con mucho gusto | *with great pleasure* |
| con permiso | *excuse me* |
| cuanto antes | *immediately* |
| cumplir ... años | *to become ... years old.* |
| ¿cuántos años tienes? | *how old are you?* |
| cuanto más ... (tanto) más | *the more ... the more* |
| de antemano | *beforehand* |
| de buena (mala) gana | *gladly (unwillingly)* |
| de buena tinta | *from a reliable source* |

| | |
|---|---|
| de costumbre | usually |
| de esta manera | in this way |
| de día | by day |
| de este modo | in this way |
| de hito en hito | fixedly |
| de la mañana | in the morning |
| de la tarde | in the afternoon |
| de la noche | in the evening |
| de memoria | by heart |
| de moda | in fashion |
| de nada | you are welcome |
| de ninguna manera | in no way |
| de noche | at night |
| de nuevo | again |
| de par en par | wide open |
| de pie | standing |
| de prisa | quickly |
| de pronto | suddenly |
| de segunda mano | second hand; used |
| de sol a sol | from sunrise to sunset |
| de todos modos | at any rate |
| de veras | truly |
| de verdad | in truth |
| de vez en cuando | from time to time |
| del todo | entirely |
| desde entonces | since then |
| ¿de qué color es...? | what is the color of...? |
| dentro de poco | in a little while |
| el año pasado | last year |
| el día menos pensado | when least expected |
| en casa | at home |
| en cuanto | as far as |
| en adelante | from now on |
| en cambio | on the other hand |
| en cuclillas | crouching |
| en el extranjero | abroad |
| en fin | at last |
| en general | generally |
| en las afueras | on the outskirts |
| en lugar de | instead of |
| en medio de | in the middle of |
| en ninguna parte | nowhere |
| en pos de | in pursuit of |

| | |
|---|---|
| en punto | *sharp* |
| en seguida | *immediately* |
| en un santiamén | *in a flash* |
| en un término medio | *on the average* |
| en vano | *in vain* |
| en vísperas de | *on the eve of* |
| en voz alta | *aloud* |
| en voz baja | *in a low voice* |
| entrado en años | *advanced in years* |
| eso es | *that is it* |
| gracias a | *thanks to* |
| hacia abajo | *below* |
| hacia arriba | *above* |
| hasta la vista | *until we meet again* |
| hasta luego | *good bye* |
| hasta mañana (la noche) | *until tomorrow (this evening)* |
| hoy día | *nowadays* |
| hoy mismo | *this very day* |
| hombre de bien | *good man* |
| hoy por hoy | *this very day* |
| la mayor parte de | *most of* |
| lo más pronto posible | *as quickly as possible* |
| lo mismo | *the same* |
| los (las) dos | *both* |
| mal que bien | *by hook or crook* |
| más allá de | *beyond* |
| mañana por la mañana | *tomorrow morning* |
| más bien | *rather* |
| más que nunca | *more then ever* |
| más vale | *better* |
| mientras tanto | *meanwhile* |
| muchas gracias | *thank you* |
| muchas veces | *many times* |
| mucho tiempo | *a long time* |
| mucho tiempo ha | *a long time ago* |
| muy de mañana | *very early* |
| no hay de que | *you are welcome* |
| no tener pie ni cabeza | *to have neither rhyme nor rhythm* |
| ni siquiera | *not even* |
| ni yo tampoco | *me either* |
| no obstante | *nevertheless* |
| ocho días | *a week* |
| obras de romanos | *huge undertaking* |

| | |
|---|---|
| otra cosa | *furthermore* |
| otra vez | *again* |
| ¿para qué? | *what for?* |
| para siempre jamás | *forever and ever* |
| poco a poco | *little by little* |
| por ahí | *that way* |
| por allí | *that way* |
| por aquí | *this way* |
| por cierto | *truly* |
| por dentro | *on the inside* |
| por entonces | *at that time* |
| por eso | *therefore* |
| por esto | *for this reason* |
| por fin | *finally* |
| por la mañana | *in the morning* |
| por la tarde | *in the afternoon* |
| por la noche | *at night* |
| por lo común | *usually* |
| por lo general | *generally* |
| por lo menos | *at least* |
| por otra parte | *on the other hand* |
| por supuesto | *of course* |
| por lo tanto | *therefore* |
| por todas partes | *everywhere* |
| por lo visto | *apparently* |
| ¿qué hora es? | *what time is it?* |
| ¡qué lo pase bien! | *Good luck!* |
| ¿qué pasa? | *what is the matter?* |
| ¿qué tal? | *how are you?* |
| ¿qué tiempo hace? | *how is the weather?* |
| ¿qué tienes tú? | *what is the matter with you?* |
| quince días | *two weeks* |
| rara vez | *rarely* |
| sin duda | *undoubtedly* |
| sin embargo | *however* |
| sin novedad | *as usual* |
| sin par | *incomparable* |
| sin querer | *accidentally* |
| sin tregua | *relentlessly* |
| sobrarle algo | *to have something left over* |
| sobre todo | *above all* |
| tal vez | *perhaps* |
| tanto por ciento | *such a percent* |

| | |
|---|---|
| **tanto como** | *as much as* |
| **todavía no** | *not yet* |
| **todo el día** | *all day* |
| **todo el mundo** | *everybody* |
| **todos los días** | *every day* |
| **un día sí y otro no** | *every other day* |
| **un sin fin de** | *a countless number of* |
| **un poco de** | *a little of* |
| **una vez** | *once* |
| **unas veces** | *sometimes* |
| **unos cuantos** | *a few* |
| **¡ya lo creo!** | *I should think so!* |
| **¡ya se acabó!** | *it is all over!* |
| **ya no** | *no longer* |
| **yo no** | *not I* |
| **yo tampoco** | *me neither* |

1. Write in Spanish the corresponding idiom.

    1. from sunrise to sunset _____
    2. at any rate _____
    3. last year_____
    4. when least expected _____
    5. on the other hand _____
    6. on the outskirts _____
    7. in pursuit of_____
    8. in a flash _____
    9. on the eve of _____
    10. this very day _____
    11. as quickly as possible _____
    12. more than ever _____
    13. not even _____
    14. huge undertakings_____
    15. forever and ever _____
    16. finally _____
    17. on the other hand _____
    18. therefore _____
    19. two weeks _____
    20. relentlessly_____

2. Complete the following sentences with the appropriate idiom.

1. _____ (At the end of) junio, iremos a España.
2. _____ (At the distance), veo la ciudad.
3. Ellos jugaban al tenis _____ (often).
4. Juan lo hizo _____ (knowingly)
5. Habían uvas _____ (abundantly).
6. El avión llegó _____ (on time).
7. Saldréis de viaje _____ (at dawn).
8. Tú escogiste el ganador _____ (at random).
9. _____ (At last) llegamos.
10. Llama a tu madre _____ (immediately).
11. _____ (go ahead!) El agua no es profunda.
12. _____ (above all), deben hablar español.
13. Se marcharon _____ (down the street).
14. Todos pasaron la prueba _____ (except) él.
15. _____ (excuse me). Necesito pasar.
16. Vamos al cine _____ (usually).
17. _____ (In this way) se escucha mejor.
18. Obtuve mi información _____ (from a reliable source)
19. _____ (At night), deben tener ciudado al caminar.
20. _____ (Suddenly), empezó a nevar.

3. Translate the following idioms into Spanish.

1. I should think so!

_____

2. It is all over!

_____

3. What is the matter?

_____

4. How is the weather?

_____

5. What is the matter with you?

_____

6. Good luck!

_____

7. What time is it?

_____

8. What is the color of the book?

_____

9. A second hand car.

_____

10. How old are you?

_____

## With verbs

| | |
|---|---|
| acabar de | *to have just* |
| acabar por | *to finally* |
| acerca de | *concerning* |
| acercarse a | *to approach* |
| acordarse de | *to remember* |
| admirarse de | *to be surprised at* |
| alegrarse de | *to be glad* |
| aprender a | *to learn* |
| apretar el paso | *to quicken one's pace* |
| aproximarse a | *to approach* |
| armar un escándalo | *to start an argument* |
| asistir a | *to attend* |
| asombrarse de | *to be astonished* |
| atreverse a | *to dare* |
| bajar de | *to come down from* |
| caer de bruses | *to fall headlong* |
| caer en cuenta | *to realize* |
| cambiarse de ropa | *to change clothing* |
| cesar | *to stop* |
| con (mucho) gusto | *with (great) pleasure* |
| consistir en | *to consist of* |
| constar de | *to consist of* |
| contar con | *to rely on* |
| consta que | *it is evident that* |
| creer que sí (no) | *to think so (not)* |
| dar a | *to look out upon* |
| dar a conocer | *to make known* |
| dar con | *to come upon* |
| dar crédito a | *to believe* |
| dar de comer a | *to feed* |
| dar en | *to strike against* |
| dar el parabién | *to congratulate* |
| dar ganas de | *to make one feel like* |
| dar gritos | *to shout* |
| dar la hora | *to strike the hour* |
| dar la mano | *to shake hands* |
| dar las gracias | *to thank* |
| dar las buenas noches | *to say good night* |
| dar los buenos días | *to say good day* |
| dar miedo | *to frighten* |
| dar un paseo | *to take a walk* |
| dar un traspiés | *to stumble* |
| dar una vuelta | *to take a walk* |

| | |
|---|---|
| dar voces | *to call; to scream* |
| darse cuenta de | *to realize* |
| decir que sí (no) | *to say yes (no)* |
| dedicarse a | *to devote oneself to* |
| dejar caer | *to drop* |
| dejar de | *to fail to* |
| despedirse de | *to say good-bye to* |
| dirigirse a | *to address; to go to* |
| dormir a pierna suelta | *to sleep soundly* |
| dormir la siesta | *to take a nap* |
| echar a pique | *to sink* |
| echar de menos | *to miss* |
| echar en saco roto | *to ignore* |
| echar la culpa | *to blame* |
| echar al correo | *to mail* |
| echar en el buzón | *to mail* |
| echar suerte | *to draw lots* |
| echarse a | *to begin* |
| estar a punto | *to be about to* |
| estar conforme | *to agree* |
| estar de vueltas | *to be back* |
| estar mano sobre mano | *to be idle* |
| estar pelado | *to be penniless* |
| estar por | *to be in agreement of* |
| empezar a | *to begin* |
| enamorarse de | *to fall in love with* |
| encaminarse a | *to take the road to* |
| encontrarse | *to find oneself* |
| enseñar a | *to teach* |
| equivocarse | *to be mistaken* |
| es decir | *that is to say* |
| está bien | *it is all right* |
| estar bien (de salud) | *to be in good health* |
| estar de vuelta | *to be back* |
| estar malo | *to be ill* |
| estar para | *to be about to* |
| conforme a | *according to* |
| disponerse a | *to get ready to* |
| faltar a | *to offend against* |
| faltar a una cita | *to miss an appointment* |
| fruncir las cejas | *to frown* |
| no faltaba más | *that is the limit* |
| gozar de | *to enjoy* |

| | |
|---|---|
| **guardar silencio** | *to keep silent* |
| **guardarse de** | *to guard against* |
| **hace buen (mal) tiempo** | *the weather is good (bad)* |
| **hace calor** | *it is warm* |
| **hace frío** | *it is cold* |
| **hacer las maletas** | *to pack the suitcases* |
| **hace poco** | *a little while ago* |
| **hace sol** | *it is sunny* |
| **hace un mes que** + present ind. | *for a month* |
| **hacer caso de** | *to pay attention to* |
| **hacer de** | *to act as* |
| **hacer el papel de** | *to play the role of* |
| **hacer alarde** | *to boast* |
| **hacer cola** | *to stand on line* |
| **hacer de tripas corazones** | *to pluck up courage* |
| **hacer la vista gorda** | *to overlook intentionally* |
| **hacer un viaje** | *to take a trip* |
| **hacer una pregunta** | *to ask a question* |
| **hacer una visita** | *to pay a visit* |
| **hacer saber** | *to inform* |
| **hacerse el bobo** | *to pretend to be ignorant* |
| **hacerse tarde** | *to become late* |
| **hágame el favor de** | *please, do me the favor of* |
| **hallarse** | *to find oneself* |
| **hay neblina** | *it is foggy* |
| **hay que** + infinitive | *it is necessary* |
| **hay sol** | *it is sunny* |
| **¿qué hay?** | *what is the matter?* |
| **ir a** | *to go to* |
| **ir a buscar** | *to look for* |
| **ir a pie** | *to walk* |
| **ir de puntillas** | *to walk on tip-toe* |
| **ir en coche** | *to drive* |
| **librar batalla** | *to wage battle* |
| **llegar a** | *to arrive at* |
| **llegar a ser** | *to become* |
| **llevar a cabo** | *to carry out* |
| **llevar aquí un mes** | *to be here a month* |
| **llover a cántaros** | *to rain cats and dogs* |
| **meter bulla** | *to make noise* |
| **meterse de por medio** | *to meddle* |
| **mirar de reojo** | *to look askance* |
| **mudar de** | *to change* |

| | |
|---|---|
| ocuparse de | *to take care of* |
| parecer mentira | *unbelievable* |
| parecerle a uno | *to seem* |
| pasar un buen rato | *to have a good time* |
| perder ciudado | *not to worry* |
| perder de vista | *to lose sight of* |
| pensar en | *to think of* |
| pensar + infinitive | *to intend* |
| ponerse | *to put on* |
| ponerse + adjective | *to become* |
| ponerse a + infinitive | *to begin* |
| ponerse de acuerdo | *to agree* |
| ponerse en pie | *to stand up* |
| salir bien | *to be successful* |
| salir de | *to get ride of; to leave* |
| salir mal | *to be unsuccessful* |
| se pone el sol | *the sun sets* |
| sentarle bien | *to fit well* |
| servir de | *to serve as* |
| servir para | *to be used for* |
| sudar la gota gorda | *to have a difficult time* |
| reírse de | *to laugh at* |
| tardar en + infinitive | *to delay in* |
| temblar de | *to tremble with* |
| tener a bien | *to consider wise* |
| tener calor | *to be warm* |
| tener ciudado | *to to be careful* |
| tener derecho | *to have the right to* |
| tener dolor de cabeza | *to have a headache* |
| tener en cuenta | *to take into consideration* |
| tener frío | *to be cold* |
| tener ganas | *to feel like* |
| tener gusto en + infinitive | *to be glad to* |
| tener (mucha) hambre | *to be (very) hungry* |
| tener la culpa | *to be blamed for* |
| tener lugar | *to take place* |
| tener mucho que | *to have a great deal to* |
| tener por + adjective | *to consider* |
| tener presente | *to have in mind* |
| tener prisa | *to be in a hurry* |
| tener razón | *to be right* |
| tener sed | *to be thirsty* |
| tener sueño | *to be sleepy* |

| | |
|---|---|
| **tirar de** | *to pull* |
| **tocar de cerca** | *to concern deeply* |
| **tocarle a uno + infinitive** | *to be one's turn* |
| **tomar a pecho** | *to take to heart* |
| **tomar el desayuno** | *to have breakfast* |
| **tratar de** | *to try to* |
| **frente a** | *opposite* |
| **negarse a** | *to refuse* |
| **poner al corriente** | *to inform* |
| **poner el grito en el cielo** | *to complain bitterly* |
| **poner por las nubes** | *to praise to the skies* |
| **prepararse para** | *to get ready* |
| **pronunciar un discurso** | *to make a speech* |
| **recorrer mucho mundo** | *to see a great deal* |
| **rendir culto a** | *to worship* |
| **reventar de risa** | *to burst with laughter* |
| **saber a** | *to taste like* |
| **salirse con la suya** | *to have one's way* |
| **saltar a la vista** | *to be obvious* |
| **soñar con** | *to dream of* |
| **se ve** | *it is clear* |
| **trasnochar** | *to keep late hours* |
| **valerse de** | *to take advantage of* |
| **vamos** | *let's go* |
| **¡vamos a ver!** | *let's see* |
| **¡vaya!** | *come on!* |
| **venir al grano** | *to come to the point* |
| **volver a + infinitive** | *again* |
| **volver en sí** | *to regain consciousness* |
| **volverse** | *to turn around* |
| **volverse + adjective** | *to become* |

4. Write in Spanish the corresponding idiom.

1. to approach _____
2. to realize _____
3. to consist of _____
4. to make known _____
5. to congratulate _____
6. to say good bye to _____
7. to sleep soundly _____
8. to ignore _____
9. to take the road to _____
10. to be in good health _____

11. it is warm _____

12. to play the role of _____

13. to become late _____

14. to pretend to be ignorant _____

15. to carry out _____

16. to make noise _____

17. the sun sets _____

18. to have a difficult time _____

19. to be sleepy _____

20. to complain bitterly _____

5. Complete the following sentences in Spanish with the corresponding idioms.

1. Yo deseo _____ (to have breakfast).

2. Juan _____ (informs me).

3. El presidente necesita _____ (to make a speech).

4. Ellos _____ (had their way).

5. Nosotros _____ (turn around) a la escuela.

6. Yo _____ (am sleepy).

7. _____ (opposite) la tienda está la casa.

8. Ella _____ (laughs at) del comediante.

9. No _____ (meddle) en el asunto.

10. _____ (to become late), debes marcharte.

6. Translate into Spanish the following idioms.

1. It is alright.

   _____

2. The weather is good.

   _____

3. Pluck up courage.

   _____

4. It is foggy.

   _____

5. What is the matter?

   _____

6. Let's see.

   _____

# PROVERBS

Proverbs are short sayings that generally have a moralizing intent or a historical content. They are common in many countries and cultures. Their purpose is mainly didactic. Their beginnings can be traced either to a scholastic or popular origin.

In Latin America, proverbs are interjected by speakers into normal conversation to support their point of view and to give their argument or action a greater sense of wisdom and truth.

Some of the most popular Spanish proverbs are:

**Querer es poder.**
*Where there is a will there is a way.*

**El tiempo es oro.**
*Time is gold.*

**No dejes para mañana, lo que puedas hacer hoy.**
*Do not leave for tomorrow what you can do today.*

**Donde quiera que fueres, haz como vieres.**
*When in Rome, do as the Romans.*

**A barriga llena, corazón contento.**
*To a full belly, a happy heart.*

**Dime con quien andas y te diré quien eres.**
*Birds of a feather flock together.*

**Plato de segunda mesa.**
*Second fiddle.*

**El que se ríe último, se ríe mejor.**
*He who laughs last, laughs best.*

**Vísteme despacio que ando de prisa.**
*Haste makes waste.*

**Del dicho al hecho, hay mucho trecho.**
*Deeds speak louder than words.*

**De tal palo tal astilla.**
*Like father like son.*

**A caballo dado, no se le ven los dientes.**
*Beggars can not be choosers.*

**Como anillo al dedo.**
*It fits like a glove.*

**Al que le sirva que se lo ponga.**
*If the shoes fits wear it.*

**A palabras necias, oídos sordos.**
*Turn a deaf ear to ill advice.*

**La ociosidad es la madre de todos los vicios.**
*Laziness is the mother of all vices.*

**Entre la espada y la pared.**
*Between a rock and a hard place.*

**Más vale tarde que nunca.**
*It is better late than never.*

**Con la cuchara que elijas, con esa comerás.**
*You have made your bed, now lie in it.*

**No se ganó Zamora en una hora.**
*Rome was not built in a day.*

**Aquí hay gato encerrado.**
*Something is fishy or I smell a rat.*

**Cada loco con su tema.**
*Every man to his taste. (Or: To each his own).*

**Para el gusto, se hicieron los colores.**
*Every man to his taste.*

**Más vale precaver que tener que lamentar.**
*A stitch in time saves nine.*

**Nadie por más sucia diga: De esta agua no beberé.**
*Never say never.*

**Grano a grano llena la gallina el buche.**
*A penny saved is a penny earned.*

**Más vale dar que recibir.**
*It is better to give than to receive.*

**A tal pregunta, tal respuesta.**
*Ask a dumb question, get a dumb answer.*

**Tiempo perdido, no se recupera jamás.**
*Time lost is time wasted.*

**El uso trae el abuso.**
*Familiarity breeds contempt.*

**Engañar al engañador, no es deshonor.**
*There is no honor between thieves.*

**Palabras sin obras, guitarra sin cuerdas.**
*Actions speak louder that words.*

**Desprecia a tu enemigo y serás vencido.**
*Do not underestimate your enemies.*

**Divides y vencerás.**
*Divide and you shall conquer.*

**Por un gustazo, un trancazo.**
*No pain, no gain.*

**Guárdate y Dios te guardará.**
**Ayúdate que Dios te ayudará.**
*God helps those that help themselves.*

**Un loco hace ciento, y un tonto un regimiento.**
*A bad apple spoils the bunch.*

**No hay mal que dure cien años, y ni hombre que lo resista.**
*Nothing last forever.*

**Contra viento y marea.**
*Come rain or shine.*

**Cual te veo tal te creo.**
*I will believe it when I see it.*

**A Dios rogando, y con el mazo dando.**
*Speak softly and carry a big stick.*

**Quien más sabe más vale.**
*Knowledge is power.*

**Quien practicando no aprende, poco talento tiene.**
*Practice makes perfect.*

**Cuando la gata anda en amores, buen tiempo para los ratones.**
*When the cat is away the mice will play.*

**Aunque el lobo pierda sus dientes, no pierde sus inclinaciones.**
*Once a thief, always a thief.*

**Usando hazte diestro, y saldrás buen maestro.**
*Practice makes perfect.*

**Algo que torcido creció, nunca se enderezó.**
*Once a thief, always a thief.*

**Quien la hizo una vez, la hará ciento diez.**
*Once a fool, always a fool.*

**Matar dos pájaros de un tiro.**
*To kill two birds with one stone.*

**El que en mentira es cogido, cuando dice la verdad no es creído.**
*Do not cry wolf.*

**Lo que no quieras para ti, no lo desees para mí.**
*Do not do onto others what you do not want to be done onto you.*

**Más fuerte es la pluma que la espada.**
*The pen is mightier than the sword.*

**Hacer castillos en el aire.**
*To make bubbles in the air.*

**Más vale rodear que rodar.**
*If you cannot beat them join them.*

**El que se va para villa, pierde su silla.**
*Finders keepers, loosers weepers.*

**No cantes victoria antes de tiempo.**
*Do not count your chickens before they hatch.*

**Mientras hay, vida hay esperanza.**
*Hope springs eternal.*

**A buen hambre, no hay pan duro.**
*Hunger is the best sauce.*

**Colgarle a uno el muerto.**
*To pass the buck.*

**Ver para creer.**
*Seeing is believing.*

**Un lobo vestido de oveja.**
*A wolf in sheepskin.*

**Al pan pan, y al vino vino.**
*Stop beating around the bush.*

**Al buen amigo, le prueba el peligro.**
*A friend in need is a friend indeed.*

**En lo que canta un gallo.**
*Quick as a wink.*

**Le patina el cloche.**
*To have a loose screw.*

**El que da lo suyo, a pedir se queda.**
*You cannot give what you do not have.*

**Leer entre líneas.**
*To read between the lines.*

**Llorar a lágrimas sueltas.**
*To cry like a baby.*

**Más vale prevenir que tener que lamentar.**
*An ounce of prevention is worth a pound of cure.*

**No tener pelos en la lengua.**
*Not to mince words.*

**No todo lo que brilla es oro.**
*Things are not always what they seem.*

**Por sus frutos, se conoce el arbol.**
*By their deeds you shall know them.*

**Ir de la hoya al fuego.**
*Out of the frying pan and into the fire.*

**Estar en las nubes.**
*To be up in the clouds.*

**Parar en seco.**
*To put your foot down.*

**Lo que nada nos cuesta, hagámoslo fiesta.**
*Easy come easy go.*

**De mal en peor.**
*From bad to worse.*

**Darle al clavo en la cabeza.**
*To hit the nail on the head.*

**Tomar la de Villadiego.**
*To high tail it.*

**Poner el grito en el cielo.**
*To hit the ceiling.*

**No dar el brazo a torcer.**
*To stick to one's guns.*

7. Complete the following proverbs with the appropriate words.

1. No me digas que no puedes hacerlo. _____ es poder.
2. Comiste mejor que Sancho Panza. A barriga llena

_____
3. Dime con quien andas y _____.
4. Me invitaron a la fiesta al último momento, me siento como plato de _____.
5. No creas todo lo que él dice. Del dicho al _____.
6. No me gusta el pastel que me regalaron, sin embargo a caballo dado no _____.
7. ¡Qué bueno! Esto me cae como _____ al dedo.
8. Tengo demasiados problemas. Estoy entre la espada y

_____
9. José llegó a las nueve, cuando debía llegar a las ocho. Pero, más vale tarde que _____.
10. ¡Qué extraño! Aquí hay _____.

11. Algunas personas son excéntricas. Cada loco_____

_____.

12. Más vale precaber que _____.

13. Ten paciencia. Grano a grano _____.

14. Yo siempre te digo que el uso trae _____.

15. No te descuides de tu competencia porque camarón que

_____.

16. Mi abuela simpre me decía: "Guárdate y

_____".

17. Ten ciudado con los amigos que elijas, porque un loco hace
ciento y un _____.

18. Hay que luchar contra viento y _____.

19. Ten paciencia. Recuerda que quien practicando no aprende

_____.

20. Qué hombre más deshonesto. Tiene ochenta años y todavía
engaña a la gente. Claro aunque el lobo pierda sus dientes,

_____.

8. Write the equivalent Spanish proverb for the English provebs given below.

1. To kill two birds with one stone.

_____

2. Once a fool, always a fool.

_____

3. The pen is mightier than the sword.

_____

4. To stick to one's guns.

_____

5. Do not count your chickens before they hatch.

_____

6. Hunger is the best sauce.

_____

7. You have made your bed, now lie in it.

_____

8. Seeing is believing.

_____

9. Stop beating around the bush.

_____

10. Every man to his taste.

_____

# ANSWERS TO EXERCISES

## 1.

1. de sol a sol
2. de todos modos
3. el año pasado
4. el día menos pensado
5. en cambio
6. en las afueras
7. en pos de
8. en un santiamén
9. en vísperas de
10. hoy mismo
11. tan pronto posible
12. más que nunca
13. ni siquiera
14. obras de romanos
15. para siempre jamás
16. por fin
17. en cambio
18. por eso
19. quince días
20. sin tregua.

## 2.

1. A fines de
2. A lo lejos
3. a menudo
4. a sabiendas
5. a manos llenas
6. a tiempo
7. en la madrugada
8. al azar
9. Al fin
10. al punto
11. ¡Anda!
12. Sobretodo
13. calle abajo
14. con excepción de
15. con permiso
16. de costumbre
17. de esta manera
18. de buena tinta
19. Por la noche
20. De repente

## 3.

1. ¡Ya lo creo!
2. ¡Ya se acabó!
3. ¿Qué pasa?
4. ¿Qué tiempo hace?
5. ¿Qué tienes tú?
6. ¡Qué lo pase bien!
7. ¿Qué hora es?
8. ¿De qué color es el libro?
9. Un automóvil de segunda mano.
10. ¿Cuántos años tienes?

## 4.

1. acercarse a
2. caer en cuenta; darse cuenta
3. consistir en
4. dar a conocer
5. dar el parabién
6. despedirse de
7. dormir a pierna suelta
8. echar en saco roto
9. encaminarse a
10. estar bien
11. hace calor
12. hacer el papel de
13. hacerse tarde
14. hacerse el bobo
15. llevar a cabo
16. hacer bulla
17. se pone el sol
18. sudar la gota gorda
19. tener sueño
20. poner el grito en el cielo

## 5.

1. desayunarme
2. me pone al corriente; me hace saber
3. pronunciar un discurso
4. se salieron con la suya.
5. nos volvemos
6. tengo sueño.
7. frente a
8. se ríe
9. te metas de por medio
10. se hace tarde

## 6.

1. Está bien.
2. Hace buen tiempo.
3. Haz de tripas corazones.
4. Hace neblina.
5. ¿Qué pasa?
6. Vamos a ver.

## 7.

1. Querer
2. corazón contento
3. te diré quien eres
4. segunda mesa
5. hecho hay mucho trecho
6. se le mira el colmillo
7. anillo
8. la pared
9. nunca
10. gato encerrado
11. con su tema
12. que tener que lamentar
13. llena la gallina el buche
14. el abuso
15. se duerme se lo lleva la corriente
16. Dios te guardará
17. tonto un regimiento
18. marea
19. poco talento tiene
20. no pierde sus inclinaciones

## 8.

1. Matar dos pájaros de un tiro.
2. Quien la hizo una vez, la hará ciento diez.
3. Más fuerte es la pluma que la espada.
4. No dar el brazo a torcer.
5. No cantes victoria antes de tiempo.
6. El hambre es la mejor salsa.
7. Con su pan se lo coma.
8. Ver para creer.
9. Al pan pan, y al vino vino.
10. A cada loco con su tema

# 9

# *Rules of Accentuation*

*I*n Spanish, there are two types of accents, one is the phonetic accent and the other is the written accent.

All words have a phonetic accent, therefore all words in the Spanish language have a syllable that is stressed more than others. For example, in the word español, the syllable /**ñol**/ is stressed more than the syllable /**es**/ and /**pa**/.

In general, there is a natural tendency in Spanish to phonetically stress the last syllable of words that end in a consonant (except consonants n or s). For example, all verbs in the infinitive have the phonetic accent on the last syllable because they end in a consonant: /ha/ /blar/; /co/ /mer/; /vi/ /vir/. In the same manner, there is a natural tendency in Spanish to phonetically stressed the syllable before last of words that end in a vowel (*a, e, i, o, u*) and *n* or *s*. For example: /ca/ /sa/; /me/ /sa/; /si/ /lla/; /si/ /llas/.

When these normal and natural rules of pronunciation are broken, the reader must know that the word is an exception. For this reason, written accents were instituted. A written accent mark is a visual signal to the reader that a particular word has an altered pronunciation. Written accents are always placed on the same syllable where the phonetic accent is found.

Words that have a written accent are divided into four categories: a) **palabras agudas**, b) **palabras graves o llanas**, c) **palabras esdrújulas**, d) **palabras sobreesdrújulas**.

a) **Palabras agudas**: When a word has the phonetic accent on the last syllable and it ends in a vowel, and **n** or **s**, it takes a written accent. The written accent is placed over the vowel that is phonetically accentuated. For example: In the word /pe/ /ón/ the phonetic stress is on the last syllable /ón/, also this word ends in the consonant **n**, therefore it takes a written accent over the vowel **o**. The word /Pa/ /rís/ has the phonetic stress on the last syllable /rís/, also these words ends in the consonant **s**, therefore it takes a written accent over the vowel **i**.

b) **Palabras graves o llanas**: When a word has the phonetic accent on the syllable before last and it does not end in a vowel, and **n** or **s**, it takes a written accent. For example: In the word /lá/ /piz/ the phonetic accent is on the syllable before last /lá/, also this word does not end in a vowel, and **n** or **s**, therefore it takes a written accent over the vowel **a**.

c) **Palabras esdrújulas** and **sobreesdrújulas**: When a word has a phonetic accent on the third or fourth syllable before last, it automatically takes a written accent on that syllable. For example: In the word /sí/ /la/ /ba/ the phonetic accent is on the third syllable before last /sí/, therefore it takes a written accent over the vowel **i**. In the word /rá/ /pi/ /da/ /men/ /te/ the phonetic stress is on the fourth syllable before last /rá/, therefore it takes a written accent over the vowel **a**.

Another important factor that determines if a word takes a written accent is the diphthong.

In Spanish, vowels are divided into strong vowels and weak vowels according to the strength of pronunciation. The strong vowels are: **a**, **e** and **o**. The weak vowels are: **i** and **u**. A diphthong occurs when there is a strong and a weak vowel, or two weak vowels together in one word. When this occurs, there is a natural tendency of placing the phonetic accent on the strong vowels. For example: In the word /jau/ /la/ the phonetic stress is on the vowel **a** on the syllable /jau/.

When the phonetic stress is on a weak vowel (**i**, **u**) a written accent is placed over that vowel in order to increase its strength and to let the reader know that the word has an altered pronunciation. For example: In the name /Ma/ /rí/ /a/ the phonetic stress is on the vowel **i**, therefore a written accent is placed over this vowel. When a written accent is placed over a weak vowel the diphthong is broken and the syllable becomes two separate syllables. For example: In the word /diá/ /lo/ /go/ the syllable /diá/ is a single syllable because the vowel **a** is a strong vowel and it takes over the weak vowel **i**. When a weak vowel is stressed as in the word /dí/ /a/, a written accent is placed on the weak vowel, the diphthong is broken and the syllable is divided in two.

A diphthong also occurs when there are two weak vowels together on a word. If the phonetic accent is placed on one of these syllables that vowel behaves like a strong vowel which would not modify the way the word is divided into syllables. For example: In the word /cui/ /da/ the phonetic accent in on the vowel **i** and the diphthong is not broken.

If the letter **h** divides a strong and a weak vowel, or two weak vowels the diphthong remains because the **h** is mute in Spanish.

In the case of adverbs, they take a written accent only if the adjectives from which they are formed is also accentuated. For example: The adverb /rá/ /pi/ /da/ /men/ /te/ takes a written accent because the adjective rápido also takes one. The adverb lentamente does not take a written accent because the adjective **lento**, from where it is formed, also does not take an accent.

Other words take written accents not because of phonetic rules, but to differentiate them from similar words with a different function. You might have noticed that many pronouns have written accents to differentiate them from articles, adjectives or verbs with a similar spelling. For example: **esta casa** (adjective); **ésta es roja** (pronoun); **Juan está en su casa** (verb).

1. Circle the syllable where the phonetic accent is found in the following words.

1. a-mi-go
2. des-ti-no
3. i-dio-ma
4. per-so-na
5. pa-dre
6. es-tu-dian-te
7. te-le-vi-sor
8. ca-mi-nar
9. ac-cion
10. com-pu-ta-do-ra
11. va-ca-cio-nes
12. te-a-tro
13. za-pa-to
14. la-piz
15. i-dio-ma
16. bon-dad
17. al-fom-brar
18. can-de-la-bro
19. men-sa-je-ro
20. ti-tu-lo

2. Put a written accent on the following words.

1. ca-mion
2. a-vion
3. des-pues
4. a-cua-ti-co
5. an-ti-pa-ti-co
6. a-no-ni-mo
7. ca-ma-ra
8. ca-pi-tu-lo
9. car-bon
10. ces-ped
11. cin-tu-ron
12. di-ver-sion
13. e-jer-ci-to
14. e-xi-to
15. fi-lo-so-fo
16. ge-ne-ro
17. nu-me-ro
18. ju-gue-ton
19. ma-qui-na
20. mas-ca-ra

3. Circle the diphthongs found in the following words. However not all the words have diphthongs.

1. diario
2. criado
3. diálogo
4. ciudad
5. teología
6. aduana
7. país
8. hielo
9. huérfano
10. oído
11. airado
12. peine
13. distribuir
14. deleitable
15. huerto
16. día
17. policía
18. huir
19. teníamos
20. aeropuerto

4. Put a written accent on the following words when needed.

| | |
|---|---|
| 1. calle | 11. montaña |
| 2. felicidad | 12. nevera |
| 3. automovil | 13. diversion |
| 4. armario | 14. noticia |
| 5. opera | 15. periodico |
| 6. satelite | 16. tarea |
| 7. lampara | 17. autopista |
| 8. arbol | 18. electricidad |
| 9. dia | 19. platano |
| 10. paisaje | 20. publico |

5. Put a written accent on the following adverbs when needed.

| | |
|---|---|
| 1. lentamente | 6. bondadosamente |
| 2. automaticamente | 7. inteligentemente |
| 3. rapidamente | 8. intimamente |
| 4. sinceramente | 9. proximamente |
| 5. habilmente | 10. ultimamente |

6. Read the following paragraph and place a written accent where needed.

Durante los proximos tres dias, la policia de carreteras tratara de instruir al publico sobre la necesidad de obedecer la ley de transito. Estas leyes existen con el proposito de proteger vidas y salvaguardar el orden publico. Es importante abrocharse el cinturon de seguridad cuando se anda en un automovil. Esta accion le puede salvar la vida al conductor y a sus pasajeros en caso de un accidente. Es necesario manejar a una velocidad adecuada como manda la ley. Y sobretodo, no se debe conducir embriagado. Su vida y la vida de otras personas corre peligro. Estos seran algunos de los temas que la policia de carreteras explicara a los miles de automovilistas en esta ciudad en los próximos días.

# ANSWERS TO EXERCISES

## 1.

| | |
|---|---|
| 1. mi | 11. cio |
| 2. ti | 12. a |
| 3. dio | 13. pa |
| 4. so | 14. lá |
| 5. pa | 15. dio |
| 6. dian | 16. dad |
| 7. sor | 17. brar |
| 8. nar | 18. la |
| 9. ción | 19. je |
| 10. do | 20. tí |

## 2.

| | |
|---|---|
| 1. camión | 11. cinturón |
| 2. avión | 12. diversión |
| 3. después | 13. ejército |
| 4. acuático | 14. éxito |
| 5. antipático | 15. filósofo |
| 6. anónimo | 16. género |
| 7. cámara | 17. número |
| 8. capítulo | 18. juguetón |
| 9. carbón | 19. máquina |
| 10. césped | 20. máscara |

## 3.

| | |
|---|---|
| 1. ia; io | 11. ai |
| 2. ia | 12. ei |
| 3. — | 13. ui |
| 4. iu | 14. ei |
| 5. — | 15. ue |
| 6. ua | 16. — |
| 7. — | 17. — |
| 8. ie | 18. ui |
| 9. ue | 19. — |
| 10. — | 20. ue |

## 4.

| | |
|---|---|
| 1. — | 11. — |
| 2. — | 12. — |
| 3. automóvil | 13. diversión |
| 4. — | 14. — |
| 5. ópera | 15. periódico |
| 6. satélite | 16. — |
| 7. lámpara | 17. — |
| 8. árbol | 18. — |
| 9. día | 19. plátano |
| 10. — | 20. público |

## 5.

| | |
|---|---|
| 1. — | 6. — |
| 2. automáticamente | 7. — |
| 3. rápidamente | 8. íntimamente |
| 4. — | 9. próximamente |
| 5. hábilmente | 10. últimamente |

## 6.

Durante los próximos tres días, la policía de carreteras tratará de instruir al público sobre la necesidad de obedecer la ley de tránsito. Estas leyes existen con el propósito de proteger vidas y salvaguardar el orden público. Es importante abrocharse el cinturón de seguridad cuando se anda en un automóvil. Esta acción le puede salvar la vida al conductor y a sus pasajeros en caso de un accidente. Es necesario manejar a una velocidad adecuada como manda la ley. Y sobretodo, no se debe conducir embriagado. Su vida y la vida de otras personas corre peligro. Estos serán algunos de los temas que la policía de carreteras explicará a los miles de automovilistas en esta ciudad en los próximos días.

# 10

## *Vocabulary*

*T*he vocabulary words listed in this section have been put together to include words not found elsewhere in this grammar book so that the students may develop a broader Spanish vocabulary. Some basic terms learned in lower levels Spanish courses have been excluded.

### SPANISH-ENGLISH

**A**

**abandonado** abandoned
**abarcar** to take up; encompass; include
**abertura** opening
**abierto** open; opened
**abismo** abyss; gulf
**abogado** lawyer
**aborrecer** to detest; to hate
**abrazar** to embrace; to hug
**abrigar** to cover up; to bundle up
**abrochar** to fasten
**aburrido** to be bored; boring
**aburrir** to bore
**acabar** to finish
**acampar** to camp out
**aceite** oil
**aceituna** olive
**acelerador** accelerator; gas pedal
**acera** sidewalk
**acerca de** about
**acercarse** to go near
**acero** steel

**analfabetismo** illiteracy
**anciano** old man
**ancho** wide
**anchura** width
**andar** to walk; to go
**andén** platform
**angosto** narrow
**angustia** anguish; distress
**anillo** ring
**animado** lively
**animar** to encourage
**ánimo** spirit
**anoche** last night
**anochecer** nightfall; dusk
**anónimo** anonymous
**ante** before; in the presence of
**anteojos** eyeglasses
**antepasados** ancestors
**anterior**previous
**antes** before
**antiguo** old; ancient

**acertar** to guess correctly
**acompañar** to accompany
**aconsejar** to advise
**acordarse** to remember
**acostar** to lie down
**acostumbrarse** to get used to
**actual** current; present
**actuar** to act
**acuático** aquatic
**acudir** to go to; to come to
**acuerdo** agreement
**adelantar** to advance
**además** besides
**adivinar** to guess
**adobar** to prepare
**adornar** to decorate
**adorno** decoration
**adquirir** to acquire
**aduana** customs
**adversario** opponent; adversary
**advertencia** warning
**advertir** to warn; to notify
**aeromozo** steward; flight attendant
**afeitar** to shave
**aficionado** amateur; fan
**afrontar** to confront
**afuera** outside
**afueras** outskirts
**agarrar** to grab
**agitado** to be agitated
**agitar** to excite; to stir
**agradable** pleasant
**agradar** to please
**agregar** to add
**aguantar** to hold; to bear
**aguinaldo** Christmas present; bonus
**ahogar** to drown
**ahora** now
**ahorrar** to save
**aire** air
**aislado** isolated
**ajedrez** chess
**ajeno** foreign; somebody else's
**ajustar** to adjust
**ala** wing
**alabar** to praise
**alargar** to lengthen
**alcalde** mayor
**alcanzar** to reach
**alcázar** castle; fortress

**amar** to love, to be fond of
**amargar** to make bitter
**ambos** both
**amenazar** to threaten
**amistad** friendship
**amo** master
**antipático** disagreeable
**anuncio** announcement; advertisement
**añadir** to add
**aparecer** to appear
**apatía** apathy
**apenarse** to grieve
**apenas** hardly; scarcely
**aplicado** studious; industrious
**apoyo** support
**aprender** to learn
**apretar** to tighten; to squeeze
**aprovecharse** to take advantage of
**apuntar** to note down
**apunte** note
**archivar** to file
**arco** bow; arch
**arder** to burn; to sting
**arena** sand
**arete** earring
**arma** firearm
**armario** closet; wardrobe
**arquero** archer
**arquitectura** architecture
**arrancar** to pull out; to snatch
**arreglar** to arrange
**arrepentirse** to regret
**arroyo** stream
**arroz** rice
**arruga** wrinkled
**arruinado** ruined
**arruinar** to ruin
**artesano** craftsman
**ascendencia** ancestry; origin
**ascender** to ascend
**ascensor** elevator
**asegurar** to assure
**aseo** cleanliness
**asequible** within grasp; available
**asilo** asylum
**asistir** to attend
**asombrarse** to be astonished; to be amazed
**aspiradora** vacuum cleaner
**aspirar** to aspire
**asunto** matter; subject

**alcoba** bedroom
**alcohol** alcohol
**aldea** village
**alegrarse** to cheer up
**alegría** happiness
**alemán** German
**aleta** fin
**alfiler** pin
**alfombra** carpet
**alga** seaweed
**algodón** cotton
**alguien** somebody
**alguno** some
**alimento** food
**alma** soul
**almacén** shop; grocery store
**almendra** almond
**almohada** pillow
**almorzar** to lunch
**almuerzo** lunch
**alojamiento** lodgings
**alojar** to lodge
**alquilar** to rent
**alquiler** rent
**alrededor de** around
**altiplanicie** high plateau
**altura** height
**alzar** to raise; to lift
**ama** mistress
**amanecer** to dawn; dawn

**bahía** bay
**bajar** to lower
**bajo** short
**balanzar** scale
**baloncesto** basketball
**banco** bank
**bandera** flag
**banquero** banker
**bañar** to bathe
**bañarse** to take a bath
**barato** cheap; inexpensive
**barco** boat
**barrer** to sweep
**barrera** barrier; obstacle
**barro** clay; mud
**bastante** enough; sufficient
**bastar** to suffice
**basura** garbage; waste

**asustado** frightened
**asustar** to be frightened
**asustarse** to be frighten
**atacar** to attack
**atención** attention
**atender** to serve; to look after
**atentamente** attentively; thoughtfully
**aterrador** frightening; terrifying
**aterrizar** to land
**atraer** to attract
**atrapar** to trap
**atravesar** to cross; to pass through
**atrevido** daring; bold
**auge** acme; period of prosperity
**aumentar** to increase
**aún** even
**aunque** although; even though
**auricular** receiver; earpiece
**ausente** absent
**avanzar** to advance
**ave** bird
**averiguar** to findout; to investigate
**aviso** notice; warning
**ayuda** help; assitance
**ayudante** helper; assistant
**ayuno** fasting
**azafrán** saffron
**azúcar**sugar
**azufre** sulphur
**azulejo** tile

# B

**boda** wedding
**bodega** grocery store
**boleto** ticket
**boliche** bowling alley
**bolsa** bag; purse
**bolso** bag; purse
**bombero** fireman
**bombilla** light bulb
**bondadoso** kind
**bosque** forest
**bostezar** to yawn
**bota** boot
**boticario** pharmacist; druggist
**bravo** angry; brave
**breve** brief
**brillar** to shine
**broma** joke; prank
**bruja** witch

**bata** robe
**baúl** trunk
**belleza** beauty
**billete** ticket
**bizcocho** cake
**blando** soft
**bocina** loudspeaker; horn

**cabello** hair
**caber** to fit
**cabo** end; cape
**cabra** goat
**cacique** indian chief
**cadena** chain
**caer** to fall
**caja** box
**cajero** cashier
**calabaza** pumpkin
**calcetín** socks
**calidad** quality
**calificación** grade; mark
**calificar** to grade
**calumnia** slander
**calzar** to put on; to wedge
**callarse** to keep quiet
**cámara** camera; chamber
**camarera** waitress; chambermaid
**cambiar** to change
**campamento** camp
**campaña** campaign
**campeón** champion
**campeonato** championship
**campesino** peasant; farmer
**campo** countryside
**canal** channel
**canasta** basket
**cancha** court
**cansado** tired; weary
**cantante** singer
**cantidad** quantity
**canto** song
**capítulo** chapter
**captar** to win; to secure
**caprichoso** whimsical; willful
**cara** face
**carbón** coal
**carcajada** loud laugh
**cárcel** jail
**carecer** to lack; to be in need of

**burlarse** trick; to deceive
**burlón** mocking; joking
**burro** donkey; ass
**busca** search
**buscar** to look for
**butaca** armchair
**buzón** mailbox

## C

**colorado** red
**colorido** colorful
**comedia** comedy
**comedor** dining room
**comentar** to comment on
**comenzar** to begin; to start
**comestible** foodstuff
**cómodo** comfortable
**compañía** company
**compartir** to share
**competir** to compete
**complejo** to complex
**componer** to compose; to repair
**compra** purchase
**comprador** buyer
**comprensión** comprehension
**comprometido** engaged
**compromiso** commitment; engagement
**común** common
**concluir** to conclude; to finish
**concurso** contest
**condenar** to condemn
**conducir** to drive
**conductor** driver
**confesar** to confess
**confianza** trust
**confiar** to confide in
**confín** boundary
**congelar** to freeze
**conmover** to stir; to affect
**conocer** to know
**conocido** known
**conseguir** to get; to obtain
**consejero** advisor; counselor
**consentir** to consent; to allow
**consistir en** to consist of
**construir** to construct
**consultar** to consult with
**consultorio** doctor's office
**consumo** consumption
**contado** cash

cargado laden; loaded
cargo load; cargo
caridad charity
cariño affection
carnicería butcher shop
caro expensive
carpintero carpenter
carrera race; career
carretera road
carril lane
cartel poster
cartera purse
casarse to marry
cascada cascade; waterfall
caseta booth
casi almost
caso case
castañuelas castanets
castigar to punish
castigo punishment
castillo castle
cataratas waterfalls
catre cot
causa cause
cautivo captive
cebolla onion
cegar to blind
célebre famous
celoso jealous
cena dinner; supper
centro center
ceñir to encircle; to girdle
cepillar to brush
cepillo brush
cercano near
cereza cherry
certidumbre certainty
cerviz neck
cesar to cease; to stop
césped grass; lawn
ciego blind
cielo sky
ciencia science
cine movie theater
cinta ribbon; tape
cintura waist
ciudadano citizen
clima climate
cobrar to charge; to collect
cocinar to cook

contar to count
contener to contain
contestar to answer
contra against
contrastar to resist
contrario opposed
contribuir to contribute
convencer to convince
conversar to converse
convertir to convert
convidar to invite
convivir to live with; coexist
copa cup
copia copy
cordillera mountain range
coro chorus
corona crown
corregir to correct
correo mail
corriente current
cortar to cut
corte court
cortesía courtesy
cortina curtain
corto short
cosecha harvest
coser to sew
costar to cost
costumbre custom; habit
creador creator
crecer to grow
creer to believe
cría breeding
criado servant
cruz cross
cruzar to cross
cuadra street block
cuadro painting; frame
cualquier any
cuarto room; fourth
cubrir to cover
cuchillo knife
cuenta check
cuentista storywriter
cuento story
cuerda rope; cord
cuidado care
cuidadoso carefull
cuidar to take care
culpa blame

**cofre** chest
**coger** to seize; to take
**cohete** rocket
**cola** tail
**coleccionar** to collect
**colgar** to hang up
**colina** hill
**colocar** to place

**chal** shawl
**champú** shampoo
**chaqueta** jacket
**charlar** to chat
**chico** boy
**chica** girl

**dado** die; given
**dama** lady
**dañar** to damage; to hurt
**daño** damage; hurt
**dar** to give
**dato** fact
**debajo de** under
**deber** ought to; should
**debido a** because of; due to
**débil** weak
**decir** to say
**decisión** decision
**declamar** to recite
**declaración** statement
**decorado** scenery, set
**decorar** to decorate
**dedicar** to dedicate
**dedo** finger
**defectuoso** defective
**defender** to defend
**delgado** thin
**demás** the rest
**demasiado** excessive; too much
**demorarse** to delay; to hold up
**dentro de** inside of; within
**deportivo** sporting
**derecha** right hand; right side
**derecho** straight
**derrota** to defeat
**derrumbar** to knock down
**desaparecer** to hide; to disappear
**desarrollo** development

**cumbre** top; mountain top
**cumplir** to fulfill
**cuna** cradle
**cura** priest; cure
**curar** to cure; heal; recover
**curiosidad** curiosity
**curioso** curious; odd
**cuyo** whose

## CH

**chimenea** fireplace
**chiste** joke
**chivo** goat
**chistoso** funny
**chocar** to crash into
**chofer** chauffeur; driver

## D

**despacio** slowly
**despacho** office; study
**despedirse** to say goodbye
**despertador** alarm clock
**despertar** to awaken
**después** after; later
**destacado** standing out
**destinado** destined
**destruir** to destroy
**desván** attic
**detalle** detail
**detener** to detain
**detrás** behind
**devolver** to give back
**día** day
**diablo** devil
**dibujar** to draw
**dictadura** dictatorship
**dieta** diet
**dios** god
**dirigir** to direct
**disciplina** discipline
**disculparse** to excuse oneself
**diseñador** designer
**diseño** design
**disfraz** disguise; mask
**disfrutar** to enjoy
**disparo** shot
**distinguir** to distinguish
**distinto** different
**distraído** absent-minded
**distribuir** to ditribute

**desayunar** to have breakfast
**descansar** to rest
**descolgar** to take down
**desconocer** not to know
**descortés** impolite; discourteous
**descubierto** discovered
**descubrir** to discover
**desde** from; since
**desear** to wish
**desembocar** to flow into; empty into
**desenvolvimiento** unfolding; development
**desesperar** to despair
**desfilar** to parade; to march
**desfile** parade
**desgraciadamente** unfortunately
**deshacer** to undo
**deslizarse** to slip; to slide; to glide
**desmayarse** to faint

**echar** to expel; to throw out
**economía** economy
**edad** age
**educar** to educate
**eficaz** effective; efficient
**ejemplo** example
**ejercer** to exert; to practice
**ejército** army
**elaborar** to work on
**elegir** to choose
**embarcar** to embark
**embargo** seizure
**embestida** charge
**emisora** radio station
**emocionante** exciting; thrilling
**empeñarse en** to insist on; to be determine to
**empezar** to begin; to start
**empleado** employee
**emplear** to employ; to use
**emprender** to undertake
**empresa** enterprise
**enamorado** lover; beloved
**encaje** inlay; insertion
**encantado** delighted; enchanted
**encarcelado** imprisoned; jailed
**encargar** to entrust; to put in charge
**encender** to light; to ignite
**encerrar** to lock up
**encima de** on top of; above
**encogerse** to shrink

**diversión** amusement
**divertirse** to enjoy oneself
**doblar** to bend
**docena** dozen
**doler** to hurt
**dolor** pain
**domicilio** home; domicile
**dominar** to dominate
**dominio** control; supremacy
**dondequiera** wherever
**dormitorio** bedroom
**dramaturgo** playwriter
**dudar** to doubt
**dueño** owner
**dulce** sweet
**dulzura** sweetness
**durar** to last
**duro** hard

**E**

**envolver** to wrap; to enfold
**época** epoch; age; period
**equipo** equipment
**equivalente** equivalent
**equivocarse** to make a mistake
**erudito** scholar; learned
**escalera** stairs; ladder
**escapar** to escape
**escasez** scarcity
**escenario** stage
**escoger** to choose
**esconder** to hide
**escrito** written
**escritorio** desk
**escuchar** to listen
**escudero** squire
**escultor** sculptor
**esfuerzo** effort
**eso** that
**espacio** space
**espada** sword
**especie** kind of; species
**esperar** to wait
**espeso** thick
**esquina** corner
**establecerse** to establish oneself; to settle
**estación** season; station
**estadio** stadium
**estado** state; condition
**estallar** to break out; to burst

**encontrar** to find; to meet
**encuesta** survey; poll
**energía** energy
**enfermarse** to become ill
**enfrente de** in front of
**engañar** to deceive
**enlazar** to link
**enojar** to anger
**enriquecer** to enrich
**enterarse** to find out; about
**enterrar** to bury
**entonces** then
**entrada** entrance
**entregar** to hand over; to give in
**entretener** to entertain
**entrevista** interview
**enviar** to send
**envidiar** to envy; to desire

**fábrica** factory
**fabricar** to manufacture
**facultad** faculty
**falda** skirt
**falta** fault; mistake
**fama** fame
**fantasma** ghost
**fascinar** to fascinate; to captivate
**fe** faith
**felicitar** to congratulate
**feliz** happy
**feria** fair
**feroz** fierce
**ferretería** hardware store
**fiarse** to trust
**fiebre** fever
**figura** figure
**fijarse** to notice; to stare
**filoso** sharp
**fin** end
**fingir** to pretend

**gafas** glasses
**gaita** bagpipe
**galápago** tortoise
**galleta** biscuit
**gana** desire; will
**ganar** to win
**ganga** sale; bargain

**estante** shelf
**estatua** statue
**estilizar** to stylize
**estilo** style
**estirarse** to stretch
**estrecharse** to narrow; to tighten
**estrecho** narrow; tight; intimate; strict
**estreno** first use; first performance
**excelencia** excellence
**exigir** to demand
**éxito** success
**experimentar** to experiment
**expulsar** to expel
**extensión** extension; size; length; range
**extinguir** to extinguish
**extranjero** foreign
**extrañar** to miss; to lack
**extraño** strange; odd

**F**

**firmar** to sign
**florecer** to flourish
**folleto** brochure; pamphlet
**fomentar** to promote; to encourage
**fondo** bottom; background; fund
**fortaleza** fortress
**fotografía** picture; photograph
**fracasar** to fail
**frecuencia** frecuency
**freno** brake
**frente** forehead
**fresa** strawberry
**fresco** fresh; cool
**frontera** frontier
**fuego** fire
**fuera** outside
**fuerte** strong
**fuerza** strength
**fumar** to smoke
**fundar** to found; to establish
**fusilar** to shoot; to execute

**G**

**gobierno** government
**goma** rubber; gum
**gorra** cap
**gota** drop
**gozar** to enjoy
**grabadora** recorder; engraver
**grabar** to record

**garbanzo** chickpea
**garganta** throat
**gastar** to spend
**gemelo** twin
**género** gender; kind
**gente** people
**gerente** manager; director
**gigantesco** gigantic
**girar** to turn; revolve
**gitano** gypsy
**globo** balloon
**gloria** glory

**hábil** skillful; able
**hablador** talkative
**hacer** to do
**hacia** towards
**hacha** ax
**hada** fairy
**hamaca** hammock
**hambre** hunger
**harina** flour
**hasta** until; as far as
**hazaña** deed; exploit
**hecho** act; fact
**helar** to freeze
**heredado** inherited
**herido** hurt; wounded
**hermoso** beautiful
**hervir** to boil

**iberio** Iberian
**identidad** identity
**idioma** language
**iglesia** church
**igual** the same
**ilustre** illustrious; famous
**imagen** image; figure
**impedir** to prevent; to obstruct
**impermeable** raincoat
**imponer** to impose
**importar** to matter; to be important
**importe** amount; cost
**impreso** printed
**imprimir** to print
**impuesto** tax
**incluir** to include
**incómodo** uncomfortable

**graduarse** to graduate
**granja** farm
**grano** grain
**grito** scream
**grueso** thick; bulky
**gruñir** to growl; to grunt
**guapo** attractive; elegant
**guardar** to keep
**guardia** guard
**guerra** war
**guía** guide
**gusto** pleasure; taste

**H**

**hielo** ice
**hierba** grass
**hierro** steel
**hilo** thread
**historia** history
**hoja** leaf
**hombro** shoulder
**horario** schedule
**horno** oven
**hostal** inn
**hubo** there was
**huelga** strike
**huerta** orchard
**huésped** guest
**huir** to flee
**humedad** humidity
**humilde** humble

**I**

**indígena** indigenous; native
**indio** Indian
**influir** to influence
**informes** references
**ingeniero** engineer
**iniciar** to initiate
**inmenso** immense
**inmigración** immigration
**innumerable** countless
**inolvidable** unforgettable
**inscribirse** to register; to enroll
**intercambio** exchange
**inundar** to flood
**inútil** useless
**invitado** guest
**inyección** injection; shot
**ir** to go

**inconformista** nonconformist
**indeciso** indecisive
**indicar** to indicate; to suggest

**jabón** soap
**jamás** never
**jamón** ham
**jarabe** cough syrup
**jardín** garden
**jarro** jug; pitcher
**jefe** boss; chief
**jinete** horseman
**joyería** jewelry
**judío** Jew

**lado** side
**ladrillo** brick
**ladrón** thief
**lago** lake
**laguna** lagoon
**lamentar** to lament; to regret
**lana** wool
**lanzar** to throw
**largo** long
**lástima** pity
**lastimarse** to hurt oneself
**lavandería** laundry
**lavaplatos** dishwasher
**lavar** to wash
**leal** faithful
**lectura** reading
**lechería** dairy store
**lechuga** lettuce
**legumbre** vegetable
**lejano** distant
**lejos** far
**lengua** tongue
**lenguaje** language
**lento** slow
**leña** firewood
**leño** log
**lente** lens, glass
**lento** slow
**letra** letter
**letrero** sign
**levantarse** to get up
**levante** east; Orient

**ira** anger; rage
**isla** island
**izquierdo** left

## J

**juez** judge
**jugador** player
**jugar** to play
**juguería** toy store
**juguetón** playful
**juicio** judgement
**juntar** to join; to unite
**junto** together
**jurado** jury; panel
**juventud** youth

## L

**levar** to weigh [anchor]
**ley** lawn
**leyenda** legend
**libertad** freedom
**libra** pound
**libre** free
**librería** bookstore
**ligero** quickly
**limitar con** to border on
**limosna** alms; charity
**limpiar** to clean
**limpio** clean
**linterna** lantern; flashlight
**lío** mess; fuss
**listo** ready
**localidad** location; ticket
**locutor** announcer
**lodo** mud
**lograr** to achieve
**lontananza** far away
**loza** dishes; china
**lucha** fight; struggle
**luego** then; afterwards
**lugar** place
**lugarteniente** lieutenant
**lujoso** luxurious
**luna** moon
**lunático** having fits of madness; moonstruck
**lupa** magnifying glass
**lustrar** to polish
**luto** mourning
**luz** light

**llama** llama
**llamada** call
**llanero** plainsman
**llano** flat; level; plain
**llanura** plain
**llanto** weeping; crying

**macizo** mountainous landmass
**madera** wood
**madrugar** to get up early
**maestría** mastery; skill
**maíz** corn
**maleta** suitcase
**malgastar** to waste
**manco** one armed; one handed
**mancha** stain
**mandado** order; errand
**mandar** to send; to order
**manejar** to drive
**manera** way; manner
**manga** sleeve
**manta** blanket
**mantel** tablecloth
**mantener** to maintain
**mantequilla** butter
**manto** cloak; mantle
**máquina** machine
**marca** brand
**marcharse** to leave; to go away
**marido** husband
**marisco** shellfish
**marrón** brown
**mascar** to chew
**masticar** to chew
**materia** subject
**materno** maternal
**matricularse** to enroll
**mayor** greater
**mayormente** mainly; mostly
**media** stocking
**médico** doctor
**medio** half
**mediodía** noon
**medir** to measure
**mejor** better
**menester** need
**menor** younger; minor
**menos** less

## LL

**llave** key
**llegada** arrival
**llegar** to arrive
**llenar** to fill
**llevar** to carry
**llover** to rain

## M

**mentir** to lie
**mentira** lie
**menudo** tiny; minute
**merecer** to deserve
**merienda** afternoon snack
**mesero** waiter
**meter** to put in; to fit in
**metro** meter; subway
**mezcla** mixture
**mezclar** to mix
**mientras** during
**milagro** miracle
**milla** mile
**miseria** misery
**mismo** same
**misterio** mystery
**mitad** half
**moda** fashion
**modismo** idiom
**modo** manner; way
**molido** grounded; crushed
**moneda** coin
**montaña** mountain
**monte** mountain
**morado** purple; violate
**morder** to bite
**morir** to die
**mostrador** counter
**mostrar** to show
**mover** to move
**mozo** waiter
**muchedumbre** crowd
**mueble** furniture
**muerte** death
**muerto** dead
**multa** fine; penalty
**multar** to fine
**multitud** multitude; crowd
**mundial** worldwide
**mundo** world
**muñeca** doll; wrist

**nacer** to be born
**nada** nothing
**nadador** swimmer
**nadar** to swim
**nadie** no one
**naipe** playing card
**natación** swimming
**naturaleza** nature
**nave** vessel; ship
**neblina** fog
**necesitado** needy
**negar** deny
**negocio** business

**obedecer** to obey
**obligar** to force; to compel
**obra** work
**obrero** worker
**obtener** to obtain
**ocaso** sunset
**occidental** western
**ocupado** occupied; busy
**ocurrir** to happen; to occur
**odiar** to hate
**ofrecer** to offer
**oír** to hear
**oler** to smell

**paisaje** lansdcape
**paja** straw
**pájaro** bird
**palo** stick
**palma** palm tree
**panadería** bakery
**pantano** swamp
**pañuelo** handkerchief
**papelería** stationary store
**par** pair
**parada** stop
**paraguas** umbrella
**parecer** to seem
**parecido** similar
**pareja** couple
**pariente** relative
**párrafo** paragraph
**partido** game; match
**partir** to depart; to start

## N

**nevera** refrigerator
**nieta** granddaughter
**nieto** grandson
**ninguno** nobody
**nivel** level
**noche** night
**nota** note; grade
**noticia** news
**noticiero** newscast
**novedad** novelty
**nube** cloud
**nudo** knot
**nunca** never

## O

**oliva** olive
**olivar** olive grove
**olvidar** to forget
**olla** pot
**onda** wave
**oponerse** to be opposed to
**opuesto** opposite
**oración** sentence
**orgulloso** proud
**orilla** shore; edge
**oscuro** dark
**otorgar** to grant; to award
**oveja** sheep

## P

**pisar** to step on
**piscina** swimming pool
**piso** floor
**pista** clue
**placer** pleasure
**plano** flat; level
**plata** silver
**playa** beach
**plomo** lead
**población** population
**pobre** poor
**poco** little
**poder** to be able to
**poesía** poem
**policía** police
**polvo** dust
**poner** to put; to place
**portarse** to behave
**porvenir** future

**pasado** past
**pasajero** passanger
**pasar** to pass
**paseo** stroll; outing
**pasillo** aisle
**paso** step
**pastel** cake
**paterno** paternal
**patinar** to skate
**patria** fatherland; motherland
**patrulla** patrol
**pedazo** piece
**pedir** to ask for
**peinar** to comb
**pelear** to fight
**película** film; movie
**peligroso** dangerous
**peluquería** hairdresser; barbershop
**peluquero** hairdresser
**pena** pity
**pensamiento** thought
**pensar** to think
**peor** worse
**perder** to lose
**permanecer** to remain; to stay
**permiso** permission
**personaje** character
**pertenecer** to belong to
**pesca** fishing
**pescado** fish
**pez** fish
**pícaro** mischievous; sly
**pie** foot
**piedra** stone; rock
**piel** skin
**píldora** pill
**pintar** to paint
**piña** pineapple

**quebrar** to break; to smash
**quedar** to remain; to have left
**quehacer** chore
**quejarse** to complain
**quemar** to burn
**querer** to want; to wish; to love
**querido** dear
**queso** cheese

**poseer** to own; to possess
**potencia** potential
**precio** price
**precioso** precious; lovely
**preciso** precise
**precursor** forerunner
**preferir** to prefer
**premio** prize
**preparar** to prepare
**preparativo** preparation
**presidir** to preside
**preso** prisoner
**préstamo** loan
**prestar** to lend
**prevenir** to prevent
**primario** primary
**primaria** elementary school
**primo** cousin
**principio** beginning
**prisa** hurry; haste
**probar** to prove
**producir** to produce
**prometer** to promise
**pronto** soon
**propina** tip
**propio** proper
**proponer** to propose
**protagonista** main character
**proteger** to protect
**próximo** next
**prueba** test
**publicar** to publish
**público** public
**pueblo** town
**puente** bridge
**pulga** flea
**punto** point
**pureza** purity

**Q**

**quibra** break; crack; fissure
**quienquiera** whoever
**quietud** quietness; tranquillity
**quijote** cuisse, upper part of haunch
**química** chemistry
**quitar** to take off; remove
**quizás** perhaps

**radicar** to take root; to be situated
**raíz** root
**ramo** branch; bunch
**rana** frog
**rápido** fast
**raqueta** racquet
**raza** race
**razón** reason
**realizar** to achieve
**rebajado** reduced
**rebozo** wrap; shawl
**recado** message
**receta** recipe; prescription
**recibir** to receive
**recoger** to gather; to pick up
**reconocer** to recognize
**recordar** to remember
**recorrer** to travel; to tour
**recuerdo** remembrance
**recurso** resource
**rechazar** to reject
**red** net
**redondo** circular; round
**refresco** refreshment
**regalar** to give
**regalo** gift
**regar** to water
**regla** ruler
**regresar** to return
**rehusar** to refuse
**reina** queen
**reino** kingdom
**reírse** to laugh

**saber** to know
**sabio** scholar
**sabor** taste; flavor
**sabroso** delicious; tasty
**sacar** to take out
**sacerdote** priest
**saco** jacket
**sacrificar** to sacrifice
**sagrado** sacred
**sala** living room
**salida** exit; departure
**salir** to come out; to leave
**saltar** to jump
**salto** jump; leap

## R

**relámpago** lighting
**rellenar** to stuff; to fill
**relleno** stuffing; filling
**remar** to row
**remendar** to patch; to mend
**rendir** to produce; to yield
**renovar** to renew; to restore
**reñir** to quarrel
**repartir** to distribute
**repente** sudden movement
**replicar** to argue; to answer back
**resfriarse** to catch a cold
**resfrío** cold
**resolver** to resolve
**respirar** to breathe
**restos** remains
**retratar** to portray
**retrato** portrait
**reunión** meeting; gathering
**reunirse** to reunite
**rezar** to pray
**riego** irrigation
**rincón** corner
**riqueza** wealth; riches
**risa** laugh
**robo** theft; robbery
**rodear** to surround
**rogar** to beg
**rompecabezas** puzzle
**romper** to break; to tear up
**roto** broken
**ruido** noise
**rumor** murmur; buzz

## S

**sino** fate; destiny
**siquiera** at least
**sirena** siren
**sitio** place; site
**sobrar** to exceed
**sobre** envelope; on; over; above
**sobrevivir** to survive
**sobrio** sober; moderate
**socio** partner; member
**soga** rope
**soldado** soldier
**solicitud** application
**solo** alone
**soltar** to let go of

**salud** health
**saludable** healthy; beneficial
**saludar** to greet
**salvo** safe
**sangre** blood
**sano** healthy; fit
**santo** saint
**secadora** dryer
**seco** dry
**secundaria** high school
**seda** silk
**seguido** continuous
**según** according to
**seguridad** security; safety
**seguro** safe; secure; certain
**selva** jungle
**sello** stamp
**semáforo** traffic light
**sembrar** to seed; to sow
**sencillez** simplicity
**sentido** sense; meaning
**señal** signal
**servilleta** napkin
**servir** to serve
**siglo** century
**significado** meaning
**significar** to mean
**siguiente** following; next
**sillón** chair
**simpático** likeable

**tabla** board; plank
**talla** height; structure
**taller** workshop
**tamaño** size
**tampoco** neither
**tapa** lid; cover; snack
**tapiz** tapestry
**tardanza** delay
**tardar** to delay; to be late
**tarde** late
**tarea** assigment; chore
**tarjeta** card
**techo** roof
**tela** cloth
**teléfono** telephone
**televisor** television
**tema** theme; topic
**temblar** to tremble

**sombra** shade
**sometido** subjected
**sonar** to sound
**sonreír** to smile
**soñar** to dream of
**sopa** soup
**soplar** to blow
**sordo** deaf
**sorprenderse** to be surprised at
**sorpresa** surprise
**sostener** to hold; to support
**sótano** basement
**subir** to raise; to go up
**subrayado** underlined
**suceder** to happen; to succeed
**suceso** event; happening
**sucio** dirty
**sueldo** salary
**suelo** ground; floor
**sueño** dream; sleep
**sufrir** to suffer
**sugerencia** suggestion
**superficie** surface
**suplicar** to beg for; to implore
**suprimir** to suppress
**sur** south
**surgir** to arise; to emerge
**suspirar** to sigh
**suspiro** sigh
**sustituir** to substitute; to replace

**T**

**tinto** dyed
**tipo** type; kind
**título** title
**toalla** towel
**tocadiscos** record player
**tocar** to touch
**todavía** still; yet
**todo** all
**tontería** foolishness
**torcer** to twist
**tormenta** storm
**torre** tower
**torta** cake
**tos** cough
**trabajador** work
**traducir** to translate
**traer** to bring; to carry
**traje** suit

**temer** to fear
**templado** temperate
**tenedor** fork
**tener** to have
**terminar** to finish
**terraza** terrace; balcony
**terremoto** earthquake
**terreno** terrain; land
**tertulia** social gathering; group
**tesoro** treasure
**testigo** witness
**tiempo** time
**tienda** store
**tijera** scissors

**único** only; unique
**unidad** unit; unity
**unido** united

**vaca** cow
**vacilar** to hesitate
**vacío** emptiness
**valioso** valuable
**valor** valuable
**vapor** steam
**vaquero** cowboy
**variar** to vary
**varios** several
**vaso** glass
**vecino** neighbor
**vela** candle
**veloz** swift; quick
**vencer** to conquer
**vender** to sale
**vengar** to avenge
**verdad** truth
**vestimento** clothing
**vestuario** wardrobe; costumes

**zapatería** shoe store

**tranquilo** tranquil; peaceful; calm
**tras** after
**tratar** to treat
**través** across
**travesura** prank
**trigo** wheat
**tristeza** sadness
**tronar** to thunder
**tropezar** to stumble; to trip
**trozo** piece
**trueno** thunder
**tumba** tomb; grave
**tuna** prickly pear; musical group
**turno** turn, shift

**U**

**uña** nail; fingernail; toenail
**útil** useful
**uva** grape

**V**

**vez** time
**vicio** vice
**vid** vine
**vidrio** glass
**vino** wine
**virreinato** viceroyalty
**virrey** viceroy
**víspera** eve; day before
**vista** view
**viuda** widow
**viudo** widower
**vivo** alive; lively
**volante** flying
**volar** to fly
**volcar** to overturn; to spill
**volver** to return; to come
**voz** voice
**vuelo** flight
**vuelta** turn

**Z**

**zarzuela** Spanish operetta

# ENGLISH - SPANISH

## A

abandoned abandonado
abduction rapto
able hábil
about acerca de
above encima de; sobre
absent ausente
absent-minded distraído
abyss abismo
accompany acompañar
according to según
achieve lograr; realizar
acme auge
acquire adquirir
across través
act actuar; hecho
add agregar; añadir
adjust ajustar
advance adelantar; avanzar
adversary adversario
advertisement anuncio
advice aconsejar
advisor consejero
affect conmover
affection cariño
after después; tras
afternoon snack merienda
afterwards luego
against contra
age edad; época
agitate agitado
agreement acuerdo
air aire
aisle pasillo
alarm clock despertador
alcohol alcohol
alive vivo
all todo
allow consentir
almond almendra
almost casi
alm limosna
alone solo
although aunque
amateur aficionado
amends satisfacción; reparación; compensación

anchor áncora
ancient antiguo
anger enojar; ira
angry bravo
anguish angustia
announcement anuncio
announcer locutor
anonymous anónimo
answer contestar
answer back replicar
any cualquier
apathy apatía
appear aparecer
application solicitud
aquatic acuático
arch arco
archer arquero
architecture arquitectura
argue replicar
arise surgir
armchair butaca
army ejército
around alrededor de
arrange arreglar
arrival llegada
arrive llegar
as far as hasta
ask for pedir
aspire aspirar
assigment tarea
assistant ayudante
assitance ayuda
astonished asombrarse
asylumasilo
at least siquiera
attentively atentamente
attack atacar
attend asistir
attention atención
attic desván
attract atraer
attractive guapo
available asequible
avenge vengar
awaken despertar

**amount** importe
**amusement** diversión
**ancestry** ascendencia
**ancestors** antepasados

**background** fondo
**bag** bolsa; bolso
**bagpipe** gaita
**bakery** panadería
**balcony** terraza
**balloon** globo
**bank** banco
**banker** banquero
**barber shop** peluquería
**bargain** ganga
**barber** peluquero
**barrier** barrera
**basement** sótano
**basket** canasta
**basketball** baloncesto
**bathe** bañar
**bay** bahía
**be** ser
**be able to** poder
**be amazed** asombrarse
**be bored** aburrido
**be born** nacer
**be determined to** empeñarse en
**be frighten** asustarse
**be late** tardar
**be opposed** oponerse
**be situated** radicar
**be surprised at** sorprenderse
**beach** playa
**bear** aguantar
**beautiful** hermoso
**beauty** belleza
**because of** debido a
**become ill** energía
**bedroom** alcoba; dormitorio
**before** ante; antes
**beg** rogar
**beg for** suplicar
**begin** comenzar; empezar
**beginning** principio
**behave** comportarse
**behind** detrás
**behalf** nombre, cuenta; interés
**believe** creer

**awaken** despertar
**award** otorgar
**awe** temor; respeto
**ax** hacha

**B**

**bitter** amargo
**blame** culpa
**blanket** manta
**blind** cegar; ciego
**blood** sangre
**blow** soplar
**board** tabla
**boat** barco
**boil** hervir
**bold** atrevido
**bonus** aguinaldo
**bookstore** librería
**boot** bota
**booth** caseta
**border on** limitar con
**bore** aburrir
**boring** aburrido
**boss** jefe
**both** ambos
**bottom** fondo
**boundary** confín
**bow** arco
**bowling alley** boliche
**box** caja
**boy** chico
**brake** freno
**branch** ramo
**brand** marca
**brave** bravo
**break out** estallar; quebrar
**breathe** respirar
**breeding** cría
**brick** ladrillo
**bridge** puente
**brief** breve
**bring** traer
**brochure** folleto
**broken** roto
**brown** marrón
**brush** cepillar; cepillo
**bulky** grueso
**bunch** ramo
**bundle up** abrigar
**burn** arder; quemar

**belong to** pertenecer
**beloved** amado
**bend** doblar
**besides** además
**better** mejor
**bird** ave; pájaro
**biscuit** galleta
**bite** morder

**cake** pastel; torta
**call** llama; llamada
**calm** tranquilo
**camera** cámara
**camp** campamento
**camp out** acampar
**campaign** campaña
**candle** vela
**cap** gorra
**cape** cabo
**captivate** fascinar
**captive** cautivo
**card** tarjeta
**care** cuidado
**career** carrera
**careful** cuidadoso
**carpenter** carpintero
**carpet** alfombra
**carry** llevar; traer
**cascade** cascada
**case** caso
**cash** al contado
**cashier** cajero
**castanets** castañuelas
**castle** alcázar; castillo
**catch a cold** resfriarse
**cause** causa
**cease** cesar
**center** centro
**century** siglo
**certain** seguro
**certainty** certidumbre
**chain** cadena
**chair** sillón
**chamber** cámara
**chambermaid** camarera
**champion** campeón
**championship** campeonato
**change** cambiar
**channel** canal

**burst** estallar
**bury** enterrar
**business** negocio
**busy** ocupado
**butcher shop** carnicería
**butter** mantequilla
**buyer** comprador
**buzz** rumor

# C

**collect** cobrar
**collect** coleccionar
**colorfulness** colorido
**comb** peinar
**come out** salir
**comedy** comedia
**comfortable** cómodo
**comment on** comentar
**commitment** compromiso
**common** común
**company** compañía
**compete** competir
**complain** quejarse
**compel** obligar
**compose** componer
**comprehension** comprensión
**conclude** concluir
**condemn** condenar
**condition** estado
**confess** confesar
**confide in** confiar
**congratulate** felicitar
**conquer** vencer
**consent** consentir
**consist of** consistir en
**construct** construir
**consult with** consultar
**consulting room** consultorio
**consumption** consumo
**contain** contener
**contest** concurso
**continuous** seguido
**contribute** contribuir
**control** dominio
**conversation** conversar
**convert** convertir
**convince** convencer
**cook** cocinar
**cool** fresco
**copy** copia

**chapter** capítulo
**character** personaje
**charge** cobrar
**charge** embestida
**charity** caridad; limosna
**chat** charlar
**chauffeur** chofer
**cheap** barato
**check** cuenta
**cheer up** alegrarse
**cheese** queso
**chemistry** química
**cherry** cereza
**chess** ajedrez
**chest** cofre
**chew** mascar; masticar
**chickpea** garbanzo
**chief** jefe
**china** loza
**choose** elegir; escoger
**chore** quehacer; tarea
**chorus** coro
**Christmas present** aguinaldo
**church** iglesia
**circular** redondo
**citizen** ciudadano
**clay** barro
**clean** limpiar; limpio
**cleanliness** aseo
**climate** clima
**cloak** manto
**closet** armario
**cloth** tela
**clothing** vestimento
**cloud** nube
**clue** pista
**coal** carbón
**coexist** convivir
**coin** moneda
**cold** resfrío

**cord** cuerda
**corn** maíz
**corner** esquina; rincón
**correct** corregir
**cost** costar; importe
**costumes** vestuario; disfraces
**cot** catre
**cotton** algodón
**cough syrup** jarabe
**cough** tos
**counselor** consejero
**count** contar
**counter** mostrador
**countless** innumerable
**countryside** campo
**couple** pareja
**court** cancha; corte
**courtesy** cortesía
**cousin** primo; prima
**cover** cubrir; tapa
**cover up** abrigar
**cow** vaca
**cowboy** vaquero
**cradle** cuna
**craftsman** artesano
**crash into** chocar
**creator** creador
**cross** atravesar; cruzar
**crowd** muchedumbre; multitud
**crown** corona
**crushed** molido
**cup** copa
**cure** cura
**curiosity** curiosidad
**curious** curioso
**current** actual; corriente
**curtain** cortina
**custom** costumbre
**customs** aduana
**cut** cortar

# D

**dairy store** lechería
**damage** dañar; daño
**dangerous** peligroso
**daring** atrevido
**dark** oscuro
**dawn** amanecer
**day before** víspera; día
**dead** muerto

**die** morir
**diet** dieta
**different** distinto
**dining room** comedor
**dinner** cena
**direct** dirigir
**director** gerente
**dirty** sucio

**deaf** sordo
**dear** querido
**death** muerte
**deceive** burlarse
**decision** decisión
**decorate** adornar; decorar
**decoration** adorno
**dedicate** dedicar
**deed** hazaña
**defeat** derrota
**defective** defectuoso
**defend** defender
**delay** demorarse; tardar
**delicious** sabroso
**delighted** encantado
**demand** exigir
**deny** negar
**depart** partir
**descend** descender
**deserve** merecer
**design** diseño
**designer** diseñador
**desire** desear;gana
**desk** escritorio
**despair** desesperar
**destined** destinado
**destiny** sino
**destroy** destruir
**detail** detalle
**detain** detener
**detest** aborrecer
**development** desarrollo
**devil** diablo
**dictatorship** dictadura

**earring** arete
**earthquake** terremoto
**eatable** comestible
**economy** economía
**edge** orilla
**educate** educar
**effective** eficaz
**efficient** eficiente
**effort** esfuerzo
**elegant** guapo
**elementary school** primaria
**elevator** ascensor
**embark** embarcar
**embrace** abrazar

**disagreeable** antipático
**disappear** desaparecer
**discipline** disciplina
**discourteous** descortés
**discover** descubrir
**discovered** descubierto
**disguise** disfraz
**dishes** loza
**dishwasher** lavaplatos
**distant** lejano
**distinguish** distinguir
**distress** angustia
**distribute** distribuir
**do** hacer
**doctor** médico
**doll** muñeca
**domicile** domicilio
**dominate** dominar
**doubt** dudar
**dozen** docena
**draw** dibujar
**dream of** soñar
**dream** sueño
**drive** conducir; manejar
**drop** gota
**drown** ahogar
**druggist** boticario
**dry** seco
**dryer** secadora
**due to** debido a
**during** mientras
**dusk** anochecer
**dust** polvo
**dyed** tinto

**E**

**enterprise** empresa
**entertain** entretener
**entrance** entrada
**entrust** encargar
**envelope** sobre
**envy** envidiar
**epoch** época
**equipment** equipo
**equivalent** equivalente
**errand** mandado
**escape** escapar
**establish** fundar
**establish oneself** establecerse
**eve** víspera

emerge surgir
employ emplear
employee empleado
emptiness vacío
enchanted encantado
encompass abarcar
encourage animar
encourage fomentar
end cabo
end fin
energy energía
enfold envolver
engaged comprometido
engagement compromiso
engineer ingeniero
enjoy disfrutar; gozar
enjoy oneself divertirse
enough bastante
enrich enriquecer
enroll inscribirse; matricularse

face cara
face up afrontar
fact dato; hecho
factory fábrica
faculty facultad
fail fracasar
faint desmayarse
fair feria
fairy hada
faith fe
faithful leal
fall caer
fame fama
famous célebre; ilustre
fan aficionado
far lejos
farm granja
farmer campesino
fascinate fascinar
fashion moda
fast rápido
fasten abrochar
fasting ayuno
fate sino
fatherland patria
fault falta
fear temer
feel the lack of extrañar

even aún
even though aunque
event suceso
example ejemplo
excellence excelencia
excessive demasiado
exchange intercambio
excite agitar
exciting emocionante
excuse oneself disculparse
execute fusilar' ejecutar
exert ejercer
exit salida
expel echar; expulsar
expensive caro
experiment experimentar
exploit hazaña
extension extensión
extinguish extinguir
eyeglasses anteojos

F

fishing pesca
fit caber
fit in meter
flag bandera
flashlight linterna
flat llano; plano
flavor sabor
flea pulga
flee huir
flight attendant aeromozo; aeromoza
flight vuelo
flood inundar
floor piso; suelo
flour harina
flourish florecer
flow into desembocar
fly volar
fog neblina
following siguiente
food alimento
foodstuff comestible
foolishness tontería
foot pie
force obligar
forehead frente
foreign ajeno; extranjero
forerunner precursor
forest bosque

**fever** fiebre
**fierce** feroz
**fight** lucha; pelear
**figure** figura; imagen
**file** archivar
**fill** llenar; rellenar
**filling** relleno
**film** película
**fin** aleta
**find out about** enterarse
**find to meet** encontrar
**find out** averiguar
**fine** multa; multar
**finger** dedo
**finish** acabar; concluir
**finish** terminar
**fire** fuego
**fireplace** chimenea
**firearm** arma
**fireman** bombero
**firewood** leña
**first performance** estreno
**first use** estreno
**fish** pescado; pez

**game** partido
**garbage** basura
**garden** jardín
**gas pedal** acelerador
**gather** recoger
**gathering** reunión
**gender** género
**German** alemán
**get** conseguir
**get up** levantarse
**get up early** madrugar
**get used to** acostumbrarse
**ghost** fantasma
**gift** regalo
**gigantic** gigantesco
**girdle** ceñir
**girl** chica
**give** dar; regalar
**give back** devolver
**given** dado
**glass** vaso; vidrio
**glasses** gafas
**glide** deslizarse
**glory** gloria

**forget** olvidar
**fork** tenedor
**fortress** alcázar; fortaleza
**found** fundar
**fourth** cuarto
**frame** cuadro
**frequency** frecuencia
**free** libre
**freedom** libertad
**freeze** congelar; helar
**fresh** fresco
**friendship** amistad
**frighten** asustar
**frightened** asustado
**frightening** aterrador
**frog** rana
**from** desde
**frontier** frontera
**fulfill** cumplir
**fund** fondo
**funny** chistoso
**furniture** mueble
**fuss** lío
**future** porvenir

# G

**government** gobierno
**grab** agarrar
**grade** calificación; calificar
**graduate** graduarse
**grain** grano
**granddaughter** nieta
**grandson** nieto
**grant** otorgar
**grape** uva
**grapefruit** toronja
**grass** césped; hierba
**grave** tumba
**greater** mayor
**greet** saludar
**grieve** apenarse
**grocery store** almacén; bodega
**ground** suelo
**grounded** molido
**group** tertulia
**grow** crecer
**growl** gruñir
**grunt** gruñir
**guard** guardia
**guess** adivinar

**go** acudir; andar; ir
**go away** marchase
**go near** acercarse
**go up** subir
**goat** cabra; chivo
**god** dios


**habit** costumbre
**hair** cabello
**hairdresser** peluquero
**half** medio; mitad
**ham** jamón
**hammock** hamaca
**hand over** entregar
**handkerchief** pañuelo
**hang up** colgar
**happen** ocurrir; suceder
**happening** suceso
**happiness** alegría
**happy** feliz
**hardly** apenas
**hardware store** ferretería
**harvest** cosecha
**haste** prisa
**have** tener
**hate** aborrecer; odiar
**have breakfast** desayunar
**have left** quedar
**health** salud
**healthy** saludable; sano


**Iberian** iberio
**ice** hielo
**identity** identidad
**idiom** modismo
**ignite** encender
**illiteracy** analfabetismo
**illustrious** ilustre
**image** imagen
**immense** inmenso
**immigration** inmigración
**implore** suplicar
**impolite** descortés
**important** importar
**impose** imponer
**imprisoned** encarcelado
**in front of** enfrente de
**include** incluir

**guess correctly** acertar
**guest** huésped; invitado
**guide** guía
**gulf** abismo
**gum** goma
**gypsy** gitano

## H

**hear** oir
**height** altura
**help** ayuda
**helper** ayudante
**hesitate** vacilar
**hide** desaparecer; esconder
**high plateau** altiplanicie
**high school** secundaria
**hill** colina
**history** historia
**hold** aguantar; sostener
**hold up** demorarse
**home** domicilio
**horn** bocina
**horseman** jinete
**hug** abrazar
**humble** humilde
**humidity** humedad
**hunger** hambre
**hurry** prisa
**hurt** doler; herido
**hurt oneself** lastimarse
**husband** marido

## I

**Indian chief** cacique
**indicate** indicar
**indigenous** indígena
**industrious** aplicado
**inexpensive** barato
**influence** influir
**inherited** heredado
**initiate** iniciar
**injection** inyección
**inlay** encaje
**inn** hostal
**inside of** dentro de
**insist on** empeñarse en
**interview** entrevista
**intimate** estrecho
**investigate** averiguar
**invite** convidar

increase aumentar
indecisive indeciso
index índice
Indian indio

jacket chaqueta; saco
jail cárcel
jailed encarcelado
jealous celoso
jew judío
jewelry joyería
join juntar

keep guardar
keep quiet callarse
key llave
kind bondadoso; especie; género
kingdom reino

lack carecer
ladder escalera
laden cargado
lady dama
lagoon laguna
lake lago
lament lamentar
land aterrizar; terreno
landlord proprietario, dueño
lane carril
language idioma; lenguaje
lanscape paisaje
lantern linterna
last durar
last night anoche
late tarde
later después
laugh reírse; risa
laundry lavandería
lawn césped; ley
lawyer abogado
lead plomo
leaf hoja
leap salto
learn aprender
learned erudito
leave departure; marcharse
leave; to go out salir
left izquierdo

irrigation riego
island isla
isolate aislado
issue salida; egreso; fuente; principio

**J**

joke broma; chiste
judge juez
judgment juicio
jug jarro
jump saltar; salto
jungle selva
jury jurado

**K**

knife cuchillo
knock down derrumbar
knot nudo
know conocer; saber
known conocido

**L**

lettuce lechuga
level llano; nivel; plano
lid tapa
lie mentir
lie down acostar
lieutenant lugarteniente
lift alzar
light bulb bombilla
light encender; luz
lightning relámpago
likeable simpático
link enlazar
listen escuchar
little poco
live with convivir
lively animado; vivo
living room sala
load cargo
loaded cargado
loan préstamo
location localidad
lock up encerrar
lodge alojar
lodgings alojamiento
log leño
long largo
look for buscar
lose perder
loud laugh carcajada

**legend** leyenda
**lend** prestar
**length** extensión
**lengthen** alargar
**less** menos
**let go of** soltar
**letter** letra

**machine** máquina
**mail** correo
**mailbox** buzón
**main character** protagonista
**mainly** mayormente
**maintain** mantener
**make bitter** amargar
**manager** gerente
**manner** manera; modo
**mantle** manto
**manufacture** fabricar
**march** desfilar
**mark** calificación
**marry** casarse
**mask** disfraz
**master** amo
**mastery** maestría
**match** partido
**maternal** materno
**matter** asunto;  importar
**mayor** alcalde
**mean** significar
**meaning** sentido; significado
**measure** medir
**meeting** reunión
**member** miembro
**mend** remendar
**merit** merecer

**nail** uña; clavo
**nap** siesta
**napkin** servilleta
**narrow** angosto; estrecho
**native** indígena
**nature** naturaleza
**near** cercano
**neat** limpio; ordenado
**neck** cerviz
**need** menester
**needle** aguja

**loudspeaker** bocina
**love** querer
**lovely** precioso
**lover** enamorado
**lower** bajar
**lunch** almorzar; almuerzo
**luxurious** lujoso

## M

**mess** lío
**message** recado
**meter** metro
**mile** milla
**minor** menor
**miracle** milagro
**mischievous** pícaro
**misery** miseria
**miss** extrañar
**mistake** falta
**mistress** ama
**mix** mezclar
**mixture** mezcla
**moon** luna
**mostly** mayormente
**motherland** patria
**mountain** montaña; monte
**mountain range** cordillera
**mountain top** cumbre
**mountainous land mass** macizo
**move** mover
**movie** película
**movie theater** cine
**mud** barro; lodo
**multitude** multitud
**murmur** rumor
**musical group** tuna
**mystery** misterio

## N

**newscast** noticiero
**next** próximo; siguiente
**night** noche
**nightfall** anochecer
**no one** nadie
**nobody** ninguno
**noise** ruido
**nonconformist** inconformista
**noon** mediodía
**note** apunte; nota
**note down** apuntar

**neglect** abandonar; descuidar
**neighbor** vecino
**neither** tampoco
**never** jamás; nunca
**news** noticias

**obey** obedecer
**obstacle** barrera
**obstruct** impedir
**obtain** conseguir; obtener
**occupied** ocupado
**occur** ocurrir
**odd** curioso; extraño
**offer** ofrecer
**office** despacho
**oil** aceite
**old** antiguo
**old man** anciano
**olive** aceituna
**olive** oliva
**on** sobre; encima de
**one armed** manco
**one handed** manco
**onion** cebolla
**only** único

**pain** dolor
**paint** pintar
**painting** cuadro
**pair** par
**palm tree** palma
**pamphlet** folleto
**parade** desfilar; desfile
**paragraph** párrafo
**partner** socio
**pass** pasar
**pass through** atravesar
**passenger** pasajero
**past** pasado
**patch** remendar
**paternal** paterno
**patrol** patrulla
**peaceful** tranquilo
**peasant** campesino
**penalty** multa
**people** gente
**perhaps** quizás
**period** época

**nothing** nada
**notice** aviso; fijarse
**notify** advertir
**novelty** novedad
**now** ahora

## O

**open** abierto
**opened** abierto
**opening** abertura
**opponent** adversario
**opposed** contrario
**opposite** opuesto
**orchard** huerta
**order** mandado; mandar
**origin** ascendencia
**ought to** deber
**outing** paseo
**outside** afuera; fuera
**outskirts** afueras
**oven** horno
**over** sobre
**overturn** volcar
**owe** deber; adeudar; ester obligado
**own** poseer
**owner** dueño

## P

**portrait** retrato
**portray** retratar
**possess** poseer
**poster** cartel
**pot** olla; tarro
**potential** potencial
**pound** libra
**praise** alabar
**prank** broma; travesura
**pray** rezar
**precious** precioso
**precise** preciso
**prefer** preferir
**preparation** preparativo
**prepare** adobar; preparar
**prescription** receta
**present** actual
**preside** presidir
**pretend** fingir
**prevent** impedir; prevenir
**previous** anterior
**price** precio

**permission** permiso
**pharmacist** boticario
**photograph** fotografía
**picture** fotografía
**piece** pedazo; trozo
**pill** píldora
**pillow** almohada
**pin** alfiler
**pineapple** piña
**pitcher** jarro
**pity** lástima; pena
**place** colocar; lugar; sitio
**plain** llano; llanura
**plainsman** llanero
**plank** tabla
**platform** andén
**play** jugar
**player** jugador
**playful** juguetón
**playing card** naipe
**playwriter** dramaturgo
**pleasant** agradable
**please** agradar
**pleasure** gusto; placer
**poem** poesía
**point** punto
**police** policía
**poll** encuesta
**poor** pobre
**population** población

**quality** calidad
**quantity** cantidad
**quarrel** reñir

**race** carrera; raza
**racquet** raqueta
**radio station** emisora
**rage** ira
**railroad** ferrocarril
**raincoat** impermeable
**raise** alzar; subir
**range** extensión
**reach** alcanzar
**reading** lectura
**ready** listo
**reason** razón
**receive** recibir

**prickly** espinoso
**priest** cura
**priest** sacerdote
**primary** primario
**print** imprimir
**printed** impreso
**prisoner** preso
**prize** premio
**produce** producir; rendir
**promise** prometer
**promote** fomentar
**proper** propio
**propose** proponer
**protect** proteger
**proud** orgulloso
**prove** probar
**public** público
**publish** publicar
**pull out** arrancar
**pumpkin** calabaza
**punish** castigar
**punishment** castigo
**purchase** compra
**purity** pureza
**purple** morado
**purse** bolsa; bolso
**purse** cartera
**put in** meter
**put** poner
**puzzle** rompecabeza

## Q

**queen** reina
**quick** veloz
**quickly** ligero

## R

**remembrance** recuerdo
**remove** quitar
**renew** renovar
**rent** alquilar; alquiler
**repair** reparar
**replace** sustituir
**resist** contrastar
**resolve** resolver
**resource** recurso
**rest** descansar
**restore** renovar
**return** regresar; volver
**reunite** reunirse

**receiver** auricular
**recipe** receta
**recite** declamar
**recognize** reconocer
**record** grabar
**record player** tocadiscos
**recorder** grabadora
**red** colorado; rojo
**reduced** rebajado
**references** informes
**refreshment** refresco
**refuse** rehusar
**register** inscribirse
**regret** arrepentirse; lamentar
**reject** rechazar
**relative** pariente
**remain** permanecer; quedar
**remains** restos
**remember** acordarse; recordar

**sacred** sagrado
**sacrifice** sacrificar
**sadness** tristeza
**safe** salvo; seguro
**safety** seguridad
**saffron** azafrán
**saint** santo
**salary** sueldo
**sale** ganga; vender
**same** mismo
**sand** arena
**save up** ahorrar
**say** decir
**say goodbye** despedirse
**scale** balanzar
**scarcely** apenas
**scarcity** escasez
**scenery** decorado
**schedule** horario
**scholar** erudito; sabio
**science** ciencia
**scissors** tijera
**scream** grito
**sculptor** escultor
**search** busca
**season** estación
**seaweed** alga
**secure** seguro
**security** seguridad

**ribbon** cinta
**rice** arroz
**right** derecha
**ring** anillo
**road** carretera
**robe** bata
**robbery** robo
**rock** piedra
**rocket** cohete
**roof** techo
**room** cuarto
**root** raíz
**rope** cuerda; soga
**round** redondo
**row** remar
**rubber** goma
**ruin** arruinar
**ruined** arruinado
**ruler** regla

**S**

**soft** blando
**soldier** soldado
**some** alguno
**somebody** alguien
**song** canto
**soon** pronto
**soul** alma
**sound** sonar
**soup** sopa
**south** sur
**space** espacio
**Spanish operetta** zarzuela
**species** especie
**spend** gastar
**spill** volcar
**spirit** ánimo
**sporting** deportivo
**squeeze** apretar
**squire** escudero
**stadium** estadio
**stage** escenario
**stain** mancha
**stairs** escalera
**stamp** sello
**standing out** destacado
**stare** fijarse
**start** comenzar; empezar
**state** estado
**statement** declaración

**seed** sembrar
**seem** parecer
**seize** coger
**seizure** embargo
**send** enviar; mandar
**sense** sentido
**sentence** oración
**servant** criado
**serve** atender; servir
**set** decorado
**settle** establecerse
**several** varios
**sew** coser
**shade** sombra
**shampoo** champú
**share** compartir
**sharp** filoso
**shave** afeitar
**shawl** chal
**sheep** oveja
**shelf** estante
**shellfish** marisco
**shine** brillar
**ship** nave
**shoe store** zapatería
**shoot** fusilar
**shop** almacén
**shore** orilla
**short** bajo; corto
**shot** disparo; inyección
**should** deber
**shoulder** hombro
**show** mostrar
**shrink** encogerse
**side** lado
**sidewalk** acera
**sigh** suspirar; suspiro
**sign** firmar; letrero
**signal** señal
**silk** seda
**silver** plata
**similar** parecido
**simplicity** sencillez
**since** desde
**singer** cantante
**siren** sirena
**site** sitio
**size** extensión; tamaño
**skate** patinar
**skill** maestría

**station** estación
**stationary store** papelería
**statue** estatua
**stay** permanecer
**steam** vapor
**steel** acero; hierro
**step on** pisar; paso
**steward** aeromozo
**stick** palo
**still** todavía
**sting** arder
**stir** agitar; conmover
**stocking** media
**stone** piedra
**stop** cesar; parada
**store** tienda
**storm** tormenta
**story** cuento
**storywriter** cuentista
**straight** derecho
**strange** extraño
**straw** paja
**strawberry** fresa
**stream** arroyo
**stretch** estirarse
**street block** cuadra
**strength** fuerza
**strict** estrecho
**strike** huelga
**stroll** paseo
**strong** fuerte
**structure** talla
**struggle** lucha
**studious** aplicado
**stuff** rellenar
**stuffing** relleno
**stumble** tropezar
**style** estilo
**stylize** estilizar
**subject** asunto; materia
**subjected** sometido
**substitute** sustituir
**subway** metro; subterráneo
**succeed** suceder
**success** éxito
**sudden movement** repente
**suffer** sufrir
**suffice** bastar
**sufficient** bastante
**sugar** azúcar

skillful hábil
skin piel
skirt falda
sky cielo
slander calumnia
sleep sueño
sleeve manga
slide deslizarse
slip resbalón; deslizar
slow lento
slowly despacio
sly pícaro
smash quebrar
smell oler
smile sonreír
smoke fumar
snack tapa
snatch arrancar
soap jabón
sober sobrio
social gathering tertulia
socks calcetín /es/

tablecloth mantel
tail cola
take coger; tomar
take a bath bañarse
take advantage of aprovecharse
take care cuidar
take down descolgar
take off quitar
take out sacar
take root radicar
take up abarcar
talkative hablador
tape cinta
tapestry tapiz
taste gusto; sabor
tasty sabroso
tax impuesto
tear up romper
telephone teléfono
television televisor
temperate templado
terrace terraza
terrain terreno
terrifying aterrador
test prueba
that eso

suggest indicar
suggestion sugerencia
suit traje
suitcase maleta
sulphur azufre
supper cena
support apoyo; sostener
suppress suprimir
surface superficie
surprise sorpresa
surround rodear
survey encuesta
survive sobrevivir
swamp pantano
sweet dulce
sweetness dulzura
swift veloz
swim nadar
swimmer nadador
swimming natación
swimming pool piscina
sword espada

## T

throw out echar
thunder tronar; trueno
ticket billete; boleto
tight estrecho
tighten apretar
tile azulejo
time tiempo; vez
tiny menudo
tip propina
tired cansado
title título
together junto
tomb tumba
tongue lengua
too much demasiado
top cumbre
topic tema
touch tocar
tough fuerte; duro; vigoroso
tour recorrer
towards hacia
towel toalla
tower torre
town pueblo
toy store juguería
traffic light semáforo

**the rest** demás
**theft** robo
**theme** tema
**then** entonces; luego
**there was** hubo
**thick** espeso; grueso
**thief** ladrón
**thin** delgado
**think** pensar
**thought** pensamiento
**thoughtfully** atentamente
**threaten** amenazar
**thrilling** emocionante
**throat** garganta
**throw** lanzar

**umbrella** paraguas
**uncomfortable** incómodo
**under** debajo de
**underlined** subrayado
**undertake** emprender
**undo** deshacer
**unfolding** desenvolvimiento
**unforgettable** inolvidable
**unfortunately** desafortunadamente

**vacant** vacio
**vacuum cleaner** aspiradora
**valuable** valioso; valor
**vary** variar
**vegetable** legumbre
**vessel** nave
**vice** vicio

**waist** cintura
**wait** esperar
**waiter** mesero; mozo
**waitress** camarera
**walk** andar
**want** querer
**war** guerra
**wardrobe** vestuario
**warn** advertir
**warning** advertencia
**wash** lavar
**waste** basura; malgastar
**water** regar
**waterfall** cascada

**tranquil** tranquilo
**translate** traducir
**trap** atrapar
**travel** recorrer; viajar
**treasure** tesoro
**treat** tratar
**trick** burlarse
**trip** tropezar
**trunk** baúl
**trust** confianza; fiarse
**truth** verdad
**turn** girar; vuelta
**twin** gemelo
**twist** torcer
**type** tipo

**U**

**unique** único
**unit** unidad
**unite** juntar
**united** unido
**unity** unidad
**until** hasta
**usage** trato; tratamiento
**useful** útil
**useless** inútil

**V**

**viceroy** virrey
**viceroyalty** virreinato
**view** vista
**village** aldea
**vine** vid
**violate** morado
**voice** voz

**W**

**wide** ancho
**widow** viuda
**widower** viudo
**width** anchura
**willful** caprichoso
**will** voluntad
**win** ganar
**wine** vino
**wing** ala
**wish** desear; querer
**witch** bruja
**within** dentro de
**within grasp** asequible
**witness** testigo

**wave** onda
**way** manera
**way** modo
**weak** débil
**wealth** riqueza
**weary** cansado
**wedding** boda
**wedge** calzar
**western** occidental
**wheat** trigo
**wherever** dondequiera
**whimsical** caprichoso
**whoever** quienquiera
**whose** cuyo

**yawn** bostezar
**yell** grito
**yet** todavía

**wood** madera
**wool** lana
**work** obra; trabajar
**work on** elaborar
**worker** obrero
**workshop** taller
**world** mundo
**worldwide** mundial
**worse** peor
**wounded** herido
**wrap** envolver
**wrinkled** arruga
**wrist** muñeca
**written** escrito

**Y**

**yield** rendir
**younger** menor
**youth** juventud

# *Index*

# Index